Perspectivas políticas de la escena latinoamericana
Diálogos en tiempo presente

Lola Proaño Gómez y Lorena Verzero
Compiladoras y editoras

Asistente de edición: Bettina Girotti

Perspectivas políticas de la escena latinoamericana
Diálogos en tiempo presente

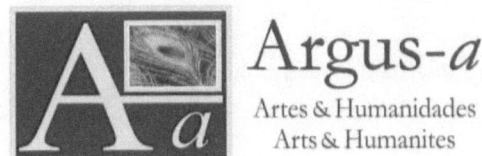

Buenos Aires - Los Ángeles
2017

Perspectivas políticas de la escena latinoamericana. Diálogos en tiempo presente

ISBN 978-1-944508-14-2

Foto de tapa: gentileza de Cristian A. Aravena

© 2017 Lola Proaño Gómez y Lorena Verzero

All rights reserved. This book or any portion thereof may not be reproduced or used in any manner whatsoever without the express written permission of the publisher except for the use of brief quotations in a book review or scholarly journal.

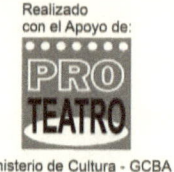

Editorial Argus-*a*
16944 Colchester Way,
Hacienda Heights, California 91745
U.S.A.

Calle 77 No. 1976 – Dto. C
1650 San Martín – Buenos Aires
ARGENTINA
argus.a.org@gmail.com

INDICE

Palabras preliminares   1

Introducción a un entramado de perspectivas sobre las teatralidades en América Latina
    Ezequiel Lozano   3

Sinopsis del contenido
    Lola Proaño Gómez y Lorena Verzero   7

I. Panoramas teórico-teatrales: Cuba, Chile y Uruguay   13

1. Un teatro resistente, vivo y heterogéneo
    Maximiliano de la Puente   15

    Cuba: ¿escenarios en cambio?
    Eberto García Abreu   18

2. El desafío de ampliar los parámetros interpretativos de los estudios teatrales
    Romina Sánchez Salinas   47

    Las "teatralidades sociales" como hermenéutica cultural: Antropología simbólica, derechos humanos y estudios teatrales
    Alicia del Campo   49

3. Una incómoda pero necesaria invitación
    Ramiro Manduca   73

    Agendas de fuga: Teatro, sociedad y política. Estudios del teatro uruguayo contemporáneo.
    Gustavo Remedi   75

II. Teatralidades disruptivas en Brasil, Chile y México — 109

1. El teatro como dispositivo productor de memorias
   María Luisa Diz — 111

   El teatro político de Guillermo Calderón:
   realidadficción y espacio público
   Milena Grass Kleiner — 113

2. Performar un dolor que no lastima
   Ezequiel Lozano — 133

   Los circuitos de la invisibilidad.
   Performance, violencia y sexualidad
   Analola Santana — 135

3. Tensión agonística, diálogo estructural y politicidad
   de la "performance"
   Lola Proaño — 149

   Flashmob e o rolezinho: considerações
   sobre a construção estética de um corpo político
   coletivo num espaço de ostentação capitalista
   Costa de Lima/Stephan Bäumgartel — 152

III. Teoría y testimonios desde la dirección, la actuación y la investigación: Brasil, Chile y Ecuador — 173

1. Los desafíos del testimonio y la experiencia.
   Karina Waimschenker — 175

   Recuerdos en tránsito (App/Recuerdos).
   La recuperación política de la experiencia
   Mauricio Barría Jara — 177

2. El trabajo en grupo como dispositivo político-teatral
   Bettina Girotti — 198

El teatro de grupo como disidencia:
El caso de Muégano
Santiago Roldós — 200

3. La política del arte como despertar de la memoria
(o de cómo repensar aquello del espectador activo)
Pamela Brownell — 214

Vislumbres Benjaminianos: posibles relaciones
entre teatro y política en la contemporaneidad
Flávio Desgranges — 216

IV. Teatralidades de la violencia: ciudad, género y memoria. Desmontajes — 231

1- Intentos múltiples para la imposible recuperación de la memoria. *Campo de Mayo. Una conferencia performática* de Felix Bruzonne (2016)
Ramiro Manduca y Lola Proaño Gómez — 233

2- Violencia de género y trata a través del teatro, el cómic y el policial negro. *Mujer hermosa se ve por allá...* de Diego Brienza (2015)
Ezequiel Lozano y Bettina Girotti — 247

3- Memoria y territorio: una indagación desde la performance. *Relato Situado. Una topografía de la memoria.* Compañía de Funciones Patrióticas (2015)
Maximiliano de la Puente y Lorena Verzero — 257

Apéndices — 275
1- Programa del *I Simposio sobre Teatro contemporáneo, política y sociedad en América Latina* — 277
2- "Donde el teatro regional dialoga". Entrevista — 283
3- Participantes — 289

Palabras preliminares

Introducción a un entramado de perspectivas sobre las teatralidades en América Latina

Ezequiel Lozano
CONICET-UBA

Las páginas que siguen dan cuenta del nacimiento de un nuevo espacio de encuentro cuyo fin es generar conocimientos originales en torno al teatro latinoamericano contemporáneo y a sus vínculos con lo político en distintos países de América Latina, sembrando un terreno que resitúe y ayude a repensar el arte teatral en un plano continental, desde sus propios espacios. Los ensayos que integran este libro dan cuenta de la riqueza y de la diversidad de las reflexiones en torno a lo escénico en nuestras tierras. También constituyen una celebración de la posibilidad de establecer diálogos entre países que abrazan sus singularidades, pero atienden, también, a la potencialidad de encontrar lazos comunes y continuidades. Son testimonio, a su vez, de las redes de amistad, intercambio y encuentro que se abren al compartir miradas y pensar juntos sobre problemáticas cercanas. Son, por último, actos de memoria que, analizando el arte del presente, tornan vivo el recuerdo de eventos efímeros que no por ello carecen de carácter disruptivo, cuestionador y político en el presente.

Este libro es fruto de un evento de singular relevancia, el *I Simposio sobre Teatro Contemporáneo, Política y Sociedad en América Latina*, desarrollado durante los días 6, 7 y 8 de julio de 2016 (Ver detalle en Apéndice 1). Dicha reunión académica tuvo lugar en el Centro Cultural de la Memoria Haroldo Conti, dentro del predio de lo que fuera uno de los más emblemáticos Centros Clandestinos de Detención, Tortura y Exterminio de la última dictadura cívico-militar argentina (1976-1983): la Escuela de Mecánica de la Armada (ESMA). Allí estuvieron secuestradas cerca de 5000 personas, de las cuales sobrevivieron alrededor de 200. Así, el tópico de la memoria no sólo fue abordado desde numerosos ángulos, como se podrá apreciar en la lectura de estos trabajos, sino que atravesó los cuerpos de quienes estuvimos allí presentes compartiendo el encuentro.

Coordinado por Lola Proaño Gómez y Lorena Verzero, dicho Simposio se gestó como un espacio de diálogo e intercambio en torno al teatro contemporáneo y sus vínculos con lo político en diversos países, para lo cual se convocó a investigadoras e investigadores del quehacer teatral en

América Latina: Mauricio Barría Jara (Universidad de Chile); Stephan Baumgärtel (Universidade do Estado de Santa Catarina, Brasil); Fátima Costa de Lima (Universidade do Estado de Santa Catarina, Brasil); Alicia del Campo (Universidad del Estado de California, Long Beach, EE.UU.); Flávio Desgranges (Universidade do Estado de Santa Catarina, Brasil); Eberto García Abreu (Instituto Nacional de las Artes, Cuba); Milena Grass (Pontificia Universidad Católica de Chile); Cristián Opazo (Pontífica Universidad Católica de Chile); Gustavo Remedi (Universidad de la República, Uruguay); Santiago Roldós (Muégano Teatro/Universidad de las Artes del Ecuador) y Analola Santana (Darthmouth College, EE.UU.). Sus exposiciones se organizaron en torno a tres tópicos: "Memoria, archivos y testimonios en la escena"; "Intervenciones teatrales socio-políticas" y "Género, teatralidades y performance".

El "Grupo de Estudios sobre Teatro contemporáneo, Política y Sociedad en América Latina", que tiene sede en el Instituto de Investigaciones Gino Germani de la Facultad de Ciencias Sociales de la Universidad de Buenos Aires (IIGG – FSOC-UBA), tuvo la iniciativa de crear este espacio de encuentro y ofició de anfitrión del evento. Las exposiciones, atentas a reflexionar sobre el teatro en nuestras latitudes, fueron moderadas y comentadas por integrantes del Grupo de Estudios. Dichos comentarios, que aparecen aquí junto a cada artículo, integraron el Simposio, y dieron pie a las conversaciones y debates posteriores a su exposición inicial. Esos fructíferos intercambios fueron considerados a la hora de reescribir los materiales para esta publicación. Es en estos comentarios y en la organización general del evento donde aparece la mirada "desde Argentina", país anfitrión que optó, por cortesía, darle protagonismo a objetos de estudio de otros países en esta primera edición del Simposio. Lorena Verzero (CONICET-UBA) es quien coordina al grupo, el cual conforma junto con: Cristian Aravena (UNAM); Pamela Brownell (UBA); Maximiliano de la Puente (FSOC – UBA y UNM); María Luisa Diz (UBA/ CIS – CONICET/ IDES); Bettina Girotti (CONICET – UBA); Ezequiel Lozano (CONICET – UBA); Ramiro Manduca (UBA); Lola Proaño Gómez (PCC – IIGG); Romina Sánchez Salinas (CONICET – UNCUYO) y Karina Wainschenker (UBA).

Dado que el teatro y la performance fueron el eje central del encuentro, se incluyeron en el programa tres propuestas de la cartelera porteña de esa temporada, atravesadas por los temas arriba mencionados. Expositores y público del Simposio asistieron a funciones de *Campo de Mayo*. *Una*

Perspectivas políticas de la escena latinoamericana

conferencia performática de Félix Bruzzone; *Relato situado. Una topografía de la memoria*, de la Compañía de Funciones Patrióticas (en colaboración con las artistas Virginia Corda y María Paula Doberti) y *Mujer Hermosa se ve por allá…* de Diego Brienza.

Luego de cada función se organizó un espacio de diálogo con los artistas en colaboración con la Asociación Argentina de Investigación y Crítica Teatral (AINCRIT). El formato que se puso en marcha para cada una de las entrevistas siguió la dinámica del ciclo Desmontajes, propuesto por la Asociación. Las transcripciones de esos desmontajes dan cuenta de los intercambios fructíferos que estas experiencias habilitaron. Incluimos aquí dichas entrevistas, que fueron originalmente publicadas en MATEO (Medio Argentino de Teatro On line), el medio periodístico editado por la AINCRIT.

La grilla de trabajo también sumó actividades especiales, como la proyección del documental ecuatoriano-argentino *La muerte de Jaime Roldós* (2013) de Manolo Sarmiento y Lisandra Rivera, en Casa Sofía. El film reconstruye los hechos en torno a la muerte nunca suficientemente aclarada del presidente ecuatoriano Jaime Roldós y su comitiva en 1981.

El objetivo del simposio consistió en enriquecer las investigaciones locales con experiencias, reflexiones, miradas, que provienen de otros espacios de América Latina así como compartir, desde objetos comunes, problemáticas de interés latinoamericano, para generar intercambios fructíferos. Si bien dicha finalidad se pudo cumplir ampliamente, sabemos que, dada la magnitud del objeto elegido para pensar en conjunto, muchas aristas quedan todavía para seguir dialogando, en especial, realidades particulares de algunos países específicos. Aun así, creemos que en estas páginas se encontrará un puntapié para futuros desarrollos y nuevos encuentros multiplicadores. Porque, si tenemos alguna certeza, es que afirmamos el valor político que tuvo el evento y tiene esta publicación, en tanto construcción de redes que entrelacen las múltiples capas que conforman una vasta multiplicación de teatralidades por nuestro continente.

Perspectivas políticas de la escena latinoamericana

Sinopsis del contenido

Lola Proaño Gómez
IIGG/UBA
Lorena Verzero
CONICET-IIGG/UBA

El libro se inicia con "Introducción a un entramado de perspectivas sobre las teatralidades en América Latina", por Ezequiel Lozano, donde se dan los antecedentes, los propósitos y la finalidad de la organización del *I Simposio sobre Teatro contemporáneo, política y sociedad en América Latina*, y de la publicación de este libro, como uno de sus más concretos resultados. Siguen tres partes, cada una de las cuales contiene tres capítulos. Cada capítulo está precedido por un comentario a cargo de distintos miembros del Grupo de Estudios sobre Teatro contemporáneo, política y sociedad en América Latina, que organizó el evento. Los comentarios persiguen la finalidad de presentar el capítulo en cuestión, subrayando las principales problemáticas que aborda y proponiendo posibles líneas de lectura.

La primera parte, **Panoramas teórico-teatrales: Cuba, Chile y Uruguay** consta de tres artículos. El primero, "¿Cuba, escenarios en cambio?", de Eberto García Abreu, reflexiona sobre las escrituras críticas como huellas imperecederas. Marcado por las tensiones y variaciones que acontecen en los ámbitos económicos, políticos y sociales, el teatro cubano constituye un acto de apertura al debate y a la redefinición de sus estrategias y posibilidades de intervención en la transformación de la sociedad cubana contemporánea. Gestionar desde nuevos emplazamientos conceptuales y operativos la creación, la investigación, la crítica, la teoría, la formación y la sostenibilidad de los proyectos artísticos y culturales, se ha convertido en condicionante impostergable para reconocer las transformaciones de la práctica creadora en correspondencia con los rumbos emergentes que avizoran los cubanos para la Isla.

El segundo artículo es "Antropología simbólica, derechos humanos y estudios teatrales: hacia una hermenéutica cultural de las teatralidades sociales"*,* de Alicia del Campo (Chile-USA), cuyo acercamiento a los estudios teatrales emerge inicialmente de una necesidad política: dar cuenta de procesos de significación y lucha ideológica gestados en las movilizaciones sociales en oposición a la dictadura militar chilena (1973-1989), en particular, el movimiento de mujeres. Desde la antropología simbólica, propone una lectura del espacio público como espacio de lucha ideológica; se apoya también en la semiótica de la cultura de Clifford Geertz y en la hermenéutica cultural en defensa de los derechos humanos propuesta por Hernán Vidal. La política cultural de la memoria histórica propuesta por la concertación por la democracia exigirá de una democracia espectacular en que el ciudadano quedará relegado al consumo mientras que el estado ejercerá grandes ceremonias y rituales públicos que avalen simbólicamente su carácter democrático. Las tensiones en torno a la memoria histórica se darán en un marco en que el espacio público y las teatralidades sociales y políticas constituirán los medios a través de los cuales podrán expresarse los sentires de los sectores subalternos. Una comprensión profunda de la producción simbólica que pretende dar sentido al accionar social requerirá de una mirada a las teatralidades sociales y políticas que emergen como el discurso sobre el cual el crítico cultural y el antropólogo deberán ejercer la exégesis que nos devele las interpretación/es del pasado reciente, y las propuestas utópicas inscritas en el quehacer simbólico de los diversos sujetos sociales. La autora propone ampliar los estudios teatrales al estudio de las teatralidades sociales como operaciones de construcción de sentidos que diversos agentes sociales ejercen sobre el pasado y futuro de su comunidad. Ello nos encamina hacia una antropología simbólica y una hermenéutica capaz de revelar las mediaciones entre lo material y lo simbólico que sirva a una comprensión más fluida y compleja de la cultura.

El último artículo de esta primera parte está a cargo de Gustavo Remedi (Uruguay): "Agendas de fuga: Teatro, sociedad y política. Estudios del teatro uruguayo contemporáneo", y versa sobre una serie de inquietudes y agendas de investigación incómodas que surgen al constatar la vitalidad del teatro como forma de pensar e intervenir en la vida social y política. Este reconocimiento y constatación, no obstante, obliga (o parte de) a una serie de operaciones previas, tales como una redefinición de lo político y del sistema teatral, y una revisión de los conceptos y estrategias normales de la disciplina. A modo de ilustración, el artículo refiere a cinco trabajos recientes del mismo Remedi: acerca de los aportes del teatro contemporáneo a la exploración de otros territorios de memoria de la dictadura y la transición. El artículo detalla el estudio de otras teatralidades, como la carnavalesca, y su relación con los tiempos políticos; al uso del teatro en instituciones siquiátricas como parte de una agenda de derechos humanos; a algunas experiencias de teatro en los barrios periféricos vista desde las nociones de frontera y travesía; y a la construcción de escenarios urbanos—como la Plaza Seregni—ofrecidos como guiones para un teatro social y para una poética del reconocimiento y de la convivencia.

En la segunda parte, **Teatralidades disruptivas en Brasil, Chile y México,** la primera contribución es de Milena Grass Kleiner (Chile) y se titula "El teatro político de Guillermo Calderón: realidadficción y espacio público". La autora propone que dentro de la obra del dramaturgo y director chileno Guillermo Calderón (1971), el emplazamiento de sus puestas en escena ha jugado un papel de suma importancia para repensar la relación entre el teatro y la historia política del país. Así, *Los que van quedando en el camino* (2010), de Isidora Aguirre, se presentó en la sede del ExCongreso Nacional, que fuera clausurado tras el Golpe de Estado de 1973, y *Villa+Discurso* (2011) fue estrenada en Londres 38, un centro de detención y exterminio reconvertido en lugar de memoria. Siendo Calderón una figura clave del teatro chileno de las últimas décadas, la instalación de sus producciones en espacios que, lejos de formar parte del circuito teatral, corresponden a hitos dentro del paisaje urbano postraumático, implica un decidido gesto político. A partir del análisis de estas dos producciones, el artículo se pregunta por el papel que juega el teatro, dentro del discurso social, considerando las estrategias con que Calderón aborda la violencia de estado y resignifica los espacios donde ésta fue ejercida.

El segundo artículo de esta parte es contribución de Analola Santana (México-USA), quien en "Los circuitos de la invisibilidad. Performance, violencia y sexualidad", propone que dentro de la economía de la representación, el cuerpo violentado tiene un lugar complicado y privilegiado a la vez. Aquello que determina el valor de un cuerpo, entonces, se convierte en la base fundamental de las dos performances a las que se refiere este ensayo: *Piedra*, de Regina José Galindo (Guatemala) y *Corpos. Migraciones en la oscuridad*, pieza de creación colectiva a cargo de Violeta Luna (México), Mariana González Roberts (Argentina/España) y Rocío Solís (España). La primera presenta una reflexión abstracta de la violencia, el sufrimiento y la humillación impuestos sobre el cuerpo femenino en un contexto de explotación laboral y sexual. La segunda se enfrenta a este tema como pieza de performance / instalación basada en un aspecto particular del cuerpo violentado y abusado: la trata sexual de mujeres. Somos parte de una cultura global que promueve la cosificación de las personas como un acto de libertad y progreso para el capitalismo. Muchas mujeres viven esclavizadas ante una economía de mercado deshumanizante. Estas dos performances le proporcionan al espectador la posibilidad de actuar como testigo ante un instante de violencia, a la vez que permiten la visibilización y creación de un cuerpo simbólico que permanezca presente ante todos esos otros cuerpos que han sido borrados en un proyecto global de aniquilación e invisibilización de aquellas vidas que no son consideradas dignas de vivir.

Finalmente, el último artículo de esta segunda parte es "Flashmob e o rolezinho: considerações sobre a construção estética de um corpo político coletivo num espaço de ostentação capitalista", de Fátima Costa de Lima y Stephan Bäumgartel (Brasil). Los autores discuten las eficacias transgresivas y/o conciliadoras del flashmob y del "rolezinho", sus distintas estrategias estéticas para hacer visible lo que se mantiene cotidianamente invisible en el espacio público, sobre todo, bajo la óptica del conflicto economico-social. Este capítulo reflexiona sobre las lógicas con las cuales las dos prácticas proponen lo que Jacques Rancière llama la "repartición de lo sensible", la percepción del espacio común y, en él, la participación del público por medio de la acción colectiva. Se argumenta que los flashmobs concilian los espectadores-participantes con el *status quo* según una lógica policial y de homogeneización, mientras que los "rolezinhos" abren las contradicciones de la sociedad brasileña y reorganizan el espacio compartido según una lógica política auténtica.

La tercera parte, **Teoría y testimonios desde la dirección, la actuación y la investigación: Brasil, Chile y Ecuador,** contiene también tres artículos. El primero, "Recuerdos en tránsito (App/Recuerdos). La recuperación política de la experiencia", de Mauricio Barría Jara (Chile). El artículo propone una reflexión sobre el proceso de creación de *Recuerdos en tránsito app*, proyecto que realizado por el colectivo chileno Sonido/Ciudad en conjunto con el grupo alemán Rimini Protokoll en 2016, que consiste en un audio-recorrido por el centro de Santiago durante el cual el transeúnte escuchará relatos de diferentes personas de eventos ocurridos en las década del '70 y '80 en Chile. A través de la descripción de este proceso, el artículo examina los modos en que se ha tensionado la relación entre historia y memoria política, y discute sobre la eficacia de los diversos recursos con los que se han problematizado, específicamente, los conceptos de relato testimonial, relato documental y relato biográfico, buscando sus similitudes y diferencias, con el fin de relevar la importancia política de la experiencia.

Siguen las reflexiones teatrales del director y dramaturgo Santiago Roldós (Ecuador), en un capítulo titulado "El teatro de grupo como disidencia: El caso de Muégano", en el que problematiza lo que hay de performático en los procesos de construcción de personaje y ficción escénica, y en su confrontación con espectadores y espectadoras. Se trata de abordar la performance no como un dispositivo o género "independiente" o incluso enfrentado a la representación, sino como un elemento constitutivo e ineludible de una representación, en permanente fricción y cuestionamiento del *status quo*. Nace de una perspectiva forjada en la investigación escénica de Muégano Teatro, pero también a lo largo de las diversas prácticas pedagógicas del grupo, despliegue de lo que en un momento fundacional de su decisión de establecerse en el árido y complejo contexto cultural de Guayaquil identificaron como una teatralidad de la disidencia, que será el segundo aspecto del artículo: la experiencia de habitar una corriente en contra de esa corriente, y todo lo que ello ha implicado e implica a nivel de una micropolítca en tensión con la política.

"Vislumbres Benjaminianos: posibles relaciones entre teatro y política en la contemporaneidad", de Flávio Desgranges (Brasil), cierra esta tercera parte. Desgranges contribuye con una mirada sobre el espectador y la recepción. Según el autor

> O modo de atuação do espectador teatral vem sofrendo alterações significativas ao longo do tempo, em diálogo estreito com as modificações observadas, tanto nas propostas formais dos artistas, quanto no contexto social dos diversos períodos, dando conta do caráter histórico que condiciona a recepção teatral. A relação do espectador com o teatro se confronta intimamente com a maneira de sentir e pensar o mundo própria a cada época. Este trabalho busca evidenciar algumas características relevantes da cena teatral recente que vêm operando transformações na recepção e no efeito estético e constituem traços marcantes para compreendermos o ato do espectador em nossos dias.

La cuarta y última parte, **Tetralidades de la violencia: ciudad, género y memoria** contiene tres desmontajes que se desarrollaron durante el Simposio. En dicha oportunidad, se montó *Campo de mayo. Una conferencia performática*, de Felix Bruzzone, en el Centro Cultural de la Memoria Haroldo

Conti. Asimismo, se realizó una función especial de *Relato Situado. Una topografía de la memoria*, de la Compañía de Funciones Patrióticas, en el recorrido urbano que la pieza propone. Y se contó con participación especial de los asistentes al Simposio en una función de la obra *Mujer hermosa se ve por allá...*, de Diego Brienza, que se encontraba en cartel. Luego de cada una de estas tres funciones, se llevó a cabo una entrevista pública con los artistas, según el formato de "desmontajes", en colaboración con la AINCRIT (Asociación Argentina de Investigación y Crítica Teatral). Los desmontajes aquí integrados fueron publicados originariamente en MATEO (Medio Argentino de Teatro On line)[1], de dicha Asociación.

El libro contiene, además, tres apéndices: el Programa original del Simposio; una entrevista que *Nodal Cultura. Noticias de América Latina y el Caribe* les hizo a Lola Proaño y a Lorena Verzero como organizadoras del encuentro con anterioridad a su realización, publicada originalmente en dicho portal[2]; y finalmente, la información curricular de los participantes del libro.

---

[1] Disponibles en:
http://leemateo.com.ar/?p=1645
http://leemateo.com.ar/?p=1890
http://leemateo.com.ar/?p=1726
[2] Disponible en: http://www.nodalcultura.am/2016/07/15157/

I-**Panoramas teórico-teatrales:**
Cuba, Chile y Uruguay

Perspectivas políticas de la escena latinoamericana

Un teatro resistente, vivo y heterogéneo

Maximiliano de la Puente
UBA/UNM

Eberto García Abreu caracteriza de manera muy lúcida, crítica y reflexivamente, el campo del teatro contemporáneo cubano. Un país en el que el teatro adquiere una condición política manifiesta, que da cuenta de las preocupaciones cotidianas de una población que atraviesa desde hace más de cincuenta años el camino hacia el socialismo. El teatro cubano, según sostiene García Abreu, ya no tiene una función exclusivamente mimética, sino que más bien expande sus fronteras y se mixtura con una serie de prácticas documentales y autobiográficas, que incluyen también el hacer performático, el trabajo con el cuerpo y las teatralidades en cruce, que provoca no solo una ampliación de las poéticas de los creadores actuales, sino que atraviesa e interpela además a críticos, investigadores y espectadores por igual. Tiene lugar entonces una modificación sustancial tanto de las formas de creación, como de las maneras de pensar, investigar y criticar teatro.

En Cuba, los estudios teatrales participan de una concepción que lejos de divorciar teoría y práctica, busca unirlas e integrarlas. Una integración que se constituye a partir del propio proceso creativo, en donde ambas convergen. De esta manera, como sostiene García Abreu, "tal proceder potencia el alcance y los efectos de la *mirada crítica* del teatrólogo, el dramaturgo, el crítico, el investigador, el docente o el gestor: oficios *participantes* y convergentes en la creación y sus proyecciones culturales, sociales y políticas, tanto a nivel individual como colectivo". Por supuesto que la realidad del teatro cubano confluye en muchos aspectos, en lo que se refiere a poéticas, procedimientos estéticos y condiciones de producción, financiamiento y circulación, con lo que sucede en nuestros países latinoamericanos. Pero García Abreu escribe situadamente, ubicado en las coordenadas espacio/temporales de un país que ha sido y es en muchos aspectos un faro que ilumina la oscuridad de los procesos políticos del continente. Desde las propias entrañas de los procesos creativos, es desde donde este crítico e investigador busca comprender y aprehender lo que está ocurriendo teatralmente en la isla.

La realidad del teatro cubano es heterogénea, multívoca y cambiante, y está dada no solo por las complejidades inherentes al proceso político sino también por las instancias que atraviesan las instituciones culturales y las cuestiones vinculadas a los modos de producción y financiamiento, que suponen tanto un modelo estatal de apoyo a las artes escénicas, como también la búsqueda de vías de autogestión y de fondos privados para la producción de obras. La comunidad teatral cubana es significativamente rica y variada, ya que, tal como lo explica García Abreu, está integrada actualmente por "más de 225 colectivos y agrupaciones ocasionales dedicadas al teatro para adultos, el teatro para niños y de títeres, junto a otras expresiones escénicas como la ópera, la narración oral, la pantomima, la danza, el humor y el circo; concentradas en su gran mayoría en la capital". En este sentido, García Abreu no ahorra críticas al estado actual imperante en la isla, en lo que se refiere a las políticas culturales, caracterizadas en parte por "la estrechez de recursos materiales, financieros y de otras índoles". Se torna necesario así el desarrollo de "transformaciones impostergables", en el campo de los estudios y las prácticas teatrales contemporáneas, no solo en cuanto a la producción y realización de obras, y al sostenimiento de grupos o compañías, sino también en lo que se refiere a la investigación, docencia y formación. La riqueza y la diversidad estética y política de un campo teatral actual tan heterogéneo como el cubano se ve así amenazada por las carencias de "una infraestructura material, empresarial y jurídica acorde con las exigencias actuales de nuestros contrastantes modos de producción y de gestión". En este cambiante, variado y complejo escenario, los estudios teatrales deben generar nuevos enfoques, prácticas y aperturas hacia las nuevas poéticas que caracterizan tanto al teatro cubano como al de todo el continente. Una tarea que deviene muy especialmente urgente en un país en el que "todo, o casi todo, se vive de un modo intensamente político".

García Abreu, en su exhaustivo y apasionante trabajo, propone una lectura general e integradora de las poéticas que se encuentran problematizadas en el teatro cubano contemporáneo. Un teatro que, para finalizar, se encarga de diseccionar y de dar cuenta de las diversas problemáticas que afectan a la sociedad cubana en la vida cotidiana, en la medida en que se encuentra afrontando abruptos cambios que configuran un incierto porvenir, aun cuando, como sostiene García Abreu, "los discursos oficiales no registren y expresen de manera transparente el impacto de estas transformaciones".

Así, el autor de este valioso artículo ejemplifica con su propia e inagotable práctica cuando sostiene que: "Hacer teatro y estudiarlo constituye por tanto, una elección ética que nos habla de resistencia, voluntad y confianza en nuestros oficios".

Cuba: ¿escenarios en cambio?

Eberto García Abreu
Instituto Superior de Arte

*La realidad del teatro en Cuba es extraña
y hermosa para quienes la visitan.
Quienes la viven, por su parte, la aman en su vicisitud,
la cultivan en sus paradojas y aciertos, en sus dificultades y perspectivas*

Abel González Melo

I

Una de las paradojas más fuertes que todo crítico o investigador teatral tiene que afrontar se desprende del carácter colectivo en el proceso creador del teatro frente al ejercicio solitario del criterio. Sin embargo, no me atrevo a asegurar de forma categórica que la traducción, el traspaso o la reelaboración de la imagen, que opera a través del discurso crítico, resulten de un acto individual respecto a sus procedimientos y consecuentes repercusiones sociales.

Cuando se trata de precisar roles y estrategias para ejercer el criterio en la actualidad, las paradojas se tornan aún más complejas y estimulantes si asumimos, junto a Marco De Marinis, que el

> nuevo teatro ha roto los límites de la convención mimético-representativa dominante durante el siglo pasado (XIX) para colocar otra de contornos más amplios y difusos, de acuerdo con la cual el teatro ya no es, o por lo menos no es solo, reproducción o reflejo (de la realidad, de la vida, de un texto), sino y sobre todo, producción (de lo real, de vida, de lo social, de textualidad). (1997: 178-179).

Perspectivas políticas de la escena latinoamericana

De este modo asumimos que las fronteras de lo teatral se integran con la connotación representacional de numerosas prácticas sociales y culturales o de otro orden. En consecuencia se dilatan nuestros comportamientos y encargos como creadores, espectadores, gestores y estudiosos de las distintas propuestas creativas que confluyen en las teatralidades contemporáneas.

Ante horizonte tan diverso, los estudios teatrales fragmentan sus estrategias y operatorias de trabajo, en virtud de las dinámicas de los campos de atención y de las relaciones generadas por los procesos creativos y sus correlatos en la investigación, la formación, la producción, la gestión y las variantes de circulación para los públicos actuales. Por ello, las problemáticas que ocupan los estudios teatrales se cargan de nuevos objetivos y contenidos desde los cuales intervienen de forma directa en los modos de crear y pensar el teatro contemporáneo.

Desde tales posicionamientos, los estudios teatrales pueden contribuir con especial énfasis al debate social y a la proyección política de los diferentes procesos de creación en virtud de sus objetivos y modos de operar, e intervenir en los contextos históricos en que actúan. El ejercicio de la crítica o la reflexión teórica en las circunstancias no puede verse solo como un acto de fe o una voluntad de contribución cultural a partir del oficio que hace posible la opinión que acompaña a los procesos creadores. El trabajo del criterio y el pensamiento, mediante sus discursos y modos de ser y estar en los escenarios actuales, constituye un referente activo en la ejecutoria y las intervenciones del teatro en nuestras prácticas sociales como también, en la dimensión política de nuestros relatos y teatralidades convergentes.

Con apenas cuarenta años de sistematización académica y universitaria, los estudios teatrales en Cuba surgen y se desarrollan a partir de un complejo proceso de aportaciones de saberes muy variados. La integración de la teoría y la práctica ha sido siempre su base operativa fundamental. Desde ese eje, el Departamento de Teatrología y Dramaturgia, fundado en 1976 por el maestro Rine Leal en la Facultad de Arte Teatral del ISA, hoy Universidad de las Artes, se ha proyectado y realizado su trabajo creativo, investigativo y docente, apropiándose de diversos modelos teóricos y de análisis, en función de las demandas de la creación teatral y sus mediaciones en las prácticas sociales y culturales.

Para el desempeño de la teatrología y la dramaturgia en tanto disciplinas creativas, investigativas y formativas, hemos tratado de implicar al sujeto que *produce el criterio* con los diferentes procesos dramatúrgicos y escénicos que identifican las teatralidades con las cuales interactuamos. Lejos de constituir un obstáculo para desentrañar y dialogar con las prácticas creativas y sus dinámicas de desarrollo, tal proceder potencia el alcance y los efectos, a juicio de Federico Irazábal, de la *mirada crítica*[3] (2008: 11) del teatrólogo, el dramaturgo, el crítico, el investigador, el docente o el gestor: oficios *participantes* y convergentes en la creación y sus proyecciones culturales, sociales y políticas, tanto a nivel individual como colectivo. En camino tan anchuroso y variable, para decir con palabras de la Doctora Graziella Pogolotti, "la distancia entre teoría y práctica empieza a salvarse desde el propio proceso creador" (2002: 102).

II

Ubicar los puntos cardinales que orientan el rumbo del teatro cubano contemporáneo, supone enfrentar muchos riesgos, fragmentaciones y espejismos. Lo que ocurre en la Isla, con sus particularidades, no dista de los comportamientos que en la actualidad se evidencian en los escenarios teatrales latinoamericanos o de otras regiones. Pero cada quien cuenta el cuento a su manera, como dice el bolero, y cada uno levanta sus mapas para construir, preservar y proyectar los caminos. Estas notas llevan la impronta de las vivencias y el compromiso desde el interior de los procesos de creación, y desde esa circunstancia, proponen un acercamiento general a los modelos creativos y de pensamiento que en Cuba, así como más allá de sus costas, se reconocen como parte del teatro cubano.

La subvención estatal otorgada a través de las dependencias del Consejo Nacional de las Artes Escénicas (CNAE), organismo del Ministerio de Cultura que respalda a los artistas escénicos, ha protegido y fomentado el desarrollo profesional del teatro durante los últimos cincuenta y siete años. Sin embargo, este hecho por sí solo no agota la complejidad del funcionamiento de las instituciones culturales en cada período y los diversos modos de producción que conviven en los territorios del país y en las instancias de desarrollo artístico de la comunidad teatral cubana. Integrado hoy por más de 225 colectivos y agrupaciones ocasionales, el panorama escénico

---

[3] Irazábal, Federico. "La crítica entre la platea y el escenario". Revista *Tablas*, La Habana, (3-4): 11, 2008.

cubano que se dedicaba al teatro para adultos, el teatro para niños y de títeres, junto a otras expresiones escénicas como la ópera, la narración oral, la pantomima, la danza, el humor y el circo, concentradas en su gran mayoría en la capital, se ve abocado hoy en día a diversos y generalizados cambios en su proyección y gestión.

En estos momentos los colectivos y artistas escénicos reciben un tratamiento institucional diferenciado por parte del CNAE y de sus agencias de representación. Una parte considerable son subvencionados y disponen de garantías salariales, seguridad social y presupuesto parcial para la producción y la programación. Otros, en menor escala, son representados por el CNAE. Estas agrupaciones o proyectos creativos autogestionan todos los recursos y las garantías para sus proyectos y solo reciben representación legal del organismo estatal mediante contrato, por lo que deben tributarle un porciento de sus utilidades. Además existen otras alternativas de producción, cada día más frecuentes, que facilitan el trabajo de los colectivos a partir de la procuración de los recursos: las becas otorgadas por la Asociación Hermanos Saíz a los jóvenes creadores y los financiamientos eventuales que ofrecen embajadas, ONGs y otras instituciones culturales y sociales de acuerdo a sus agendas e intereses específicos en este ámbito.

En cualquier caso, los modos de producir no resultan determinantes para diferenciar las variaciones artísticas a las que hemos tenido acceso desde fines del siglo XX. En conjunto las alternativas emergentes sí han potenciado el reordenamiento de los procesos creativos y la búsqueda por parte de los creadores y las instituciones de soluciones inmediatas frente a la estrechez de recursos materiales, financieros y de otras índoles. Ello demuestra las potencialidades de gestión desaprovechadas o poco desarrolladas en el ámbito profesional de nuestro contexto y la urgencia de integrar, de un modo más abierto, desprejuiciado y ágil el teatro —en tanto sistema de creación y producción con particulares ritmos de desarrollo-, a las dinámicas sociales y económicas que el Estado potencia "sin prisas pero sin pausas" en otras esferas de la sociedad cubana.

Las variantes derivadas de las nuevas dinámicas de desarrollo artístico y cultural del teatro llevan aparejadas transformaciones inminentes en los escenarios de la investigación y la formación, zonas operativas indivisibles del sistema de relaciones generadas en el espacio escénico como instancia de intervención y participación social, más allá de las tradicionales configuraciones de los grupos, las compañías o los proyectos eventuales. Estas transformaciones redundarán en la redefinición de los vínculos entre el teatro y las prácticas económicas y políticas que la sociedad cubana genera hoy, para preservar un proyecto de nación que trabaja con la idea del socialismo próspero y sostenible como horizonte, a pesar de las notables diferencias sociales, y de las crisis materiales y espirituales por las que atravesamos los cubanos.

Estas crisis no pueden solucionarse o considerarse únicamente en sus dimensiones materiales, pues a través de ellas ha crecido también una manera de ser, un modo de pensar y un entramado ideológico de altísima complejidad, que actúa como soporte y expresión de los posicionamientos políticos desde los cuales el gobierno revolucionario ha trazado los destinos de la nación en los últimos cincuenta y siete años. Por ello la Historia y la memoria no solo han devenido materiales de creación en los procesos culturales, sino que sus abordajes a nivel colectivo e individual, muchas veces en abiertas confrontaciones, han movido importantes debates desde la cultura hacia otras prácticas sociales, en especial, por un diálogo con el poder político. Se trata, sin embargo, de un territorio temático de irregulares aproximaciones y enfoques, sobre el cual se proyectan las condicionantes históricas y las urgencias que la inmediatez de los problemas abordados impone con su insoslayable carga de subjetividad y compromiso personal. Entre las imágenes y los discursos fragmentados, emerge en ese territorio creativo una visión mucho más real, problematizadora y cercana de la sociedad que hemos construido en estos tiempos.

Una de las contradicciones que enfrenta la comunidad teatral cubana hoy es la indiscriminada proliferación de grupos y proyectos de diversa complejidad en términos de producción, estrategias de desarrollo artístico y resultados cualitativos respecto a sus propósitos y líneas de creación. En ese contexto tan abierto, para las instituciones oficiales y los creadores, resulta muy difícil estructurar la sostenibilidad de las agrupaciones y sus producciones sin una infraestructura material, empresarial y jurídica acorde con las exigencias actuales de nuestros complejos modos de producción y de gestión. Ello afecta en igual medida las posibilidades para mantener los elencos y garantizar la estabilidad de las programaciones en los espacios nacionales y en los circuitos internacionales, por lo general gestionados de manera azarosa.

La nueva realidad revela un campo de ejercicios profesionales mucho más ambicioso. Campo que aún hoy no encuentra en los escenarios sociales, económicos y políticos cubanos el cauce estructural, técnico y legal correspondiente con las dinámicas de los emprendimientos. Sobre estos asuntos deben dirigirse con mayor insistencia las miradas de críticos, investigadores y teóricos para revelar sus contradicciones y potencialidades, para con estos procesos culturales y sociales de gran complejidad. Al mismo tiempo, debe registrarse y estimular las variaciones de los modelos más eficaces en el plano cultural y artístico, sin desconocer las transformaciones en los modos de producción que de forma abierta o solapada están modificando los destinos de la creación teatral, las relaciones con los espectadores y, de manera especial, las relaciones entre los creadores, las instituciones estatales o las organizaciones sociales encargadas de la cultura, así como del emergente sector privado.

A la apertura estratégica de los modos de producción, en consonancia con las transformaciones discursivas, ha de corresponderse una expansión consecuente en los enfoques y prácticas de los estudios teatrales sobre los cambiantes escenarios cubanos contemporáneos. Ello ha de referenciar también las variaciones de las relaciones entre teatro, sociedad y política, así como el reconocimiento del ejercicio escénico como praxis estratégica en un país donde todo, o casi todo, se vive de un modo político. Pues es en la confrontación de creadores y espectadores donde el teatro cubano en la actualidad, a partir de sus procedimientos y contenidos singulares, discute y plantea cuestionamientos esenciales respecto al desarrollo histórico de la sociedad, del proceso revolucionario y del futuro de Cuba. Una nación que, luego de más de cincuenta años de construcción y defensa de un modelo social signado por la igualdad y la justicia social, se ve abocada a profundas transformaciones estructurales en lo económico, lo social, así como en las políticas que han de expresar y configurar las nuevas relaciones sociales y los destinos del país.

Sin desconocer las contradicciones y las garantías estatales que han sostenido hasta hoy las aportaciones del proyecto cultural cubano en la Revolución y su instrumentación política, habría que preguntarse cuáles son y cómo operan las verdaderas competitividades profesionales que fundamentan las producciones escénicas y sus expresiones más significativas y permanentes. Esto permitiría renovar las relaciones entre las instituciones y la pluralidad creciente de los proyectos creativos así como sus correspondientes modos de sustentación, desarrollo e impacto social, en el sector cultural y económico. Ello constituye un nuevo reto para los estudios teatrológicos, culturales y sociales al recomponer la geografía artística cubana, en la que nacen nuevos proyectos entre la ruinosa quietud, el tintineo de algunos y la inerte insistencia creativa de otros. En medio de esos mismos escenarios se construyen los nuevos destinos profesionales para los arcaicos oficios de los estudios teatrales. Sus variaciones inciden en los rumbos de la formación y en el ejercicio participante de las miradas críticas que acompañan, desde distintos ámbitos de acción, las dinámicas creadoras de la escena cubana actual.

En este paisaje bocetado irrumpen numerosas confrontaciones que trascienden el entorno del teatro y la cultura en sus interacciones con otras prácticas sociales y políticas. Por tanto resulta inaplazable su entendimiento desde una visión sistémica que trate de entrelazar –hasta donde esto sea posible– la diversidad de fenómenos y la emergencia de nuevas formas de producir, crear y hacer perdurables el espíritu y la sabiduría gestada por los profesionales de la cultura – no solo los del teatro– durante las últimas cinco décadas. Ello exige un replanteamiento de las estrategias políticas en relación con los procesos culturales, al reconocer cada vez más sus rasgos, ritmos y operatorias específicas, en función de la actualización de la política cultural y de sus proyecciones institucionales. Es necesario también hacer un trazado más novedoso de las gestiones de la economía en la cultura y de la cultura entendida como un proceso económico que ha de redundar con eficacia en el bienestar de los creadores y sus públicos.

Por ello es necesario asegurar –al menos en potencia– un ancho margen de posibilidades y modos de producción en asociaciones diversas con el Estado y otras fuentes económicas nacionales e internacionales, articuladas bajo un marco jurídico afín con los tiempos y las circunstancias que vivimos. Quizás así, sea posible preservar lo que ha de merecerlo e implantar nuevos caminos por los que han de transitar los creadores y los espectadores del futuro. Es decir, los creadores y espectadores del presente, los que hacemos y defendemos el teatro cubano ahora mismo en sus diversos nichos de existencia.

La reconfiguración de los conceptos y las prácticas de los grupos como laboratorios de investigación, creación y formación es parte del cambio de los paradigmas creativos y productivos en nuestro teatro. Los maestros protagonistas de la fundación del teatro nacional en correspondencia con el proyecto cultural de la Revolución triunfante en 1959, en su gran mayoría han muerto, no están en el país, o los que aún viven ya no aparecen en las carteleras o las publicaciones con la frecuencia y la pujanza de antaño. Sin embargo, sus memorias y vivencias, y hasta sus problemáticas creativas, por las caprichosas coyunturas de la Historia, resultan equivalentes con las que hoy enfrentan los profesionales que ocupan los escenarios, las editoriales, los proyectos formativos y la organización de la actividad teatral.

La distancia etaria entre los creadores refleja el efecto del envejecimiento de la población cubana en nuestras prácticas culturales, al tiempo que resalta la discontinuidad y las rupturas abruptas entre los modos de pensar y hacer el teatro entre varias generaciones de creadores. Los diálogos de aprendizajes orgánicos entre estas generaciones se han visto igualmente violentados por el indetenible flujo migratorio que acontece hoy en Cuba. Migraciones que no solo hablan de las salidas sin retorno de la Isla, en alguna medida reajustadas o enmascaradas por las nuevas disposiciones legales. Hablan más bien, de las mutaciones en los oficios teatrales, con las consecuentes pérdidas de los modelos de referencia, de los estremecimientos fugaces ante supuestas novedades creativas y de las reinvenciones de los modos de producción emergentes en relación con las fuentes económicas y culturales; éstas últimas guiadas por el azar, la buena voluntad o el interés de algunos promotores, gestores o instituciones culturales y sociales —nacionales o foráneas—, colocadas en nuestros escenarios, con el propósito de promover nuevas quimeras.

El teatro cubano y su comunidad de oficiantes, incluyendo a los espectadores, atraviesan hoy un nuevo estadio de redefiniciones de sus fuerzas y motivos creadores, aunque no aparezcan señales precisas sobre el rumbo del desarrollo inmediato. Situado en semejante encrucijada, coincido con Emiliana, la enfermera luchadora que vertebra todo el relato del *Café CCPC*[4], en el estremecedor espectáculo de Teatro El Portazo, cuando dice "Miren, con seguridad, yo no sé qué coño es lo que va a pasar. Pero yo sí estoy segura(o) que hoy *puede ser diferente*".

De hecho, la práctica teatral cubana de hoy configura una geografía creativa, de producción y gestión distinta respecto a los modelos que en los años '80 recibieron a la generación de teatristas — de la que formo parte–, entre quienes pueden reconocerse a los herederos o discípulos más cercanos de los maestros renovadores de la escena cubana del siglo XX.

Tres décadas después, y en pleno siglo XXI, la concurrencia de las poéticas consolidadas y las creaciones emergentes, permanece como una constante en el muestrario de nuestras carteleras. De ahí la convergencia

---

[4] CCPC (Cuban Coffee by Portazo´s Cooperative) Teatro El Portazo, Director: Pedro Franco. Matanzas, Cuba 2015-2016 Link de CCPC en YouTube https://www.youtube.com/watch?v=YhwhyKcBfoU

aleatoria entre los "nuevos" y los "viejos", sin que ello revele confrontaciones generacionales con implicaciones poéticas, estéticas, técnicas e ideológicas demasiado punzantes y distanciadas. Una suerte de convivencia indiferente, apacible, indolente e inmutable parece existir entre todos los artistas y sus poéticas teatrales, pero se trata solo de una sutil manera de disfrazar las urgencias de cada uno de los procesos creativos y sus consecuentes jerarquías sociales, surgidas de diferentes alianzas para la producción y la creación. Pactos o contratos que desde sus especificidades técnicas, estéticas e ideológicas, definen su efectividad artística y cultural mediante el encuentro irrenunciable con los espectadores, para quienes la calidad artística sigue siendo una cota de alto valor; enaltecido por la profundidad y el rigor con que los relatos e imágenes escénicas dialogan, revelan, movilizan el debate social apremiante desde los nuevos escenarios cubanos.

III

Sin ánimos de acotar en exceso la identidad de las prácticas dramatúrgicas y escénicas cubanas contemporáneas, me aventuro a proponer cuatro zonas o territorios creativos en los cuales participan, interactúan y se integran diversas agrupaciones y artistas. Confrontadas durante el taller "Dramaturgias/Puentes"[5], realizado por Traspasos Escénicos en mayo de 2015, estas líneas de investigación y creación pueden reconocerse por las siguientes caracterizaciones temáticas y técnicas:

1. Con Argos Teatro como referente fundamental, se desarrolla la línea identificada por la confrontación de la "Realidad, los realismos y las

---

[5] *Traspasos Escénicos. Laboratorio de prácticas Creativas* celebró como parte de su programa de investigación, creación y formación, el Taller Dramaturgias/Puentes en la ciudad de Matanzas del 4 al 7 de mayo de 2015. El eje central del encuentro fue el desarrollo de un intercambio de reflexiones y experiencias en torno a las diversas prácticas de la dramaturgia, tomando como inspiración para el diálogo el tema: Cuba: Relatos, escenarios y poéticas teatrales contemporáneas. El objetivo principal del Taller fue crear otro espacio de diálogo entre los teatristas cubanos a partir de sus prácticas creativas y el desmontaje de los diversos procesos de creación que articulan hoy nuestra escena, para indagar y reflexionar en torno a las disímiles maneras de comprender y ejercer la dramaturgia, tanto a nivel de las escrituras teatrales, como de las creaciones escénicas y sus impactos en el ejercicio de la crítica, la investigación, la circulación y los procesos de formación.a

nuevas poéticas teatrales", en virtud de los escenarios urgentes y el debate ético-social que necesita la sociedad cubana actual.

2. Teatro Buendía (Imagen 1), Teatro El Público y Teatro El Portazo refieren el camino de las "Textualidades y teatralidades en cruce como fundamentos de las dramaturgias y performances" que intervienen, revisan y reescriben los procesos históricos y culturales desde una perspectiva contemporánea.

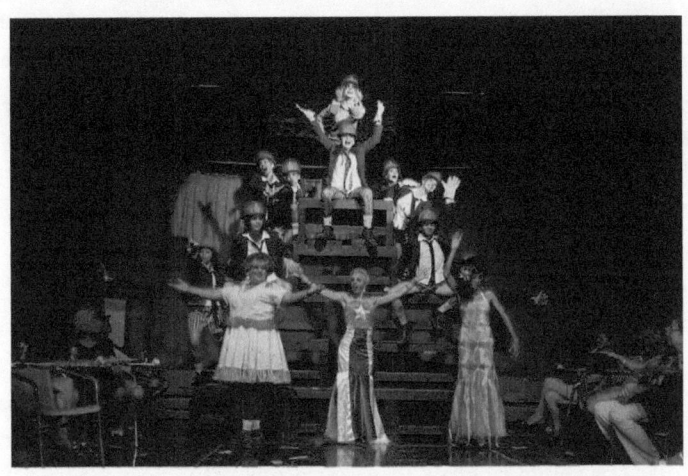

Imagen 1. Teatro El Portazo. Foto: Claudio Peláez

3. Por su parte El Ciervo Encantado, el Estudio Teatral de Santa Clara, La Isla Secreta, y el Estudio Teatral Vivarta, junto a El Mirón Cubano y Gigantería, entre otros grupos, señalan el ámbito del "El cuerpo como imagen, espacio, provocación y relatos dispuestos para las dramaturgias y los rituales".

4. Teatro de las Estaciones, Retablo y Teatro Tuyo, en compañía de varios colectivos dedicados al teatro para niños y de títeres, evidencian las prácticas dramatúrgicas vinculadas con "Retablos, títeres y animaciones, desde los cuales construir *otras* dramaturgias integradoras" para los nuevos públicos.

Los grupos y creadores señalados antes, ponderan los procesos artísticos y culturales más significativos de los últimos años. Se trata de procesos que han dejado sus improntas poéticas en el levantamiento de un pensamiento social que puja por reordenar el devenir de nuestra Historia.

Lo hacen mediante estrategias creativas abiertas a las pesquisas de nuevos discursos y planteamientos temáticos, erigidos sobre el reordenamiento de los modos de producción tradicionales, a los cuales han integrado la procuración de fondos, los patrocinios y la búsqueda de otras fuentes alternativas de recursos, para hacerlas convivir con las garantías estatales.

De este modo, los procesos artísticos han puesto en tensión los límites ideológicos oficiales y sus modos de operar a nivel estructural e institucional, antes que otras prácticas sociales y económicas. De forma explícita, y de acuerdo a las circunstancias históricas y las posibilidades de cada grupo o creador, sus proyectos han negociado en modo progresivo con las formas privadas y las estatales de producción, a tenor de las demandas planteadas por las carencias materiales, antes que el gobierno cubano autorizara de manera oficial, como parte de la actualización del modelo económico del país, el desarrollo de pequeñas empresas privadas para otros sectores, entre los cuales aún no se encuentra la cultura.

Se trata, por tanto, de perspectivas que promoverán la inclusión, el diálogo y los cambios en favor del reconocimiento de la identidad creadora individual, reubicada en escenarios sociales, políticos y económicos, donde la búsqueda del equilibrio entre los intereses personales y colectivos se convierte en una contienda por la subsistencia y el esfuerzo para levantar un proyecto de creación y de vida en tiempos de *revoluciones* permanentes.

El Teatro Buendía fundado y dirigido por Flora Lauten en 1985, persevera en el contexto actual como el laboratorio de creación, investigación y formación que integró las búsquedas de los maestros y las experiencias creadoras de mayor trascendencia histórica al contexto renovador del teatro cubano de los 80, en el cual irrumpió también Teatro El Público, liderado por Carlos Díaz desde 1992. Estos colectivos, a nivel estético y de estrategias de producción y gestión, constituyen referentes esenciales para comprender las dinámicas de funcionamiento, para sortear las escaseces materiales, los cotos ideológicos que han intervenido los procesos creadores y los amplios registros poéticos de nuestra realidad histórica; objeto de innumerables polémicas artísticas en el terreno político y social.

En el entorno progresivo de Teatro Buendía y Teatro El Público, aparecen otras agrupaciones que hoy día constituyen modelos de teatralidades divergentes, con las cuales dialogan las principales problemáticas humanas, sociales, políticas y culturales que afectan a los cubanos. Argos Teatro, dirigido por Carlos Celdrán y El Ciervo Encantado, dirigido por Nelda Castillo, mediante postulados estéticos divergentes, señalan las exigencias temáticas y reflexivas que el teatro puede y debe atender para ensanchar el debate cívico que los espectadores reclaman cuando acuden a las salas. Los dos procuran una imagen teatral contundente, crítica y al mismo tiempo, hermosa, llena de interrogantes y riesgos artísticos, enfrentada a la banalidad y la complacencia con las que otros productos culturales y teatrales simplifican las tensiones y la crudeza de los tiempos que vivimos.

Estas cuatro compañías escénicas con nociones y prácticas disímiles y convergentes, con lenguajes teatrales y propósitos culturales y humanos diversos, desde finales del siglo XX hasta hoy, articulan un núcleo de gestación que garantiza su continuidad y desarrollo, en tanto funcionan como células creadoras que aprendieron de muchos maestros las técnicas y los procederes para levantar sus teatralidades. Todo ello, se ha transformado también en contenido de sus proyectos formativos, al tiempo que implementan sus propias estrategias de producción y de gestión para sustentar la creación y la formación de sus públicos.

Tras la riqueza de sus imágenes —tomadas como referencia para las creaciones de Raúl Martín con Teatro de La Luna, Antonia Fernández con el Estudio Teatral Vivarta, Julio César Ramírez con Teatro D' Dos, Joel Sáez y Roxana Pineda con el Estudio Teatral de Santa Clara y Teatro La Rosa respectivamente, junto a las aportaciones de Teatro El Portazo; existen diversas prácticas de gestión y producción que, bien analizadas y ordenadas, arrojan luz sobre las torpezas, las impericias y las improvisaciones cometidas en el campo cultural. Al mismo tiempo, las contribuciones potenciales que cada uno puede hacer de un modo profesional en la búsqueda de tácticas afines ponderan una perspectiva gremial de la que adolece el teatro cubano en la actualidad.

En condiciones equivalentes, el Teatro de las Estaciones fundado hace veinte años por Rubén Darío Salazar en la ciudad de Matanzas, se ha afianzado como activador de importantes indagaciones estéticas en el teatro para niños y de títeres, al consolidar un proyecto investigativo, creativo, formativo, promocional y de gestión, tributario de las destrezas que los maestros de la profesión en Cuba y otras regiones le aportaron, y aún en la actualidad, siguen aportando. De este modo se ha convertido en un modelo catalizador para otras agrupaciones, entre las que se encuentran Teatro Pálpito, dirigido por Ariel Bouza; Teatro La Proa, dirigido por Erduyn Maza; Teatro Tuyo, dirigido por Ernesto Parra y el grupo Retablo, fundado por Panait Villalvilla, ahora dirigido por Christian Medina.

Por la marca movilizadora que han generado en los escenarios y en los ámbitos de promoción y gestión del teatro para niños y de títeres, estos grupos –junto a otros que tal vez escapan a mi percepción– evidencian las prácticas creativas más eficientes en esta expresión escénica, cuyas exigencias particulares no funcionan al margen de las vicisitudes imperantes en el panorama teatral. En todo caso, esas particularidades en términos de formación, entrenamiento, procedimientos creadores y gestación de sus públicos, suponen demandas precisas que tributan al entendimiento general de nuestras prácticas de gestión, pendientes todavía de rigurosos y profesionales entendimientos, así como de proyecciones compartidas de manera inteligente.

Toda selección implica el establecimiento de márgenes que dejan fuera numerosas experiencias. Mas este trazado primario, cuestionable hasta cierto punto, pretende situar en primer plano de nuevo la improrrogable reflexión en torno al funcionamiento, las capacidades y las posibilidades de acción inmediata de las estructuras que ampararon, potenciaron y gestionaron el teatro cubano en los distintos períodos y contextos socio-económicos y políticos de la Revolución. Esta disyuntiva supera las supuestas confrontaciones generacionales de otros tiempos, para poner a "lo nuevo" y "lo viejo" en similares condiciones de exigencias y retos ante los problemas vigentes.

A punto de cerrar la década de los 80, el Abuelo mambí de *Las perlas de tu boca*, espectáculo del Teatro Buendía, afirmaba que "estamos en tiempos de fundación". ¿Acaso esos tiempos fecundos terminaron sin alcanzar sus propias utopías? ¿Son estos, *otros* tiempos de fundación? La idea recurre bajo distintos imperativos sociales. Parece que la historia se repite o perdura demasiado tiempo en una misma coyuntura. Quiero pensar que todo este complicado proceso forma parte de los espejismos y los vericuetos en los que nos enredamos con demasiada frecuencia y propensión. No solo por voluntad propia, sino por el arrastre de la inercia, la apatía y el agotamiento de las ilusiones que gravita en el ambiente. Quizás por eso la piedra sigue en medio del camino y nos golpeamos una y otra vez sin actuar en realidad sobre las causas de los tropezones, en vez de hacer otras cosas más útiles y productivas.

Cuando comparto la intensidad de las nuevas escrituras teatrales cubanas, aún distantes en su inmensa mayoría de sus escenarios, a pesar de las publicaciones que Tablas Alarcos y otras casas editoras nos han ofrecido, siento que mi inquietud se amansa y los deseos de nuevas apuestas por el teatro se imponen. De esas escrituras y sus lecturas dramatizadas, sus puestas en espacio, sus interacciones diversas —muchas de ellas fecundas y propositivas a su manera–, se arma un entramado temático y de lenguajes que potencia la llegada de nuevas configuraciones teatrales para los espectadores de hoy y para aquellos que están por llegar a nuestro teatro en sus múltiples asentamientos creativos. Y aun cuando los nuevos dramaturgos arriben a un territorio sesgado por las ausencias de sus colegas de los 80 y los 90, por no referir a los de edades y distancias mayores, con sus contribuciones muchas veces acorraladas en la memoria, sus obras cargan similar voluntad desacralizadora, transicional y pujante de quienes, años atrás, trataron de implantar sus visiones sobre un entorno social, cultural y político que demandaba, desde entonces, semejantes gestos de crítica, renovación y aperturas.

Aunque las apariencias digan lo contrario, vivimos otros tiempos. Los relatos teatrales que Norge Espinosa, Abel González Melo, Ulises Rodríguez Febles, Roberto D. M. Yeras, Yerandy Fleites, Yunior García Aguilera, Rogelio Orizondo, Agnieska Hernández y Lilianne Lugo proponen a través de las creaciones recientes de varios colectivos, cada uno con sus propios designios poéticos y sus singulares modos de producción, auguran un cruzamiento productivo de procederes e intenciones creadoras, muchas de ellas encubiertas, explícitas y hasta incongruentes con el transcurrir de los discursos dramatúrgicos anteriores. Aquellos discursos inmediatos en el tiempo, como los de Nara Mansur, Joel Cano, Ricardo Muñoz, Raúl Alfonso, Salvador Lemis, Carmen Duarte, Amado del Pino, Abilio Estévez, Alberto Pedro, Reinaldo Montero, Rafael González, Abelardo Estorino y Virgilio Piñera; o los de otros autores que aún hacen valer sus magisterios como Triana, Quintero, Brene, Artiles, Hernández Espinosa, Fulleda, Dorr y Milián conforman esa tradición dramatúrgica que mediantes propuestas perdurables y los intentos por revelar las incertidumbres acendradas de nuestros complejos escenarios sociales, devienen gestores de nuestro acervo cultural más autóctono.

Confrontaciones renovadas que convocan ahora a los espectadores con similar propósito de sacudida y reconciliación, aunque no tengamos claros los motivos para procurar nuevos equilibrios entre lo social y lo personal, entre lo público y lo privado, entre lo propio y lo ajeno. Quizás por ello, en términos de lenguajes y puntos de vista para abordar la realidad inmediata y la espiritualidad de los seres contemporáneos, resalte como el gesto de mayor relevancia en las nuevas creaciones "el desafío a lo establecido como tradición y deber ser impuestos por la historia y los discursos oficiales". Pero este reto vehemente –incómodo para muchos–, desasido de un verdadero sustento, pudiera resultar al cabo otra ilusión frágil, pasajera, si antes no detiene otra vez su mirada escrutadora en la historia reciente o más lejana, procurando configurar, desde sus fragmentos, una idea de lo que hemos sido y cuanto hemos hecho o nos han condicionado a hacer, en favor de la construcción de la sociedad y el hombre nuevos.

Si numerosos son los autores, insuficientes por su parte parecen ser los directores teatrales que han de activar los escenarios, sobre todo si consideramos la preferencia que tiene, en nuestra práctica escénica, el trabajo con textos dramatúrgicos de probada eficacia teatral. Pero si nos atenemos a las cifras de estrenos y a los nombres que rubrican los espectáculos en todo el país, entonces la lista no juega con el billete, pues también en el entorno de la dirección han aumentado los nombres y los intentos disímiles por hacer valer un discurso, una imagen o una propuesta teatral. ¿Se trata acaso de otro espejismo?

Más allá de los resultados y de su permanencia, el hecho habla de potencialidades a decantarse a partir de la formación de los profesionales de la dirección teatral en los ámbitos académicos, en el diario ejercicio de los colectivos y en la prudente observación de los maestros que aún están dispuestos a confrontar sus experiencias. A pesar de las distancias entre ellos y los discípulos, la práctica escénica actual revierte disquisiciones mediante la confrontación, en la cual el grupo, como instancia creativa y aglutinadora, se halla muy transfigurado, no solo en Cuba, sino en otras latitudes teatrales.

¿Cómo pensar y proyectar el futuro? ¿Qué teatros tendremos en los próximos años? Cualquier vaticinio puede resultar insuficiente e inútil. Ese teatro futuro ya está entre nosotros. Como ya están otras prácticas sociales, concomitantes o no con el proyecto político originario que la Revolución trazó, y que hoy demanda ser cambiado a tenor de la evolución de nuestra sociedad y el mundo con el que interactuamos, y no solo por los imperativos de la actualización del modelo económico de la sociedad cubana. Modelo y cambios que operan también en el orden social, cultural y humano.

Permanecer al margen de esas variaciones no ha sido una opción para los estudios teatrales en Cuba. A la par de las aportaciones del pensamiento teatrológico y crítico a la evolución, el conocimiento y la construcción de nuestra historia teatral y sus dimensiones culturales y sociales, hoy en día se libra también en el terreno teórico una compleja batalla ideológica, estética, artística y ética, en relación con cada proceso creador que llega a los escenarios, con cada publicación, cada encuentro de reflexión o cada proceso formativo.

El teatro apostó por esos cambios en el pasado y lo sigue haciendo de un modo transparente a través de la pluralidad de lenguajes y las estrategias poéticas que han permitido sortear los desencuentros, contradicciones y censuras históricas. De esos (des)encuentros surgen las diversas voces, los discursos diferentes y la multiplicidad de un diálogo entre creadores y teóricos, muchas veces tenso, polémico, pero al cabo, prolífico. Tal diálogo resulta en última instancia un muestrario abierto de las diversas corrientes de pensamiento que subyacen en el discurso escénico y social que podemos confrontar en nuestros teatros.

Las metáforas dramatúrgicas y escénicas no solo hablan de las identidades y las pericias artísticas de nuestros creadores y del imaginario colectivo que han gestado entre los nuevos públicos; hablan también de procedimientos estructurales, de metodologías creativas, de habilidades para (re)inventar los modos de producción de acuerdo a las circunstancias y las contingencias sociales vividas en más de cinco décadas. De esas contingencias y modelos se nutren también nuestras construcciones y apropiaciones teóricas y el pensamiento teatrológico crecido en las tablas, en el contacto con los procederes históricos y en la apertura de la academia a las pulsaciones de los procesos creadores y a las fuentes culturales más diversas y heterogéneas. Así se ha configurado un compromiso ético y un sentido participante para nuestras labores como pensadores y co-creadores de los caminos, los relatos y los destinos del teatro cubano actual.

En torrente indetenible vienen a mí las imágenes: Ágave aferrada a su tronco seco, desde el cual ha de replantar su tierra árida y vacía por tantas guerras y exilios figurados en el escenario del Teatro Buendía; los *Ícaros* del Bosque y de la Madera diciendo adiós… en Teatro El Público. Martí —callado y doliente— redescubre desde un andamio los relatos visionarios sobre los cubanos, en las visiones de El Ciervo Encantado. El derrumbe del viejo cine Mégano sobre Javi, el Ruso y Máshenka, la dura, en Argos Teatro. La China vendiendo la Isla por tramos de placer e incertidumbres en las dos monedas incompatibles que tropiezan en Cuba. Reencarnada desde el fondo de todos los naufragios en los cuerpos de Vivian Acosta y luego, de

Osvaldo Doimeadios, aparece *Santa Cecilia* de La Habana, y con ella, *Josefina, la* –otra– *viajera* interminable de Abilio Estévez. Llauradó quejándose de amor, bajo un abrigo del que escapan nostálgicas nieves de confetis, reafirmación del simulacro y las utopías sociales conservadas en maquetas, fotos y viejas maletas; referencia de viajes, migraciones y partidas permanentes. Luz Marina y Oscar abrasados por el calor en un precario apartamento de Ayestarán y 20 de mayo, minutos antes de la partida. Carlos Pérez Peña recitando a Eliseo Diego e invocando a Martí en una tabaquería de Cumanayagua en los destellos finales del Teatro Escambray. Alegnis Castillo, desnuda, como antes estuvo Bárbara Barrientos en *La Cuarta Pared* de Víctor Varela; pero ahora ella descubre a Amy Winehouse y a Ofelia, con sus compañeros de carrera, con Mario Guerra y Rogelio Orizondo, reinventado a Hamlet con sus propias angustias, esas que rompen muros y carnavales entre los que se desparrama la Historia. Por allá palpita *Charlotte Corday* en las escrituras de Nara Mansur y en los asombros de Alberto García Sánchez. Más acá el *Dalí* de Luis Enrique Valdés y mis desencuentros con sus figuraciones de Ignacio Cervantes diciendo adiós… ¿acaso el último? El padre mantiene los zapatos sucios en la finca a donde el hijo regresa, para escapar de las penumbras y desencuentros actuales, atrapados por Amado del Pino en el noveno cuarto de cualquier posada habanera donde se muere el amor. Medea, Adria y Estorino, deshaciendo los rumores vagos que arrastran las nostalgias de un baile inefable. Chejov acorralado en los rincones del Brecht, ambos apaciguando sus rabias entre las esquinas. *Manteca* a la luz de las velas y en medio del período especial, en La Habana o en Montevideo, con la complicidad de Alberto Pedro y Teatro Mío. Dexter Cápiro con el monólogo de Orestes, en la *Electra Garrigó* de Raúl Martín y Teatro de la Luna. Laura de la Uz e Ivanesa Cabrera poniendo a Celia Cruz sobre sus escenarios de La Habana. Roxana Pineda en su transformación de Gali en la playa de Cienfuegos y más tarde levantando su *Antígona* con el Estudio Teatral de Santa Clara. La Ismene de Yerandy Fleites ante el intento – ¿infructuoso? – de explicar lo que se sabe y quizás no se entienda nunca; eso *"que ya no tiene remedio"*, pero que Pedro Franco convierte en una pregunta terrible cuando ya no hay demasiados espacios para nuevos héroes en los jardines, sino perros que ladran sus rabias perecederas. Y de nuevo Antígona, reciclada cual patrimonio permanente, reciclándose así misma mientras desnuda pedestales, discursos y silencios sobre el Titán de Bronce y sus acomodos con "la Vieja", la Patria, la Historia desahuciada que todo lo sabe y lo encubre en los escenarios de Teatro El Público mediante la apoteosis de los sentidos y los discursos que se atraviesan en *Antigonón*, el más épico de nuestros contingentes sociales de nuevo tipo. Sutil, Lilianne Lugo descuartiza la otra historia, la suya y la nuestra, junto a los mitos más íntimos, como si fuera una antigua muñeca desarmada de sus sueños y esperanzas; enfrascada en procurar un poco de orden en un cuarto heredado tras la enfermedad, los desvelos y la muerte. Una mujer que se aferra —como otros tantos— a la partida, entropía interminable de estos tiempos.

Años de revoluciones, migraciones y hospicios; de escenarios reales que se abren a las calles, a la realidad misma, por la excitación de un Napoleoncito que escapa de la iglesia del Buendía, para volver luego al refugio de sus escenarios donde el Marqués de Sade y Marat reviven los alumbramientos y tropiezos de las revueltas. La mascarada sigue. El teatro sigue. Una discreta y reveladora *Oración* desmonta los paisajes notables de la Isla Secreta, sacude los viejos encantos y me hace mirar los desechos y las ruinas como cimas invertidas de esa otra isla sumergida y escondida: negada, ignorada, preterida. Esta Isla en la que a pesar de los años entregados en cuerpo y alma a los ideales construidos por encima de nosotros mismos, "la belleza todavía sigue jodiendo", como dice el Doctor Astrov, minutos antes que Vania y su sobrina Sonia insistan, sin saber bien por qué, en la única posibilidad que hemos tenido siempre: trabajar para resistir y seguir viviendo, más allá del tablado de Argos Teatro. Más allá del teatro.

Al ratificar ese mismo sentido de futuro y pertenencia, como un motivo nuevo de reconciliación entre el teatro, sus oficios y nuestras vidas cotidianas, arriban las imágenes de tres espectáculos, tres procesos de creación y testimonios de vida que, desde sus singulares procedimientos y perspectivas, definen con nitidez y contundencia el rostro polémico y cambiante del teatro cubano actual en su diálogo irreverente con la realidad: *CCPC (Cuban Coffee by Portazo´s Cooperative)* (2015), dirigido por Pedro Franco con Teatro El Portazo; *10 millones* (2016), escrito y dirigido por Carlos Celdrán con Argos Teatro, y *Éxtasis* (2016), creación del Teatro Buendía, bajo la dirección de Flora Lauten y Eduardo Manet, a partir de textos escritos por Lauten, Manet y Raquel Carrió.

Tres generaciones de creadores se confrontan en la escena con una hipótesis recurrente: el cruce entre la Historia, la memoria y la búsqueda constante del sentido de nuestras existencias en medio de los avatares sociales, políticos y humanos que las contingencias de la Revolución han impuesto para los cubanos, tanto a nivel personal como colectivo.

CCPC (Imagen1) es un cabaret, una pasarela, una balsa, un andamio y una tribuna que no tiene reparos en mezclar, reciclar, subvertir y reordenar los lenguajes y las preguntas esenciales que los más jóvenes lanzan desde el presente al proceso histórico de configuración de nuestra identidad nacional, intervenida ahora por los artistas desde los tiempos de la colonia hasta la actualidad.

El show es también un *ready-made* teatral que retoma la estética del show, asociada al glamour, el placer y la ligereza, para lanzarla como un dardo irrespetuoso contra los problemas más candentes que marcan el destino de los cubanos. Revisa la historia de nuestra casa/país/nación, nuestras familias y proyectos de vida, sesgados por el proceso incontenible de la emigración y las contrariedades impredecibles de nuestra realidad cotidiana. Como un gesto de rebeldía ante tantas y disímiles carencias, *CCPC* es también una apuesta por la prosperidad, por el disfrute y la liberación de sentimientos y pasiones, en medio de un reordenamiento económico que deja ver a las claras las distancias cada vez más notables entre los intereses del estado, la colectividad y la construcción de un sentido de libertad y plenitud a un nivel más individual.

CCPC funciona como un dispositivo asentado en los procedimientos del teatro vernáculo cubano, cuyo propósito desacralizador, crítico, paródico y comunicativo se articula a partir del intenso diálogo que los creadores fomentan con sus espectadores. *CCPC* es un ejercicio de comunicación cargado de altas dosis de performatividad y teatralidad transmutadas en la sabrosura, el desparpajo y la contaminación de la espectacularidad que toda fiesta procura ofrecer para sus participantes. Por ello, no insiste en la continuidad del relato o en la estatura unitaria de los personajes y la acción. Más bien acude a los fragmentos, a las rupturas, a los cambios y a las provocaciones más seductoras, a través de la mezcla de géneros y lenguajes que no disimulan sus conexiones imprevistas. En ese juego, el individuo y la sociedad que le acoge se superponen; lo personal y lo colectivo se mixtura, y la tribuna espectacular cargada de consignas e íconos históricos se convierte en ágora pública que desata el debate y la reflexión, comprometidos en su núcleo con el presente y el futuro – ¿precario? – que nos espera a todos, o a casi todos, en esta Isla donde la fiesta y el brillo, no tienen que ser por indiscutible condición sinónimos de felicidad y plenitud.

Artistas y espectadores acercan sus miradas e intercambian vivencias, anécdotas, sentimientos y complicidades con el objetivo común de socavar la linealidad de la Historia recompuesta en el relato escénico. La inmediatez y los sucesos de última hora intervienen y dialogan con la estructura dramatúrgica y escénica original, para afirmar un sentido del presente que, más allá de la alegría momentánea y contagiosa, no deja dudas sobre su veleidosa incertidumbre. Tras el barullo y el jolgorio, *CCPC* trabaja con las opacidades y las carencias de nuestra vida en común, mientras construye nuevos rumbos no solo para la historia oficial, sino para el destino imprevisible de nuestra Isla, en la que los artistas, luego del festejo teatral, levantan una nueva estructura desde la cual afirman, interrogan y proclaman que, a pesar de todo, *¡Cuba va!*; sin que por ello aparezcan en la escena señales concretas que indiquen el rumbo y los caminos definitivos a seguir.

10 millones (Imagen 2) es el relato teatral más sólido, visceral y arriesgado que Carlos Celdrán ha compuesto en el escenario de Argos Teatro. Según sus propias palabras

> fue un texto escrito en distintos momentos a través de los años. Nació como diario personal hasta llegar a ser lo que es ahora, un material para la escena, un tejido de narraciones, diálogos, monólogos, donde se intenta lo más arriesgado en el teatro: partir de uno mismo para hablar a otros, a todos. Su escritura busca desesperadamente, a través de las distintas voces que articula, saber qué fuimos, de qué materiales estuvo hecha la mezcla que nos sostiene.[6]

El espectáculo se centra en la travesía azarosa, violenta y desgarradora del relato autobiográfico del autor/director, a través de contiendas históricas tan notorias como la zafra de los 10 millones – proyecto inacabado de la Revolución en los años 70–, los sucesos de la embajada del Perú y la crisis de los balseros acontecida en el puerto del Mariel en 1980. Los elementos autobiográficos hacen presente la Historia como eje del debate social que se construye en la escena. Solo que aquí la materia teatral es la vida personal que no llega al espectáculo como documento o confesión para procurar ajustes de cuenta o rectificaciones inoperantes. En todo caso, *10 millones* enarbola un amargo equilibrio entre la indiferencia, la nostalgia, el silencio, el miedo, la osadía y la lucidez; como si estos estados del alma fueran las estaciones ineludibles por las que hoy tendríamos que volver a

---

[6] Celdrán, Carlos. *Notas al programa. 10 millones.* La Habana, abril, 2016.

pasar, para entender lo que hemos sido y procurar mejores opciones a nuestras vidas.

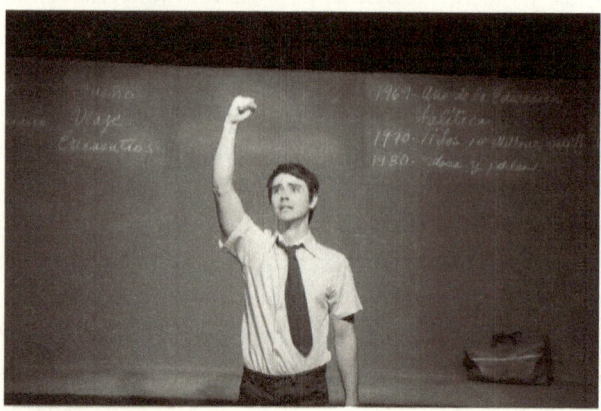

Imagen 2. *10 millones*. Argos Teatro ManoloEl. Foto: Manolo Garriga

Celdrán desmonta utopías, mitos y paradigmas históricos, pero su estrategia creativa trabaja en esencia con los fragmentos de su propia vida. Entre ellos rastrea la construcción de su identidad, dimensión ética y la solidez de su condición humana. Su cuerpo, renovado de manera constante por recuerdos, datos factuales, sensaciones, fortalezas, incertidumbres y deseos, con visiones y sueños, son los *documentos* que comparte con los actores y los espectadores para levantar el operativo ficcional y proponer el intercambio entre sus diversas biografías.

De esos materiales dramáticos, narrativos y poéticos emergen las preguntas que el relato teatral plantea a nuestra Historia reciente, a nuestra memoria y conciencia colectiva; al rebasar los estamentos generacionales y devolverle al espectador de estos días los hechos y referentes históricos como acontecimientos de vida y testimonios personales, desprovistos de cualquier pretensión épica y ejemplarizante. En ese proceder radica su construcción arquetípica y su operativo de distanciamiento, crítico, para convertir lo autobiográfico en modelo, en posibilidad y en instrumento verdadero que no gime o exacerba sentimentalismos coyunturales; sino que se lanza a fondo al análisis del pasado, para tratar de entender un poco mejor el presente.

Perspectivas políticas de la escena latinoamericana

En una aparente austera composición estructural del relato, Celdrán deposita las cartas para convocar a sus espectadores a un juego, otro más, en el que no habrá vencedores o vencidos; en el que no hay jueces, acusados, ni reglas que legislen *a priori* los acontecimientos que han de alcanzar la escena para instalarse luego en la platea. Porque es en la platea muy próxima al escenario, y a ratos iluminada para revelar su condición participante en el evento escénico, donde se efectúa el ejercicio liberador, emancipador y reconciliador de cada individuo con su propia historia de vida. El entramado autobiográfico y ficcional actúa con denuedo sobre los fragmentos, recuerdos y las vivencias que articulan la Historia oficial; matriz y contexto de los relatos subjetivos que son narrados, evocados o dramatizados en la escena.

Así la Historia como discurso y estructura se resiente, al ser desprendida de sus pedestales, sin que sea necesario revivirla sobre la tribuna pública que ahora ocupa el escenario de Argos Teatro. En esa tribuna descarnada Celdrán y sus actores crean las evidencias que revelan cómo esos monumentos y epopeyas históricas se tambalean por sí mismas entre ideales y consignas en desuso, porque no se les cuestiona de manera directa, sino de un modo oblicuo o tangencial, como partes indivisibles de las circunstancias individuales.

La Historia y la memoria aparecen en *10 millones* bajo la invocación testimonial y son trabajadas en su núcleo dramatúrgico desde la condición humana e íntima. Las referencias históricas y las remembranzas enunciadas no son asumidas como íconos o entidades abstractas e inmutables, transferidas a personajes y situaciones de ficción que pudieran resultar ajenos a los hombres y mujeres que en los 80 y, un poco más acá, creíamos tener a la mano un manojo de utopías, garantías y esperanzas; muchas de ellas desmembradas en los angostos caminos de la emigración o las crisis materiales y espirituales que hemos vivido los últimos años.

La fuerza reveladora de esta obra radica en su mesurada perspectiva para desarrollar el acontecimiento teatral. La maestría de Carlos Celdrán crece cuando expone su universo personal y tensa los límites emocionales así como los espacios de confrontación directa de lo privado y lo público, lo individual y lo colectivo, lo personal y lo social; mientras renuncia con deliberado propósito a dictar juicios de valor o lanzar aseveraciones demasiado cerradas desde la escena.

Del mismo modo que ha madurado el relato autobiográfico durante el largo proceso de escritura y reflexión que subyace a la experiencia del espectáculo, el diálogo inteligente construido, sutil y liberador con sus espectadores, para quienes ahora ficcionaliza retazos de su vida, demanda a cambio la complicidad responsable que se expresa en las preguntas oportunas, en los silencios que acompañan, en las confesiones espontáneas, en las miradas que revierten la realidad inmediata y ese pretérito oficial no visto ya como pedestal o piedra de las lamentaciones, sino como pilares robustos desde los cuales encarar nuestras propósitos utópicos.

Por ello el intercambio, el trueque y el compromiso entre espectadores y creadores supera el comportamiento habitual, en tanto los materiales y visiones reordenadas en la escena no se agotan en los marcos convencionales de la ficción y no cierran la historia y los problemas aludidos, sino que, por el contrario, estos elementos activan en el espectador la culminación del relato, la exposición de sus vivencias, y el arbitraje en el debate social que el hecho artístico potencia desde la escena.

Pero he aquí otra paradoja; ante la crudeza, la amplitud y la asepsia de los sucesos dramáticos expuestos, habrá de llegar una reacción sosegada, profunda, contenida por parte de los espectadores. El encuentro que genera el espectáculo, nos lleva al tránsito con lo más íntimo de nuestros recuerdos y travesías personales. *10 millones* trabaja de este modo con el universo privado de los espectadores, con sus zonas de silencio, sus documentos inconfesables, memorias fragmentadas y su inconsciencia; y lo hace sin violencias ni escabrosas intervenciones sobre el imaginario, las vicisitudes y la sensibilidad de quienes acuden cada noche a la función.

Al desmontar la historia y su biografía, Celdrán también desmonta el discurso teatral y el entramado de la ficción dramática. Distinguido por el dominio de una poética realista esencial y contemporánea, por la limpieza y exactitud de la escena, por la fuerza expresiva del espacio, la visualidad y el discurso sonoro de sus espectáculos, centrados en el desempeño actoral como eje articulador de la teatralidad, el autor/director agudiza en *10 millones* la construcción minimalista de la imagen escénica y nos ofrece un relato que crece en las palabras, las narraciones, evocaciones, diálogos y dramatizaciones de determinados fragmentos de la historia, sin la apoyatura de una escenografía que pretenda ubicar o contextualizar la acción en sus estadios temporales, sugeridos solo por el vestuario que transita en el cuerpo de los personajes.

Una pared lisa y dura, pintada de gris, cierra la escena que no disimula su condición teatral. En una tribuna o plaza, con su fuerte carga iconográfica por ser el lugar recurrente de los actos políticos, acontecen los encuentros de Él, Autor, Padre y Madre con los espectadores. Allí unos y otros se observan y son observados, mientras se construye otra manera menos vigilante de mirar –y de mirarnos– en relación con la Historia que hemos construido. Se trata de una mirada más calmada, serena, alejada de la espectacularidad y las contingencias. Es esta una manera muy inteligente de encontrarle un nuevo sentido al pasado y concebir mejores destinos para el teatro y nuestras vidas cotidianas. Quizás, también por estas razones, *10 millones* se erige como un documento poético de innegables connotaciones políticas.

Flora Lauten encarna y vive muchos caminos y edades del teatro cubano contemporáneo. El Teatro Buendía, su obra más hermosa y fecunda en el contexto cultural y social cubano, ha servido de puente entre diversos magisterios artísticos y humanos, al de-marcar rupturas y aportaciones, (re)abrir nuevos horizontes creativos y resistir durante más de tres décadas las adversidades más insospechadas. La iglesia del Buendía, convertida por los actores fundacionales en teatro, ha sido la casa de varias generaciones de artistas y espectadores. Sus espectáculos marcaron el rumbo de una zona de nuestro imaginario teatral, al tiempo que han hecho prevalecer el sentido de la indagación, el laboratorio y la experimentación creadora. Como toda gran familia, el Buendía ha crecido y se ha fragmentado. Como la Isla, se multiplica en otros territorios creativos en distantes latitudes. Flora Lauten ha abierto caminos para sembrar compañías y compartir la soledad.

Por eso, al verla con sus desafiantes 74 años encarnando a Santa Teresa de Jesús, la Monja de Ávila (1515-1582), en el espectáculo *Éxtasis*, (Imagen 3), después de 25 años sin actuar, no puedo rehuir del sobrecogimiento que me llega a través de su presencia, de su voz, de sus miradas; y sobre todo, de su espíritu invencible. Entre los muchos planos del relato que contiene este espectáculo, articulado en torno a las cartas escritas por la monja mitológica, está en primer orden el relato físico que el cuerpo de la actriz, la maestra, la madre y la creadora, narra más allá de las palabras y la indumentaria escénica.

Las luchas de Teresa de Jesús por crear monasterios y espiritualidades altruistas e iluminadas encuentran equivalencias y analogías en los emprendimientos creadores y humanistas de Flora Lauten y sus continuas reinvenciones del Teatro Buendía; cuerpo vivo que ha visto transcurrir las biografías de muchos cubanos. Por eso la iglesia reconstituida del Cerro, el teatro o los monasterios rememorados se revelan como los espacios múltiples e ideales para persistir en la acción de fundar, que es, como dicen la actriz y el personaje, "lo que importa". Ahí radica el mayor desafío en estos tiempos de tanta trivialidad adherida al cuerpo y el espíritu.

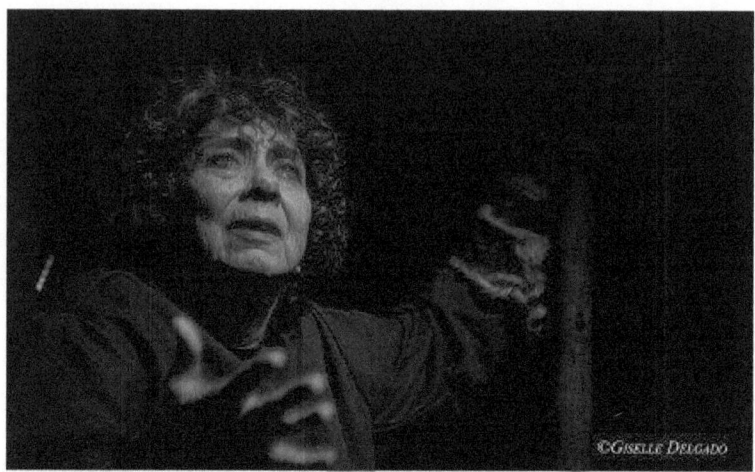

Imagen 3. *Éxtasis* Teatro Buendía. Foto: Giselle Delgado

En la manera de narrar los hechos como pasajes históricos que acontecen en el presente, en el modo enfático y sutil de reescribir las cartas y en las imágenes de cuidadosa elaboración visual que el espectáculo construye, está sintetizada la biografía creadora y la iconografía escénica del Teatro Buendía, poblado ahora por otros jóvenes que viven en una nueva comunión con la sabiduría, la astucia, la picardía y la espiritualidad de la Maestra Lauten. Por ello también está sobre la escena otra manera de desmontar nuestra Historia nacional, al tomar como objeto e imagen de referencia a la propia vida de los artistas y al grupo teatral, cual célula social que registra las principales problemáticas y acontecimientos que nos han marcado en los últimos años.

Santa Teresa y Flora hablan de fundar y de sortear obstáculos e incomprensiones, hablan de las ausencias y los desprendimientos. Ellas hablan de la vida que crece en el cuerpo de las gentes que no temen, o no se resignan, ante los imperativos de la desidia, la indolencia y la mentira. Ellas, una vez más, transgreden las reglas del orden social dominante, sobre las que crecen la inercia y el olvido como medios para la dominación y el sometimiento de los individuos a los más disímiles poderes. De esas contradicciones tan urgentes se nutre la metáfora teatral que Flora Lauten y su Teatro Buendía nos ofrecen como un gesto de fe mucho más trascendente y vital que cualquier proclama o consigna momentánea. En la contención de su hermosura poética y escénica está sembrada la contundencia política de este espectáculo, que transcurre, sigiloso, sin alardes ni estridencias, bajo las cúpulas de la iglesia de Loma y 29, entre andamios y aperos de construcción, en el cuerpo de los actores y en el camino siempre abundante del Teatro Buendía.

IV

Luego de tan apresurado recorrido, es notable que el teatro cubano, a través de sus discursos poéticos y sus modos de producción, vive cada día en la dimensión política que contiene la vida cotidiana y la espiritualidad de cada hombre y mujer de esta tierra. Dimensión política que parte de la génesis misma de los procesos creadores y no de un premeditado enfoque ideológico o trazado discursivo, que pretenda dar golpes de efecto mediante la crítica exacerbada y costumbrista sobre la tensa situación económica y social; o en sentido contrario, la exaltación anodina de los logros y bondades del proyecto social que intenta construirse y proyectarse hacia el socialismo próspero y sostenible.

Por encima de esas cuestiones temáticas e ideológicas, el teatro cubano más inteligente y creativo de estos tiempos dirige sus principales dispositivos de análisis, desmontaje y creación hacia las interrogantes inmediatas, directas y precisas que la inmensa mayoría de los cubanos nos hacemos día a día, respecto a las incertidumbres de los nuevos cambios anunciados y a la reconfiguración de una sociedad que en realidad ya cambió sus paradigmas ideológicos, morales y espirituales; porque sus reglas de funcionamiento económico y social se transformaron de manera abrupta, aun cuando los discursos oficiales no registren ni expresen con transparencia el impacto de estas transformaciones.

El sentido de la existencia en medio de una sociedad distinta, la búsqueda afanosa –y muchas veces incierta, en especial para las generaciones más jóvenes– de una vida más plena, liberadora, próspera, coherente en lo posible con el proyecto de país que pretende reinventarse a partir de los preceptos de la Revolución del 59, casi seis décadas después, con todo lo que ello implica, no es solo un inventario de problemas que los artistas transforman en metáforas teatrales, sino la evidencia de los contenidos renovados que indican la pertinencia de las nuevas obras para activar el debate colectivo que la sociedad cubana necesita encarar de forma urgente, como alternativa valiosa para pensarse a sí misma e imaginarse en ese otro mundo que todos dicen que es posible.

Hacer teatro y estudiarlo constituye por tanto, una elección ética que nos habla de resistencia, voluntad y confianza en nuestros oficios. Pasados y ya lejanos quedan los tiempos en los que llenaban los escenarios no pocos discursos triunfalistas sobre las obras de la Revolución. El teatro cubano del presente es capaz de reponerse de la abulia y, en medio de sus fragmentaciones y diásporas dolorosas e irreparables, reconocer las creaciones de aquellos que lo siguieron cultivando más allá de las costas de la Isla, así como afirmar sus amplios horizontes creativos, sus zonas de incertidumbre y sus mejores aprendizajes.

Para crear y gestionar nuestras obras ya no son suficientes las vetustas estructuras y los oficios habituales. Las imágenes no solo hablan de complacencias y reclamos, sino de apuestas visionarias, desprendidas del cuerpo de los artistas y sus espectadores. Las imágenes y sus modos de construcción revelan otra vez el choque de viejas y nuevas ideas; evidencian procedimientos creativos en conflictos divergentes, determinantes y necesarios, todavía más cuando proclamamos el cambio como signo fundamental de la reinvención de nuestros escenarios culturales y sociales. Instituciones y colectivos, gestores, creadores y públicos claman, al igual que Electra Garrigó, por una revolución que les permita redimensionar sus encargos y aportaciones.

Mientras las artes se cruzan y los saberes crecen mediante traspasos escénicos y humanos diversos, pueden surgir renovadas alianzas para los intercambios que el teatro propone como razón de ser histórica. Alianzas posibles que desconocemos, ignoramos o desestimamos por las soberbias pretensiones o las inseguridades inútiles que padecemos y muchas veces compartimos de manera involuntaria. Esas nuevas alianzas y estrategias integradoras son una señal de futuro que aún permanece encendida.

Bibliografía

De Marinis, Marco. *Del espectáculo como reproducción al teatro como producción*, En Comprender el teatro. Lineamientos de una nueva Teatrología. Buenos Aires: Editorial Galerna, 1997.

Celdrán, Carlos. *Notas al programa. 10 millones.* La Habana, abril, 2016.

Irazábal, Federico. "La crítica entre la platea y el escenario". *Tablas*, La Habana, (3-4), 2008, p.11.

Pogolotti, Graziella. "El teatro cubano en vísperas de una nueva década". *Tablas*, La Habana, número extraordinario, 2002, p. 102.

El desafío de ampliar los parámetros interpretativos de los estudios teatrales

Romina Sánchez Salinas
IMESC-IDEHESI-CONICET/UNCUYO

El trabajo "Antropología simbólica, derechos humanos y estudios teatrales: hacia una hermenéutica cultural de las teatralidades sociales" de Alicia del Campo representa una apuesta teórica y metodológica por construir una perspectiva interdisciplinar para el abordaje de los fenómenos teatrales. El artículo resignifica la pregunta de cómo interpretar aquellas experiencias sociales-artísticas-políticas que desbordan las miradas disciplinares en tanto fenómenos que intervienen en múltiples dimensiones y temporalidades. Para ello, retoma acciones de protesta callejera, rituales y ceremonias públicas en Chile que han resultado significativas como operaciones de construcción de sentido y como espacios de lucha ideológica donde los distintos sectores han disputado sus interpretaciones sobre la historia reciente. Desde esta perspectiva, analiza las manifestaciones del movimiento de mujeres de oposición en el Chile de la dictadura (1973-1989), las batallas por la memoria en el funeral oficial de Salvador Allende y Jaime Guzmán en el primer gobierno de la transición (1990) y el *piluchismo* en el evento de Spencer Tunick (2002) en el Chile neoliberal.

Su propuesta es el estudio de las "teatralidades sociales", entendidas como "prácticas capaces de interpelar a los miembros de una sociedad en el contexto del acto teatral, del performance, la intervención urbana y la protesta política". En el artículo desmonta el aparato crítico que construye para el estudio de las teatralidades sociales, donde confluyen conceptos y perspectivas de distintas disciplinas: la hermenéutica cultural de Hernán Vidal, la concepción de la cultura de Clifford Geertz, la noción de interpelación de Luis Althusser, la de ideología de Ernesto Laclau, la de drama social y liminalidad de Victor Turner, entre otras.

En esta conjunción, la autora logra "producir un diálogo orgánico entre la crítica literaria, la crítica cultural y la antropología con la sociedad de la cual es parte", reforzando metodologías para la investigación acción, investigación participativa, investigación colaborativa, y creación investigativa. Hay un llamado a la reflexividad a los estudios teatrales, donde investigar implica el análisis sobre la propia mirada del etnógrafo/crítico teatral, atendiendo a que el investigador es parte de la experiencia social y por ende de aquello que registra.

A partir de una lectura relacional, Del Campo observa los diferentes discursos, intenciones, gestos que coexisten en aquellos escenarios sociales estudiados. El cuidadoso registro de los diversos componentes de la puesta en escena le permite reconocer que las teatralidades no son creadas por un productor homogéneo, pudiendo identificar los conflictos subyacentes en los procesos de negociación respecto de las diversas interpretaciones de la historia. Así es como en el análisis de las tensiones en torno a la reconstrucción de la memoria histórica tiene en cuenta tanto la política cultural de la memoria institucional frente a las intervenciones en el espacio público, como las teatralidades sociales y políticas desde donde se expresan los sectores subalternos.

En este audaz movimiento, el ensayo resignifica el campo de los estudios teatrales al mostrarnos su capacidad de constituirse en colaboradores activos de diversas formas de resistencia, y nos invita a reivindicar el estudio de la fuerza política de las teatralidades sociales como inspiración para imaginar otros mundos posibles.

Perspectivas políticas de la escena latinoamericana

Las "teatralidades sociales" como hermenéutica cultural: Antropología simbólica, derechos humanos y estudios teatrales

Alicia del Campo
Universidad del Estado de California, Long Beach

La violenta irrupción de la dictadura militar en Chile, las extensas violaciones a los derechos humanos y la radical clausura de un proyecto político democrático que buscaba revertir la desigualdad y la pobreza en Chile marcó, desde mi propia biografía, un corte con un antes y un después. Un antes promisorio, floreciente y colectivo y un después incierto, opaco y represivo, definido por una cultura del miedo, la desconfianza y el individualismo.

Desde esa vivencia mi investigación ha estado marcada por la necesidad de buscar puntos desde donde responder a las preguntas que nunca podrán, creo, explicar la profunda violencia contenida en las acciones del Estado y la complicidad de los civiles que sustentaron esa barbarie. Desde allí surge la necesidad de relevar y leer con sentido las acciones de los que se opusieron a ella, de retomar las huellas de esa memoria y mirar críticamente, desde mi formación como antropóloga y crítica literaria, las acciones de resistencia, las acciones colectivas de memorialización y las que han buscado de diversas maneras re-establecer la democracia, la memoria colectiva, el accionar ciudadano y las subjetividades políticas capaces de articular nuevas utopías.

En ese proceso, diversas acciones y acontecimientos en Chile me parecieron relevantes de estudiar y abordar aun cuando no calzaban dentro de los parámetros de lo que se entendía como literatura, producción poética o teatro; sin embargo, había que hablar de ellas, intuitivamente sentía que había allí algo clave que era necesario rescatar. Hablando de ellas, revisando acciones en videos, entrevistas y protestas callejeras es que fue tomando cuerpo la posibilidad de estudiarlas como formas de Teatralidad Social. Aunque ese concepto no fue parte del primer análisis de la gestualidad mariana utilizada por del Movimiento de Mujeres de oposición en Chile en plena dictadura, más adelante, mi participación en el Ritual de purificación del Estadio Chile *Canto Libre*, en 1991, me llevó a explorar el ritual y la purificación en su entendimiento antropológico. Acercarse al concepto de ritual significó inevitablemente llegar al de teatro—dado que es precisamente el ritual el origen de toda práctica teatral—occidental y latinoamericana. Desde allí, y pensando en cómo es que se comienza a tensar el pensamiento sobre la memoria histórica a comienzos de la transición democrática en Chile fue evidente para mí la enorme carga simbólica de los funerales oficiales de Salvador Allende y Jaime Guzmán, desde donde nace mi libro *Teatralidades de la Memoria* y con él una apuesta por estudiar estos grandes rituales y ceremonias públicas bajo el concepto de *teatralidad social*.

El teatro, en tanto encuentro vivo, exige una mirada antropológica, anclada en un trabajo etnográfico local. Encontré así en el estudio de las teatralidades sociales y políticas una productiva área de investigación, en particular en relación a las prácticas memorialísticas de la dictadura y postdictadura y sobre todo en relación a la producción de modelos de apropiación del espacio público dirigidos a la reconstrucción de territorialidades y espacios identitarios comunitarios. Las formas de habitar, apropiar y resignificar la ciudad a través de las teatralidades sociales, desde el Estado; pero también desde diversas comunidades, del performance, del arte callejero, y del rito han constituido valiosos territorios para interrogar la construcción de subjetividades y nuevas formas de resistir, recordar e imaginar futuros posibles.

Este ensayo se propone un recorrido por algunos de los temas desarrollados en mis investigaciones y por los conceptos que me han sido útiles a la hora de abordar estas áreas de la producción teatral chilena en diversos momentos históricos. Esta mirada al teatro y a las teatralidades sociales y políticas surge precisamente de la necesidad de intervenir en el debate público desde una lectura crítica de las prácticas sociales y estéticas que han jugado un rol político clave. Desde una particular conceptualización de las teatralidades sociales, mis investigaciones han abordado diversos fenómenos: las manifestaciones del movimiento de mujeres de oposición en el Chile de la dictadura (1988), el ritual de purificación *Canto Libre* a comienzos de la transición democrática (2006), las batallas por la memoria en el funeral oficial de Salvador Allende y Jaime Guzmán (2004), la reconfiguración de la identidad nacional en el primer *Te deum* de fiestas patrias de la transición, *el piluchismo* como fenómeno de teatralidad ciudadana en democracia en el evento de Spencer Tunick (2009) y las teatralidades del movimiento estudiantil del 2011 como punto de quiebre con el neoliberalismo y propuesta refundacional (2016).

Perspectivas políticas de la escena latinoamericana

Mi aparato crítico para el estudio del teatro y las teatralidades sociales se ha servido de la noción de interpelación de Althusser, en relación al proceso de constitución del sujeto, de la crítica literaria entendida como arqueología de proyectos sociales propuesta por Hernán Vidal (1984), el teatro y la teatralidad como construcción visual de Juan Villegas (1996, 1997), los aportes de Erving Goffman (1993) respecto de la presentación de la persona en la vida cotidiana y del trabajo de Víctor Turner en cuanto al 'drama social'(1982). Es Victor Turner quien, en su relectura del análisis de los rituales de pasaje de Van Gennep (2011), tiende un puente clave entre la antropología y el teatro con los conceptos de *drama social* y *liminalidad* como procesos de significación social. Si bien en el espacio liminal del ritual emerge la noción de *communitas* como utopía cultural, el acto interpretativo de la obra literaria/obra teatral/el drama social y las teatralidades sociales tiene también la capacidad de relevar su calidad utópica en tanto constituye, como lo señala Hernán Vidal, un "artefacto de un artefacto para la anamnesis" (1994: 24). Vidal plantea este modelo epistemológico para la crítica literaria al proponer los derechos humanos como eje ético, paradigma crítico y compromiso político de los estudios culturales latinoamericanos.

Sobre la base de un entendimiento de la cultura como una red de sistemas de significación que puede ser leída e interpretada por el etnógrafo, este tipo de trabajo busca desarrollar una *lectura densa* (Geertz, 1996) de las manifestaciones sociales. Ello implica un registro del hacer efímero sobre el espacio urbano, una descripción detallada de cada uno de los elementos significantes de la escena, la reconstrucción de un "libreto teatral" y la capacidad de imputar sobre el objeto una lectura, llevar a cabo una exégesis interpretativa que complete el gesto hermenéutico que el investigador realiza sobre la experiencia social. Ese proceso, en una antropología participativa y comprometida, va acompañado además de una reflexión sobre la propia mirada del etnógrafo/crítico teatral que incorpora como dato su propia reacción a lo observado.

Resignificación del Marianismo: interpelación y constitución de sujeto

En plena dictadura militar, la posibilidad de hacer visible las formas en que la ciudadanía diseñaba estrategias para resistir las prácticas del aparato represivo hacía evidente la necesidad de abordar los discursos con que los movimientos de oposición se enfrentaban al aparataje militar en sus protestas callejeras. Desde allí, los estudios literarios parecían no bastar para dar cuenta de la producción cultural y del desarrollo de las tensiones existentes entre el Estado y la sociedad civil. Mi acercamiento a los estudios teatrales emerge así de la necesidad de dar cuenta de los procesos de significación y lucha ideológica gestados en Chile a mediados de los '80 cuando la oposición comenzaba a adquirir una mayor presencia en el espacio urbano y en las manifestaciones en contra de la dictadura (1973-1989). En particular, a mediados de los ochenta el movimiento de mujeres de oposición constituyó un ejemplo paradigmático para entender la configuración del campo simbólico en que buscó inscribirse la dictadura como agente trasformador de la sociedad chilena.

La profunda crisis institucional generada por el golpe de estado, la cancelación de la utopía socialista, las prácticas encaminadas a un "exterminio" de la izquierda aunados a la necesidad de dar cuenta de este proceso, hizo necesario abrir el campo de estudios literarios hacia una comprensión más amplia de la articulación de lo simbólico y entender la producción cultural como una institucionalidad fluida cuyos modelos se expresan en un amplio rango de manifestaciones estéticas. Estas manifestaciones van desde el arte como institución hasta las más diversas maneras en que los grupos subalternos desarrollan formas de producción simbólica que escapan a la institucionalidad de las manifestaciones artísticas. Los modos de otorgar sentido al acontecer histórico parecían haberse desplazado a formas de producción simbólica más urgentes de atender: las protestas callejeras, las marchas en defensa de los derechos humanos, las barricadas poblacionales y las intervenciones urbanas de colectivos en defensa de los derechos humanos tales como el Movimiento contra la tortura Sebastián Acevedo (Vidal, 1986) y las manifestaciones de la Agrupación Chilena de Familiares de Detenidos Desaparecidos (Vidal, 1982).

El teatro como institución se hallaba en gran medida relegado al montaje de textos clásicos, a unas pocas compañías críticas como el Teatro Ictus, o intervenciones callejeras como las dirigidas por Andrés Pérez y, en algunos casos, a la colaboración con colectivos de derechos humanos aportando algún entrenamiento teatral que les sirviera de apoyo a sus manifestaciones (Vidal, 1992). Frente a esta necesidad de abordar los discursos testimoniales y las prácticas de resistencia, los Estudios culturales en Estados Unidos abrieron un espacio en el aparato crítico que permitió legitimar el

Perspectivas políticas de la escena latinoamericana

estudio de este tipo de fenómenos. En los estudios literarios latinoamericanos los caminos abiertos por Hernán Vidal hacia los estudios culturales configuraron una valiosa herramienta para la posibilidad de interrogar estas experiencias políticas desde la perspectiva de su poética. Ello me permitió dar cuenta de algunos procesos de creación estética extra-literarios que buscaban modelar la sensibilidad social del Chile dictatorial.

Entre ellos, las manifestaciones del movimiento de mujeres de oposición en Chile que se desplegaban en las calles de Santiago interpelando el discurso patriarcal de la dictadura mientras sus cuerpos en el espacio público emplazaban, estratégica y efectivamente, el discurso autoritario poniendo en tela de juicio el mito del "padre protector" desenmascarado por el rostro doloroso de madres clamando por sus hijos.

Frente a ello el modelo althusseriano respecto de los aparatos ideológicos del Estado, me permitió identificar el proceso de lucha ideológica en estas manifestaciones a partir de la noción de interpelación. Frente a la clausura de toda forma de mediación entre Estado y sociedad civil, el discurso de las mujeres se instalaba como la única forma de mediación entre ambos, emplazando al Estado autoritario desde la exhibición de sus cuerpos en la escena pública y convocando a una ciudadanía indiferente y paralizada por el miedo a hacerse parte de su demanda, modelando la sensibilidad social a partir de un estratégico uso del modelo mariano (Stevens, 1973) y del imaginario cristiano en su instalación en el espacio público. Metodológicamente esta posibilidad surgió de un video compuesto por diversos cortos testimoniales realizados con el objeto de dar cuenta de la violencia ejercida por el régimen militar. Uno de ellos, *Por la vida* (1986), realizado por la *Comisión chilena contra la tortura* incluía testimonios de mujeres torturadas, reflexiones sobre métodos de intimidación, organizaciones de resistencia y las imágenes de la marcha *Somos más* realizada en Santiago por el movimiento de *Mujeres por la Vida* en 1985.

El marianismo, como modelo identitario para la mujer, aparecía claramente en las posturas y gestualidades de las mujeres que se instalaban en la escena pública y adoptaban una corporalidad y un discurso que buscaban cuestionar las contradicciones del discurso autoritario. En los testimonios de tortura y en la exhibición de cuerpos en la escena pública era evidente que las mujeres se habían servido del marianismo como matriz cultural y del acervo estético de la *mater dolorosa*, apropiando esas gestualidades en su intervención política, para crear así una *teatralidad social mariana* que apelaba a un imaginario social cristiano (Imagen 1)[7]. Mi lectura buscaba explicitar el modo en que una construcción de lo femenino, en torno al mito mariano como matriz cultural latinoamericana, era apropiado de manera efectiva para abrir un espacio de participación política para la mujer en un momento en que en el marco discursivo de la dictadura, la única masculinidad posible en la escena política era la imagen patriarcal autoritaria de los militares, que habían asumido un rol de disciplinamiento social y protección paternal de una sociedad "descarriada por la aventura socialista" y de lo femenino circunscrito a la maternidad y al espacio doméstico.

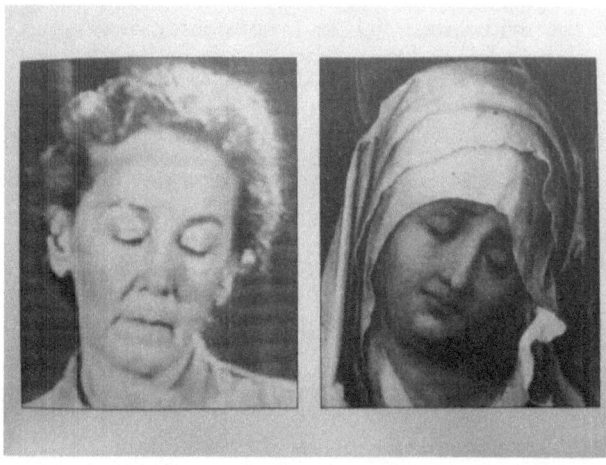

Imagen 1. Video "Por la vida" en Hernán Vidal, *Poéticas de la Población Marginal*

Para Althusser, la función básica de la ideología es la de constituir a los individuos en sujetos: "la ideología funciona o actúa de tal manera que recluta sujetos entre los individuos, a través de una operación que se puede representar con la más trivial interpretación de cualquier día "Eh, vosotros, allá!" (Althusser, 2005: 141). De allí que la lucha ideológica esté dada por el intento de distintos sectores de reconstruir una nueva unidad ideológica a través de un sistema capaz de desarticular el discurso de las fuerzas opues-

---

[7] Imagen tomada del video "Por la vida", publicada en Hernán Vidal, *Poéticas de la población marginal. Fundamentos materialistas para una historiografía estética*. The Prisma Institute. 1987

tas. Para Ernesto Laclau una forma posible de resolución del conflicto consiste en la negación de todas las interpelaciones menos una y de "desarrollar ésta en todas sus implicaciones lógicas [para] transformarla en una crítica al sistema existente y, a la vez, en un principio de reestructuración de todo el campo ideológico" (Laclau, 1986: 116). De este modo, en términos de Laclau, el marianismo como condensación de elementos ideológicos se instalaba como un espacio de lucha ideológica en que la confrontación entre las mujeres de oposición y el Estado fascista estaba dada por la rearticulación simbólica del mito mariano que hacía cada sector en función de sus propios intereses. En el discurso fascista los elementos marianos operaban para interpelar a la mujer y constituirla en sujeto pasivo, de apoyo al Estado y a los militares, en su acción de refundar la patria, sirviendo además, de instrumento reproductivo en el espacio privado de lo doméstico, lo maternal y lo educativo. La teatralidad social de las mujeres se repropiaba del mito mariano, construyendo a la mujer como defensora de los derechos humanos y desarticulando la alienación producida por la organización discursiva fascista; haciendo del mito "un instrumento de desalienación a través de la interpelación de las mujeres como sujetos capaces de transformar su propia cotidianidad exigiendo, en nombre de la sacralidad de su condición de mujeres (como dadoras de vida), el respeto de los derechos humanos en una sociedad violentada por el autoritarismo" (Del Campo, 1988: 434). El movimiento de mujeres lleva a cabo aquí una alienación instrumental en torno al ideologema madre/tierra/virgen para desarticular el entramado simbólico del discurso fascista y evidenciar sus contradicciones desde su propia lógica interna. El acto consciente de fijar su identidad como mujeres en torno al ideologema mariano de la mater dolorosa, se presenta como una estrategia política en la cual el situar su identidad como mujer en tanto-madre opera como un discurso que instrumentaliza el mito para lograr sus propios objetivos: emplazar el discurso patriarcal del Dictador-Padre protector de la patria, desde el marco de su propia lógica: las madres preguntando ¿dónde están nuestros hijos?, exponiendo su cuerpo en las manifestaciones callejeras a la represión, emplazando al dictador en su obligación de defender precisamente la sacralidad de estas mujeres-madre que se tornan en monumento vivo a la maternidad como eje constitutivo de la nación.

Podemos entonces entender el teatro y las teatralidades sociales como prácticas capaces de interpelar a los miembros de una sociedad en el contexto de encuentro que se produce en el acto teatral, entendido como el encuentro vivo entre manifestantes y transeúntes, que conviven por un instante en el espacio efímero y urgente de las manifestaciones, del performance, la intervención urbana y la protesta política. Si bien Jorge Dubatti, ha definido el convivio en tanto encuentro vivo entre espectadores y productores, como el elemento definitorio de la teatralidad, marcando el acontecimiento teatral como cargado del aura de lo irrepetible, tal conceptualización conlleva el peligro de obliterar la fuerza política del teatro, en tanto precisamente es encuentro de tensiones, que son las que el acto teatral busca justamente movilizar a través de una poética, para convenir en el acto teatral como algo vivo, en proceso, en tensión efímera. Esto es aún más evidente en las teatralidades sociales, en que el espectador/transeúnte es convocado/invitado a ser testigo/participante involuntario de este momento aurático en el que los manifestantes convierten al espectador-transeúnte en testigo/cómplice de la vulnerabilidad de los cuerpos expuestos en una escena pública en la que nada está bajo control, en la que la presencia y la interpelación es la que constituye el acontecimiento-encuentro, efímero e irrepetible; pero memorializado en la experiencia de los transeúntes/testigos, convocados como depositarios de la memoria de esa acción, encomendados con la tarea de transmitir y dar sentido a esa experiencia para la colectividad.

En este marco, la noción de interpelación de Althusser nos permitió identificar diversas formas de producción teatral como modos de interpelación social y de construcción de "otros" en un "nosotros". El eje de las manifestaciones de teatralidad social de las organizaciones de derechos humanos era precisamente la interpelación al ciudadano, al transeúnte, quien era llamado a constituirse en sujeto doliente, demandante y a formar parte de un nosotros transformador.

Teatralidades de la memoria: la esfera pública cotidiana como espacio teatral

Con el retorno a la democracia a mediados de los años '90 se instala la pregunta por la memoria y la identidad nacional post-dictadura. La reconstrucción de la memoria del pasado reciente se torna un tema clave en el proceso de articulación de una identidad nacional post-dictadura. Tras diecisiete años de dictadura militar, y en el marco del quiebre y descrédito de las narrativas de redención humana vigentes hasta la caída del muro de

Berlín, Chile debe rearticular su sentido de civilización para la vida. Este retorno a la democracia, abre un escenario en el que la política cultural de la memoria histórica quedará marcada por una resignada búsqueda de "justicia en la medida de lo posible", sustentada por una democracia protegida, bajo tutela militar (Loveman 1994: 117) y legitimada a partir de la creación de Comisiones de Verdad y Reconciliación, la realización de informes de violaciones a los derechos humanos, su difusión mediante el Informe Retigg y un sistema de reparación a los familiares de las víctimas.

La recuperación de la memoria post-dictadura se transformará así en un espacio de lucha ideológica cuyas batallas se librarán en diversos ámbitos del espacio público y con la participación de diversos agentes sociales. En este contexto, organizaciones políticas, organizaciones de las víctimas y el Estado buscarán sellar la memoria de la dictadura a través de una serie de gestos que harán del espacio público un escenario privilegiado. En este marco es posible ver cómo las teatralidades sociales y políticas funcionarán como un modo de articular los imaginarios sociales acorde con los intereses de diversos sectores que buscan modelar la sensibilidad social de la colectividad. El estudio de estas teatralidades nos permitirá:

> develar las redes de significación elaboradas dramáticamente por partes de distintos productores de discursos, los intereses y visiones de mundo que estas elaboraciones conllevan y la manera en que sus elaboraciones espectaculares buscan comunicar sus propuestas e imaginarios a las colectividades que configuran su audiencia/espectaduría (Del Campo, 2004: 27)

El análisis de una serie de rituales y ceremonias públicas a inicios de la transición hizo posible mostrar cómo estos rituales pueden, por un lado, ser funcionales a una afirmación del poder en la medida en que hacen parte del aparato de ficciones culturales/nacionales o por otro, operar como espacios de resistencia a estéticas e ideologías hegemónicas.

Investigar el proceso de transición democrática, iniciado en 1990, desde las teatralidades sociales me permitió visibilizar el modo en que se articula la memoria histórica tras un período traumático. En tal caso, las batallas por la memoria se dieron en el campo "de las negociaciones de símbolos visuales, gestuales, auditivos y puestas en escena de momentos y personajes críticos del acontecer nacional como una manera de re-escribir la historia desde distintos sectores políticos y reconfigurar la memoria histórica nacional" (Del Campo, 2004: 29).

Tras el retorno a la democracia, negociado entre cúpulas partidarias y altos mandos militares, la Concertación de Partidos por la Democracia—coalición gobernante en 1990—impulsó una política cultural de la memoria histórica, que necesitó apoyarse en lo que propongo entender como una *democracia espectacular*, en la que el ciudadano quedó relegado al consumo mientras que desde el Estado se desarrollaban grandes ceremonias y rituales públicos encaminados a la pacificación ciudadana y a avalar simbólicamente el carácter democrático de la transición. Las tensiones en torno a reconstrucción de la memoria histórica se dieron en un marco institucional en que el espacio público y las teatralidades sociales y políticas devinieron en medios a través de los cuales pudieron expresarse los sentires de los sectores subalternos. Esta democracia tutelada (Loveman, 1994, 2016) de carácter espectacular y administrada en base a una política de acuerdos entre las cúpulas de los partidos hizo evidente la necesidad de abordar críticamente la producción simbólica de estos rituales y ceremonias públicas que buscaban condensar los ejes de sentido de la transición democrática. Me refiero por ejemplo al funeral oficial de Salvador Allende, manejado desde el Estado, al Acto de Inauguración del gobierno democrático del Presidente Aylwin, el 12 de Marzo de 1990 realizado en el estadio nacional. (Video: https://www.youtube.com/watch?v=ysklziDI0II) entre otros. La tarea de desentrañar los niveles más profundos de la producción simbólica, en que el Estado y los ciudadanos buscaban dar sentido al accionar social, exigió una mirada a las teatralidades sociales y políticas como un discurso sobre el cual el crítico cultural y el antropólogo podrían ejercer la exégesis capaz de develar las negociaciones de sentido en cuanto a la interpretación/es del pasado reciente, y las propuestas utópicas inscritas en el accionar de diversos sujetos sociales en pugna.

Este escenario exigía abordar con sentido crítico el espacio público como un espacio de lucha ideológica en el que se jugaban las redefiniciones de lo nacional en estos grandes rituales públicos organizados por el Estado y por diversos colectivos político-artístico. En este contexto, nuestra mirada se apoyó en una concepción de la esfera pública cotidiana como el amplio escenario en que se llevaban a cabo las negociaciones de sentido de la cultura nacional.

Las Teatralidades sociales como apertura de los estudios teatrales

Fue necesario ampliar el marco de los estudios teatrales al estudio de las teatralidades sociales inscritas en los rituales y ceremonias con las que el Estado y diversos sectores de la sociedad civil buscaban proponer una interpretación del pasado dictatorial que garantizara una pacífica convivencia democrática. Esta necesidad encontró en la antropología simbólica y en la hermenéutica una vía para revelar las mediaciones entre lo material y lo simbólico que sirvieran a una comprensión más fluida y densa de los procesos de significación que se desarrollaban en la escena nacional. En este contexto propuse entender el concepto de Teatralidad Social como:

> La articulación a partir de estrategias dramáticas (visuales, lingüísticas, sonoras, espaciales, sensoriales y en base a estilos, géneros y retóricas) adoptadas por los aparatos e instituciones culturales y por los grupos subalternos para articular sus sentires respecto de la historia y el acontecer social y apelar—a partir de puestas en escena en la esfera pública cotidiana y en base a un imaginario compartido—a la sensibilidad social para modelarla con miras a constituir a esos espectadores en agentes activos de su propia historia o en receptores de las visiones de mundo articuladas por las autoridades culturales a partir de estos imaginarios (Del Campo, 2004).

Se buscaba producir un diálogo orgánico entre la crítica literaria y teatral y los estudios sobre la producción simbólica, la crítica cultural y la antropología con la sociedad de la cual es parte y también imaginar el futuro posible inscrito en la obra literaria y en la acción teatral. Siguiendo la propuesta de Hernán Vidal diremos que el acto crítico se desarrolla en un kairós, un tiempo urgente, en el que la exégesis literaria/teatral/performática constituye un necesario acto de recordar para la posible construcción de un futuro.
En el contexto de los comienzos de la transición democrática ese momento de urgencia estaba dado por la necesidad de redefinición del sentido de comunidad nacional post-dictadura que marcara la ruptura con el pasado autoritario y el comienzo de una nueva etapa en la historia de la nación. Si bien la catástrofe de la dictadura exigía una distancia que permi-

tiera validar la nueva democracia como un nuevo orden social, la Concertación de Partidos por la Democracia se limitó a administrar y consolidar el modelo económico neoliberal. De este modo, para el Estado transicional, la posibilidad de articular un modelo cultural que allanara la contradicción entre la vuelta a la democracia, como un nuevo comienzo, y la continuidad de las políticas económicas implantadas en dictadura junto a las limitaciones de una democracia protegida y la promesa de hacer justicia "en la medida de lo posible" resultaba una tarea urgente.

Como corriente disciplinaria la antropología simbólica se desarrolla a partir de *La interpretación de las culturas* de Clifford Geertz a comienzos de los setenta quien funda la noción de la escritura etnográfica como *descripción densa* al postular que

> Lo que en realidad encara el etnógrafo es una multiplicidad de estructuras conceptuales complejas, muchas de las cuales están superpuestas o entrelazadas entre sí, estructuras que son al mismo tiempo extrañas, irregulares , ... [que] el etnógrafo debe ingeniárselas de alguna manera para, captarlas primero y explicarlas después... Hacer etnografía es como tratar del leer (en el sentido de interpretar un texto) un manuscrito extranjero, borroso, plagado de elipsis, incoherencias, de sospechosas enmiendas y de comentarios tendenciosos... (Geertz, 1996: 34).

La semiótica de la cultura de Geertz aporta las bases para un trabajo interpretativo en que las claves de la construcción de sentido de la comunidad estarán en la posibilidad de develar los procesos de significación que se esconden tras el accionar social. Para Geertz la cultura es esencialmente un concepto semiótico:

> Creyendo con Max Weber que el hombre es un animal inserto en tramas de significación que el mismo ha tejido considero que la cultura es esa urdimbre y que el análisis de la cultura ha de ser por lo tanto, no una ciencia experimental en busca de leyes, sino una ciencia interpretativa en busca de significaciones. Lo que busco es la explicación interpretando expresiones sociales que son enigmáticas en su superficie (Geertz, 1996: 20).

Perspectivas políticas de la escena latinoamericana

En esta lectura densa de las teatralidades sociales en la escena pública se sitúa el encuentro entre la antropología simbólica y los estudios teatrales. Desde la perspectiva de Geertz, este retorno a la democracia, tras haber vivido en un espacio público dominado por el miedo, la represión, el anonimato, la indiferencia y la opacidad, se despliega como un espacio en que diversos agentes sociales buscaran re-significar el pasado y el presente a partir de múltiples gestos de intervención, memorialización y proyección utópica. La mirada crítica se vuelve entonces a la posibilidad de "leer" el sentido enigmático de las redes de relaciones e interacciones desplegadas cotidiana y extraordinariamente sobre las calles de la ciudad.

Desde esta necesidad de recuperar, visibilizar, reinterpretar la memoria y resignificar el sentido de lo nacional, el despliegue de grandes eventos públicos, como el funeral oficial de Salvador Allende y el de Jaime Guzmán aparecen cargados de sentido. Es en el concepto de Teatralidad social, que la antropología simbólica hermenéutica se cruza productivamente con las categorías de los estudios teatrales para permitir ejercer una exégesis interpretativa capaz de develar los sentidos de la ceremonia. Esto permitirá develar la manera en que el discurso narrativo, el discurso visual y las teatralidades se desplegaban en el escenario urbano para ofrecer ocultos sentidos de la nación y de la historia, para promover la reconciliación, resignificar los cuerpos del dolor y "expiar" las culpas de una nación que durante tres años empujó un proceso político que buscaba revertir ciento cincuenta años de desigualdad.

Hacia una semiótica de la escena callejera: ritual, drama social y 'espectadurías'

Para realizar la exégesis interpretativa me apoyo en los estudios teatrales adecuando las categorías de análisis del teatro como esa máquina cibernética que señalara Barthes (1972), al estudio de las teatralidades sociales como operaciones de construcción de sentido con las que diversos agentes sociales ejercen sobre el pasado y futuro de su comunidad. Para ello, fue necesario trabajar en la reconstrucción del libreto teatral e identificar los personajes centrales de las "obras teatrales"/ceremonias, así como los modos de utilización de un aparataje escenográfico y de iluminación aunado a las espectadurías que funcionaban como parte y partícipe de la escena teatral.

Propongo entender aquí *espectadurías* como el acto de 'ser espectador', el modo de entrar en situación de espectador, ya sea voluntaria o involuntariamente. Cuando un espectador va al "teatro" o se acerca a un espectáculo, se ubica conscientemente en esa posición, pero cuando hablamos de las teatralidades sociales y políticas el transeúnte se vuelve espectador más allá de su voluntad de participación, es el que mira, pero también el que desvía la mirada, el que pasa rápido, el que no quiere ver, ni ser testigo de la acción, es también el que colabora activamente con la teatralidad social y es también aquel que cruza la línea imaginaria de la escena para transformarse en actor activo sobre la escena callejera.

La exégesis interpretativa de estas ceremonias permitió revelar discursos escondidos en las escenas y dramas nacionales (Turner, 1982) que se exhibían en el amplio escenario público de la ciudad estableciendo un claro discurso sobre la manera en que la ciudadanía debería interpretar la historia reciente. Dado que estas teatralidades no fueron creadas por un productor homogéneo, un cuidadoso análisis de los diversos componentes de la puesta en escena nos permitió identificar los conflictos subyacentes en cuanto a los procesos de negociación respecto de diversas interpretaciones de la historia. El análisis pudo hacer evidente las negociaciones y luchas de símbolos y de poder que debieron llevarse a cabo en el proceso escritural del libreto. De esta manera, el libreto teatral de las teatralidades sociales debe entenderse como un texto colectivo y plagado de tensiones internas.

Los rituales analizados correspondieron a hechos altamente significativos para la articulación de una política cultural de la memoria histórica de la transición. Los discursos emitidos, el vestuario, las gestualidades, el relato periodístico de los eventos, la disposición de las fotografías de prensa, las transmisiones televisivas, las entrevistas a participantes por parte de la prensa, constituyeron una amplia gama de recursos teatrales. De este modo, estas obras/rituales debían ser leídas no solo como hecho finito sino, y fundamentalmente, en su carácter procesual: ¿cómo se llegó a los acuerdos sobre el recorrido del carro funerario de Allende?¿quién decidió que no entrara a La Moneda? (Imagen 2), ¿cuáles fueron las tensiones entre el gobierno y los partidos políticos en cuanto a la forma del ritual?, ¿quién definió los invitados especiales, los excluidos? etc. (Imagen 3)[8] A diferencia de una

---

[8] Los permisos de reproducción de la imágenes 2 y 3 fueron otorgados por Patricia Espejo. Las imágenes corresponden al libro *Por la paz de Chile* publicado por la Fundación Salvador Allende.

obra teatral, el libreto aquí no es unívoco, hay elementos que escapan a una "dirección", pero que sin embargo muestran una coherencia ideológica con el marco discursivo mayor de los productores.

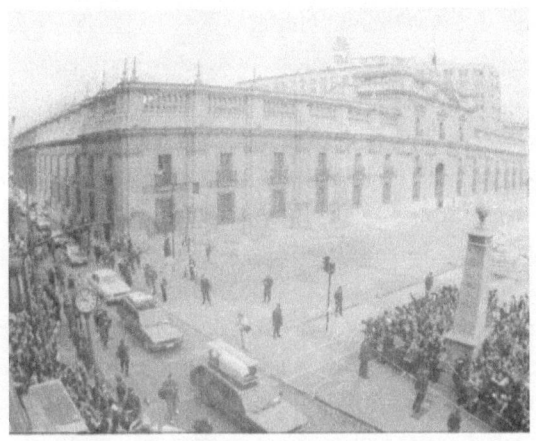

Imagen 2. La Moneda. Foto: Alvaro Hoppe

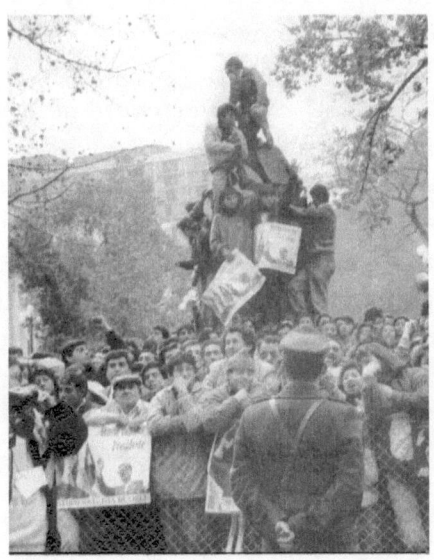

Imagen 3. Gente afuera de la catedral. Foto: Costa Gavras

Teatralidades del piluchismo en el Chile Neoliberal: el desnudo como acto ciudadano

En junio del 2002 cinco mil chilenos llegaron a posar desnudos frente a la cámara de Spencer Tunick superando toda expectativa de respuesta ante la convocatoria original. La iglesia evangélica y otras organizaciones religiosas intentaron sin éxito frenar la realización del evento por la vía legal y llegaron al lugar para pedirles a gritos a los participantes que no formaran parte de esa inmoralidad (Imagen 4 y 5)[9]. El destape fue total. Los participantes se tomaron la calle y posaron jubilosos con la bandera nacional sobre sus cuerpos desnudos frente a la prensa local, internacional y el lente de Spencer Tunick. Fue un hito del que se siguió hablando por meses. Si acordamos con Alfonso de Toro (2003: 13) que la teatralidad es "el empleo de una enorme e infinita posibilidad de procesos dinámicos de representación", las teatralidades del *piluchismo* aparecen como un rico acto de representación. Una mirada a esta teatralidad social desde una revisión de las conceptualizaciones del cuerpo en la cultura occidental nos permitió comprender la significación de este festivo despliegue de desnudos. Para Janet Wolff (1990) el disciplinamiento social y la progresiva privatización del cuerpo, desde el siglo XVII en adelante, surgen estrictamente relacionados con la ideología capitalista dada la necesidad de la burguesía de una fuerza de trabajo servil y confiable. Es esta necesidad lo que da lugar a la escisión entre un cuerpo positivo y un cuerpo deseante. Francis Barker denomina «cuerpo positivo» "al cuerpo idealizado de la ciencia racional y la sociedad burguesa que depende de la exclusión de los deseos y apetitos del 'cuerpo ausente'" (Spackman 2000: 19).[10] Un "cuerpo ausente", entendido como el cuerpo deseante que es necesario excluir para mantener la estabilidad del "cuerpo positivo" racional, burgués y contenido en su deseo. Para Foucault esta tensión deviene en el "cuerpo dócil" que "internaliza los mecanismos de vigilancia y control ejercidos por las diversas instituciones de

---

[9] Francisca Arriagada. "Desnudando a Chile. Las fotografías de Spencer Tunick que liberaron al país". El ciudadano, 25, Enero, 2016. http://www.elciudadano.cl/artes/desnudando-chile-las-fotografias-de-spencer-tunick-que-liberaron-al-pais/01/25/

[10] Traducción de la autora.

confinamiento creadas en los siglos XVII y XVIII—prisiones fábricas, colegios—comportándose acorde con y reforzando las normas establecidas"[11] (Spackman 2000: 19).

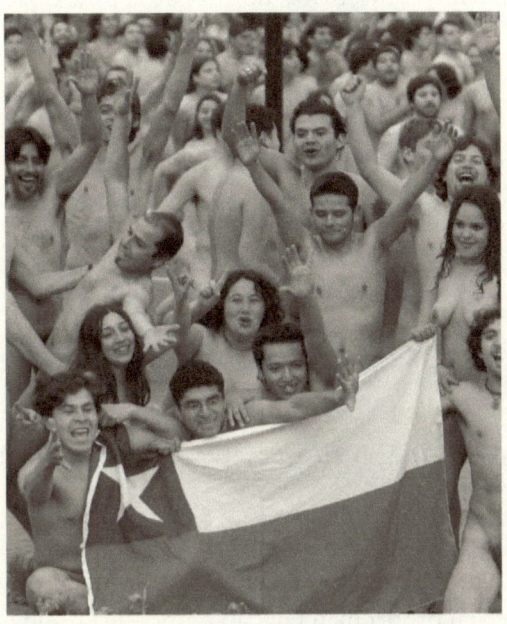

Imagen 4. Diario *El ciudadano*, 25 de enero de 2016

A partir de estos conceptos podemos proponer una lectura de las teatralidades del piluchismo en el Chile neoliberal como una vía de expresión ciudadana frente a la exclusión de la participación democrática que implicó la política de acuerdos de los primeros años de la transición democrática. Estos desnudos en la escena urbana pueden ser leídos además como una rebelión contra los presupuestos capitalistas-neoliberales que requieren un cuerpo que produce pero que niega su placer. De esta manera

> la carga transgresora del cuerpo desnudo conlleva así la marca de la instauración del Estado burgués, en tanto la privatización de la propiedad va aparejada con otras formas de marcar la distancia en-

---

[11] Traducción de la autora.

tre lo privado y lo público, entre el individualismo burgués y el colectivismo primitivo. Así, el cuerpo desnudo en el espacio público adquiere primacía como gesto potencialmente rupturista y transgresor en tanto subvierte las normas de la privacidad (Del Campo, 2009: 4).

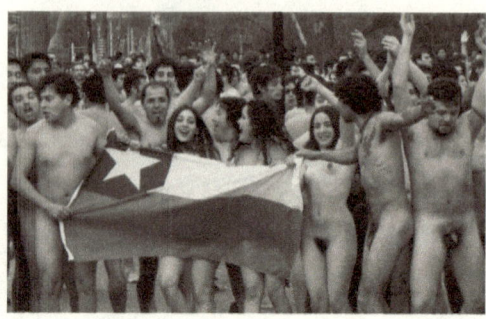

Imagen 5. Diario *El ciudadano*, 26 de enero de 2016

Los cuerpos ciudadanos se rebelan contra la marca de clase para aparecer igualados en el desnudo de una 'horda primitiva'. Los ciudadanos optan por situar en su propia materialidad corporal la posibilidad de desarticular los discursos oficiales que se imponen sobre ellos marcando graves diferencias y escisiones en el cuerpo ciudadano. Frente a la reducción del ciudadano a su condición de consumidor, las teatralidades del desnudo en Chile intervienen con una teatralidad de indiferenciación, un cuerpo que se expande como colectivo armónico, tensionando el cuerpo dócil definido por Foucault como dispositivo de disciplinamiento social capitalista en el que están ya internalizados los mecanismos de control y vigilancia ejercidos desde los medios de control institucionales.

Hacia una hermenéutica cultural de las teatralidades sociales

Frente a la crisis de los socialismos reales, el declarado fin de las utopías de redención humana y la catástrofe que significaría asumir la inutilidad de enorme sacrificio de vidas humanas en luchas emancipatorias que ahora perderían todo sentido histórico, Hernán Vidal propone un cambio de ancla hermenéutica para la crítica literaria que pudiese salvarnos de esta crisis de sentido en los 90. Vidal encuentra en la declaración universal de los derechos humanos un nuevo eje ético desde el cual evaluar la producción literaria y por ende teatral, proponiendo transformarla en una Hermenéutica cultural de los derechos humanos. La obra literaria/teatral concebida como una mónada sin ventanas (Adorno, 1986) debe ser releída como un artefacto de un artefacto para la anamnesis. Desde aquí, la obra literaria/teatral es un artefacto que reproduce los modos "posibles, deseables o negativos (no deseables) con que los seres humanos construyen la cultura como un espacio para la vida, y reproduce asimismo el cosmos de la historicidad humana en su capacidad de auto-transformación en el tiempo" (Vidal, 1994: 24). De allí que el lector al leer/ver la obra va viviendo momentos de iluminación que lo hacen darse cuenta del sentido utópico de la historia humana (en general y en particular de la del texto), y del trabajo de auto-transformación y de construcción que la especie humana viene desarrollando desde el origen de los tiempos. De esta manera, en los personajes vemos el sufrimiento de otros y con ellos recordamos los sufrimientos de toda la especie humana pero, al mismo tiempo, intuimos nuevas condiciones deseables de historicidad para el futuro aún no imaginadas.

Por tanto, leer la literatura/el texto teatral o interpretar las acciones político-teatrales, es un acto de recordar pero también de imaginación del futuro posible que está inscrito en su interior. En el gesto hermenéutico, el texto/teatro/acción/performance debe ser leído como un artefacto (construcción discursiva), de un artefacto (construcción cultural) para la anamnesis (el recuerdo de la historia humana) que es a su vez posibilidad de construcción de futuro. Al momento en que esto ocurre, Vidal lo llama *kairos*, retomando el concepto griego de tiempo urgente, propicio (Campillo 1991), un momento clave en que se une la experiencia pasada, presente y futura, sacando al lector de la conciencia individual para situarlo en la conciencia de la especie humana (Vidal, 1994).

Encontramos un productivo punto de contacto entre la crítica literaria, la antropología simbólica y el estudio de las teatralidades sociales, uniendo los postulados de Hernán Vidal, respecto de una hermenéutica cultural, a los de Clifford Geertz en torno a la cultura como una red de significaciones sobre la cual el antropólogo debe ejercer su *lectura densa*. En ellos la producción cultural debe ser interpretada en sus sentidos más profundos como un texto que se reconstruye en la interpretación y que es a su vez otro texto, otro monumento en construcción para el recuerdo del pasado y la construcción de un futuro.

En el estudio de las teatralidades sociales la posibilidad que ofrece la observación participante nos lleva a una nueva estrategia interpretativa en que la subjetividad experiencial del investigador puede a su vez convertirse en un dato enriquecedor del acto interpretativo. La Antropología interpretativa hermenéutica, en tanto reacción al positivismo y a su búsqueda objetiva de la realidad, se sitúa en el marco de posiciones post-positivistas que reconocen el carácter falible de todo método y por tanto la imposibilidad de alcanzar una objetividad total (Mottier, 2005: 3). Esta línea de reflexión en las últimas décadas ha dado paso a una "multiplicidad de perspectivas en las ciencias sociales como la hermenéutica, la etnometodología, el interaccionismo simbólico, el análisis dramatúrgico, el post-estructuralismo y la teoría del discurso" (Mottier 2005: 3) cuyo eje común sería el análisis de las construcciones de sentido, y de las maneras en que las personas le dan significación a su accionar cotidiano. Esta apertura hacia un mayor nivel de subjetividad se desarrolla además a partir de un modo de escritura etnográfica en el que la subjetividad del etnógrafo será también parte importante y productiva de la exégesis.

Una hermenéutica cultural de las teatralidades sociales nos ofrece la posibilidad de establecer un productivo diálogo interdisciplinario que invite a las ciencias sociales a expandir su potencial generalizador para configurar aportes significativos al diálogo, acción social y política de diversos agentes sociales. Las restricciones a la información, la desinversión constante en educación, las crecientes formas de marginalidad, los procesos migratorios, y las nuevas formas de lucha desarrolladas por los nuevos movimientos sociales hacen evidente la necesidad de romper el cerco de la teoría para acceder a una antropología comprometida, participativa (Martin, 2015) y empoderadora.

De mis análisis arriba expuestos concluyo que, del mismo modo, el teatro y las teatralidades sociales tienen la posibilidad de profundizar su relación orgánica con las comunidades, de las cuales son parte, reforzando metodologías para la investigación acción, investigación participativa, investigación colaborativa, y creación investigativa. Puesto que los modelos de democracia se hacen cada vez más espectaculares, los estudios teatrales tienen la capacidad de constituirse en un colaborador activo de formas de resistencias o en una arqueología de proyectos sociales, capaces de develar las maneras de significar en el escenario urbano a partir de cuerpos, itinerarios, encuentros, máscaras y desnudos. El estudio de la fuerza política de las teatralidades sociales se abre así como una rica fuente para realizar el gesto hermenéutico vidaliano abordando "el artefacto, de un artefacto para la anamnesis", para el recuerdo de las utopías posibles.

Bibliografía

Adorno, Theodor W. *Aesthetic Theory*. New York: Routledge & Kegan Paul, 1986.
Althusser, Louis. "Ideología y aparatos ideológicos del estado" en La filosofía como arma de la revolución. México, SXXI, 2005.
Barker, Francis. *The Tremulous Body: Essays on Subjection*. London/ New York: Methuen, 1984.
Barthes, Roland. "Literature and Signification: Answers to a Questionnaire" in *Tel Quel. Critical Essays*. Evanston: Northwestern University Press, 1972.
Campillo, Antonio. "Aión, Chronos y Kairós: la concepción del tiempo en la Grecia Clásica", en *La(s) otra(s) historia(s): (una reflexión sobre los métodos de investigación histórica)*. Bergara, No 3, 1991: 33-70.
Del Campo, Alicia. "Resignificación del Marianismo por el movimiento de mujeres de oposición en Chile" en Romano, James (ed.) P*oéticas de la Población Marginal*, Prisma Institute. Minneapolis, 1988.
---. *Teatralidades de la memoria: rituales de reconciliación en el Chile de la transición*. Mosquito/Ideologies and Literatures, Minneapolis, 2004.
---. "Purificación y duelo: el rito como rearticulación cristiana de la identidad nacional en Canto Libre" en Mabel Moraña y Javier Campos, eds. *Ideologías y Literatura. Homenaje a Hernán Vidal*. Instituto Internacional de Literatura Iberoamericana, Pittsburg, 2006.
---. "Cuerpo, memoria y teatralidad: el piluchismo en el Chile neoliberal" en Alfonso de Toro, Ed. *Dispositivos espectaculares latinoamericanos: Nuevas hibridaciones-Transmedializaciones-Cuerpo*. Berlin: Iberoamericana/Vervuert, 2009.
---. "Theatricalities of Dissent: Human Rights, Memory, and the Student Movement in Chile". *The Other 9/11. Chile, 1973-Memory, Resistance, and Democratization*. Radical History Review 124: 177-191.
Dubatti, Jorge. "Cultura teatral y convivio". Conjunto 136, 2005: 88-96.
De Toro, A. "Reflexiones sobre fundamentos de investigación transdisciplinaria, transcultural y transtextual en las ciencias del teatro en

el contexto de una teoría postmoderna y postcolonial de la 'hibridez' e , intermedialidad," *Gestos*. 32: 11-46.

Geertz, Clifford. *La interpretación de las culturas*. Buenos Aires: Paidós, 1996.

Goffman, Erving. *La presentación de la persona en la vida cotidiana*. Buenos Aires: Amorrortu, 1993.

Laclau, Ernesto. Política e Ideología en la Teoría Marxista. Capitalismo, fascismo, populismo. Madrid: Siglo XXI, 1986.

Loveman, Brian. "Protected Democracies and Military Guardianship: Political Transitions in Latin America, 1978-1993". *Journal of Interamerican Studies and World Affairs* 36:2 (1994): 105-189.

Loveman, Brian. "The Political Architecture of Dictatorship: Chile before September 11, 1973" in The other 9/11: Chile, 1973 — Memory, resistance, and democratization, *Radical History Review*. Jan2016, Issue 124, p11-41. Eds. Del Campo, A. Lazzara, M.J., Tinsman, H., Vergara, A.

Martin, Keir y Alex Flynn. "Anthropology Theory and Engagement: A zero-sum game?" *Anthropology Today*, Vol. 31, Nro.1, Feb. 2015: 12-14.

Mottier, Veronique. "The interpretative turn: History, Memory, and Storage". *Qualitative Research. Forum Qualitative Sozialforschung/Forum: Qualitative Social Research*. Vol 6, No 2, 2005.

Por la vida (Video). Santiago: Comisión nacional contra la tortura, 1986. Colección personal.

Spackman, Helen. (2000). "Minding the Matter of Representation: Staging the Body (Politic)", en: *Contemporary Theatre Review* Vol. 10: 5-22.

Stevens, Evelyn. "The other face of Machismo in Latin America". *Female and Male in Latin America*. Ed. Ann Pescatello, Ed. Pittsburg: University of Pittsburg Press, 1973.

Turner, Victor. *From Ritual to Theatre: The Human Seriousness of Play*. New York: Paj, 1982.

Vidal, Hernán. *El movimiento contra la tortura Sebastián Acevedo: Derechos Humanos y la producción de símbolos nacionales bajo el fascismo chileno*. Institute for the Study of Ideologies and Literature. Minneapolis, 1986.

---. *Dar la vida por la vida. Agrupación Chilena de Familiares de Detenidos Desaparecidos*. Institute for the Study of Ideologies and Literature. Minneapolis, 1983.

---. *Crítica literaria como defensa de los derechos humanos. Cuestión teórica*. Newark: Juan de la Cuesta, 1994.

---. *Sentido y práctica de la crítica literaria socio-histórica: panfleto para la proposición de una arqueología acotada.* Instiute for the Study of Ideologies and Literature. Minneapolis, 1984.

---. "Social Theatricality and the Dissolution of the Theater and Institution." Gestos 14, 1992: 27-33.

Villegas, Juan. *Para la interpretación del teatro como construcción visual.* Irvine: Ediciones de Gestos, 2000.

---. "De la teatralidad como estrategia multididisciplinaria" Gestos 21, 1996: 7:19

---. "De la teatralidad y la historia de la cultura". SXXI/Twentyeth Century, 1997: 163-192.

Wolff, Janet. *Feminine Sentences: Essays on Women & Culture.* Oxford: Polity Press/ Basil Blackwell, 1990.

Perspectivas políticas de la escena latinoamericana

Una incómoda pero necesaria invitación

Ramiro Manduca
Universidad de Buenos Aires

Gustavo Remedi de la Universidad de la República, Montevideo en *Agendas de fuga: Teatro, sociedad y política. Estudios del teatro uruguayo contemporáneo* nos propone pensar una serie de "agendas incómodas" como incentivos para salir de los parámetros tradicionales con los que se suelen abordar los vínculos entre teatro, historia, política y sociedad. A lo largo del trabajo, recupera cinco grupos de experiencias diversas del teatro uruguayo contemporáneo vinculadas a la exploración de memorias de la dictadura y la posdictadura: el teatro de carnaval como otro tipo de teatralidad en vínculo con lo popular, el teatro y su intervención en una agenda ampliada en torno a los derechos humanos y, por último, experiencias teatrales en barrios populares, relacionando también en este punto la "dimensión dramatúrgica" de la construcción de la ciudad.

En cada una de ellas, el significado de lo político adquiere una dimensión distinta, mostrando al mismo tiempo las enormes potencialidades del teatro como práctica social. El análisis de Remedi nos permite ver, entonces, cómo cada una de estas experiencias logra visibilizar y dar voz a sujetos que fueron y, en muchos, casos siguen siendo marginados de la Historia (esa historia con mayúsculas en la que tantos no tienen rostro).

A lo largo del trabajo, el autor recupera al teatro como productor de un relato historiográfico alternativo, que "mira para atrás" y echa luz sobre lugares no abordados desde otros campos. Este aspecto se hace visible con mayor claridad en las obras vinculadas a las memorias de la dictadura y posdictadura, donde Remedi identifica una narrativa que pone en tensión los fundamentos hegemónicos de la "teoría de los dos demonios" y del "apagón cultural". Esto se debe a que recupera las memorias de la "gente común y corriente" y da cuenta así de los profundos efectos del régimen militar, que excede por mucho el enfrentamiento entre militares y organizaciones armadas.

Sin embargo, el aporte más interesante está en que también encuentra rasgos productivos del discurso teatral en otras prácticas menos evidentes. Así es que destaca en ciertas experiencias de teatro callejero y comunitario la articulación de discursos alternativos respecto a la realidad "nacional posautoritaria" que exceden a los producidos por la Historia, la Sociología o la Ciencia Política. En el mismo sentido, recupera el teatro de carnaval como una experiencia central para entender la reorganización y movilización popular en la transición e incluso, yendo más allá, plantea la vitalidad del teatro para visibilizar la violación de los derechos humanos en la actualidad en el marco de instituciones estatales, como los psiquiátricos y las cárceles, por ejemplo.

En definitiva, esta invitación a la "incomodidad" de Remedi es un puntapié más que sugerente para avanzar en la construcción de agendas complementarias como las que propone el autor en todo nuestro continente, extremadamente rico en su producción teatral.

Perspectivas políticas de la escena latinoamericana

Agendas de fuga: Teatro, sociedad y política. Estudios del teatro uruguayo contemporáneo.

Gustavo Remedi
Universidad de la República

1. Introducción

A modo de contribución a este *1er. Simposio sobre Teatro, política y sociedad* nos proponemos compartir una reflexión acerca de una serie de estudios del teatro uruguayo contemporáneo que giran en torno a un conjunto de inquietudes y agendas de investigación 'incómodas' que surgen de una doble constatación. Por un lado, la vitalidad del teatro y del lenguaje teatral como forma de pensar, responder e intervenir en la vida social y política, y que requieren, por tanto, pensar el teatro como fenómeno social, inserto en un proceso histórico, político. Por otro, de la falta de estudios respecto a una vasta zona del sistema teatral que queda en sombra y sobre la que no existen estudios y, por lo tanto, conocimiento (Remedi 2005b).

Hablar de agendas 'incómodas' alude a la necesidad de realizar una serie de operaciones previas, tales como la revisión de los conceptos y estrategias normales de la disciplina, incluidos la definición de su objeto y los límites del campo -del sistema teatral. En este sentido, como ponen de manifiesto estos trabajos, intentamos sortear la limitación autoimpuesta, consciente o inconscientemente, a trabajar sobre un conjunto de hechos "recibidos": las obras de los grandes autores, las obras representadas en el circuito teatral (los teatros del centro, el teatro comercial), las obras que recurren a las formas artísticas y normas poéticas cultas o de vanguardia.

No se necesita sólo una revisión de nuestro concepto de lo que es teatro, también una redefinición de lo político, para entenderlo no solamente referido a la actividad de los partidos, la realización de elecciones o la acción de los gobiernos, sino para concebirlo en relación a modos de producción y de dominación (en rigor, de hegemonía) que involucran, se sostienen y se construyen mediante una serie de prácticas e instituciones, en varios niveles y escalas, entre las que se destacan las formas de elaboración simbólica discursiva ordenadora de sentido que existen en tensión y entran en conflicto en todo modelo cultural. No sólo ordenadora del sentido: si pensamos el teatro como un discurso verbal pero espacializado, corporizado y relacional, también de la experiencia estética y la sensibilidad donde se juega otra parte importante del modelo cultural y su transformación (Remedi, 2005a).

Para ejemplificar, repasamos aquí cinco problemáticas o direcciones de investigación posibles: los aportes del teatro contemporáneo a la exploración de "otros territorios de memoria" de la dictadura y la posdictadura; el estudio de otras teatralidades, como la carnavalesca, que en el caso uruguayo consiste en formas de teatro popular que han dado pie a una escena paralela plebeya, y su relación con las circunstancias políticas; el teatro en instituciones siquiátricas como parte de "una agenda ampliada" de derechos humanos; las experiencias de teatro en los barrios populares vistas desde las nociones de frontera y travesía, y, finalmente, la construcción de escenarios urbanos, como la Plaza Seregni, ofrecidos como acontecimientos y anticipaciones de un mundo porvenir y como guión para una vida fundada en una poética del reconocimiento, la igualdad y la convivencia.

2. Teatro contemporáneo y pasado reciente

En Uruguay es moneda corriente oír sobre la necesidad de dejar de hablar del pasado reciente, refiriéndose al período de la crisis política de los '70, el golpe militar, su antesala, la dictadura, la transición; del cansancio que genera, etc. Dice Martín, un personaje de *El tipo que vino a la función*: "[q]ueridos espectadores, prometo que hoy no van a ser sometidos al aburrimiento del recuerdo de épocas de las que no renegamos pero de las que ya hemos hablado lo suficiente" (Diana: 35). O por el contrario, oír quejarse de lo poco que el teatro, la literatura o el cine se han ocupado del tema, como plantea una reciente nota a propósito del estreno de *Migas de pan* de Manane Rodríguez[12].

---

[12] Guilherme de Alencar Pinto "Una vieja deuda" *la diaria* 30 de agosto de 2016.

Perspectivas políticas de la escena latinoamericana

Contra estas sensaciones instaladas, que tienen su cuota de verdad, en 2007 constatamos la existencia de un número importante de piezas de teatro que sí se ocupaban de la dictadura, sus trabajos y sus impactos, ciertamente muchas más de las que pensábamos que había. Como consecuencia, con Roger Mirza nos propusimos construir un *corpus* que incluyera algunas piezas que ya habían llamado la atención de la crítica—algunas canónicas, como *El informante* de Carlos Liscano o *Las cartas que no llegaron* de Mauricio Rosencof—pero que, en su mayor parte, o no eran conocidas o no habían sido estudiadas, y ocuparnos de ese conjunto en el marco de un seminario de investigación *ad hoc*.

Dos o tres premisas y propósitos guiaron este esfuerzo de estudio con cierta ambición sistemática. Primero, pretendíamos distinguir entre las piezas escritas y representadas en dictadura—como por ejemplo, *Alfonso y Clotilde* de Carlos M. Varela o *El huésped vacío* de Ricardo Prieto— que ya habían sido objeto de estudio (Mirza 2007), de las escritas y representadas después, y hasta mucho después del retorno a la democracia, a fines de los '90 y comienzos del siglo XXI, donde recaería el centro de gravedad del estudio.

Una idea o pretensión que nos inclinaba en este segundo sentido era la de profundizar en el modo en que el teatro "mira para atrás" y (re)presenta—en verdad, *construye* una imagen—de la Historia Reciente. Apoyados en la teoría historiográfica (Boudé y Martin, 1992; Bloch, 1999; de Certeau, 1975; Ricoeur, 1994; Chartier, 2007) esto nos motivó y obligó a realizar dos operaciones intelectuales complementarias. Por un lado, establecer claramente el concepto de que el pasado ya no nos es accesible fuera de nuestro horizonte y que, más bien, se construye una idea o imagen de él, interesada, desde los prejuicios, inquietudes y herramientas del presente y desde distintos proyectos de futuro. También, sospechar ciertas continuidades del pasado en el presente en un grado mayor al que solemos pensar, afincadas en la vida social, las instituciones del Estado, el discurso, el sentido común. El teatro, en tanto forma de elaboración simbólica de la experiencia y de construcción imaginaria, no escapa a esta regla y, por lo tanto, nos preguntábamos no tanto acerca del pasado sino acerca del modo en que el teatro escogía (re)presentarlo, explorarlo, conocerlo, dárnoslo a conocer (usualmente, extrañado), revelarlo de otras maneras.

Nos guiaba, asimismo, una segunda motivación, que consistía en averiguar hasta qué punto o en qué sentido el teatro perseguía en unos casos instalar y abrir el tema del pasado de la dictadura en el presente, como era el caso de las obras agrupadas en la *Primera parte* que intervenían en el contexto, de los ochenta y los noventa, en donde no se hablaba o no se quería hablar del tema, y en otros casos, como los agrupados en la *Segunda parte*, el modo en que se intentaba explorar e instalar "otros territorios de memoria" contra el telón de fondo no solo del silencio y el olvido de la posdictadura, sino contra la memoria *establecida* y la historia oficial.

Este segundo conjunto cobraba un interés adicional en tanto respuesta y problematización de la historia oficial y el sentido común que imaginábamos, a modo de hipótesis, sostenidos por una constelación de metáforas y mitemas tales como "la teoría de los dos demonios" (Demasi, 2003), el tropo del "apagón cultural" (Moraña, 1988; Mirza, 2007; Trigo, 1990; Marchesi, 2003), los relatos más bien épicos y varoniles del pasado, centrados en un sentido restringido de lo político, sustentados en la experiencia y percepción de los militantes presos y exiliados. En cambio, el segundo conjunto parecía contrariar esos relatos e imaginaciones acerca del pasado poniendo en evidencia la dictadura como modelo social y cultural (O'Donnell, 1970; Brunner, 1981), su impacto en la vida cotidiana, el modo en que afectaba e involucró a la gente común y corriente que también fue protagonista y actuó políticamente de diversas maneras, recogiendo así otras experiencias, sentires y perspectivas de ese período. De este modo, planteábamos que el teatro no sólo trasladaba a la escena lo ya sabido—lo ya dicho por la historiografía, la ciencia política, los discursos oficiales—sino que presentaba la historia desde otros ángulos, poniendo otros énfasis, para mostrar otras cosas que seguían en sombra y olvidadas. Mostraba otros actores, otras formas de violencia, de resistencia o de lucha. También, el modo en que el Pasado se continuaba en el Presente y el modo en que este intervenía en aquél. Todo esto era posible, además, debido a la forma teatral de pensar, de decir y de experimentar la realidad, lo cual nos conminaba a prestar especial atención a los recursos teatrales y a la experimentación formal que permitía realizar estas cosas.

Aquella experiencia iniciada en 2007 concluyó en la publicación de una primera colección de ensayos titulada *La dictadura contra las tablas* (2009), coeditada con Roger Mirza, sobre una veintena de obras. En el capítulo titulado "Nos habíamos olvidado tanto" me ocupé de las obras *Memoria para armar* (2002) y *Para abrir la noche* (2001) de Horacio Buscaglia y *La embajada* (2007) de Marina Rodríguez. La primera se ocupaba de la dictadura desde la experiencia de las mujeres, dentro y fuera de la cárcel: "[l]a historia verdadera, la cotidiana, la que se vive en el ómnibus, en el trabajo, en la cocina, en la vereda, en la cárcel o en el destierro"[13]. La segunda, de la militancia juvenil en dictadura y su derrota, desconcierto y acomodo en la posdictadura. La tercera se ocupaba de un episodio poco conocido que tuvo como protagonista principal al embajador mexicano Vicente Muñiz Arroyo dando asilo a medio millar de militantes y sus familiares y gestionando su exilio en México, entre ellos, a los integrantes de El Galpón.

Esta línea de trabajo condujo a la realización de un segundo seminario de investigación en 2014 que resultó en una segunda colección, esta vez sobre las obras recientes de Carlos Manuel Varela, Gabriel Calderón, Tamara Cubas, Verónica Mato, entre otros (Imagen 1). Personalmente me interesó *El tipo que vino a la función* (2014), una pieza de Raquel Diana que tematizaba el problema de la censura, su evasión y su derrota, así como la propia historia del teatro en esos años— sus intervenciones a pesar y en contra de la dictadura—y las distintas posiciones de los teatreros y sus dramaturgias en relación al tema de la dictadura.

Una de las debilidades de ambos estudios, que tanto nos cuesta corregir, es, sin embargo, que siguen sin tomar en cuenta el modo en que el Pasado es construido e imaginado desde otros teatros / teatralidades / teatralizaciones: el teatro popular, el teatro estudiantil, el teatro comunitario, el teatro en el interior del país, la teatralidad social y política. En la dirección de paliar en algo esta debilidad apuntan tanto el estudio del carnaval (Remedi 2015d) y de algunas experiencias de teatro comunitario y callejero (Remedi, 2008a; 2009a; 2015b).

3. Teatro comunitario y callejero. Estudios en la frontera y la travesía.

Hace ya algunas décadas que diversos autores han planteado e insistido en la necesidad de pensar el campo del teatro de una forma más abarcadora —y en consecuencia también, el objeto de nuestras investigaciones teatrales— de modo que pasamos a ocuparnos de un conjunto de fenómenos y procesos que ocurren más allá de los teatros del Centro y

---

[13] "Convocatoria", *Memoria para armar. Uno.* Taller de Género y Memoria ex-Presas Políticas. Montevideo, Editorial Senda, 2001: 28

más allá de ciertas formas, normas y poéticas dominantes. Aparte del impulso pionero de Augusto Boal (1974), pienso además en los aportes de Juan Villegas (1988, 1994, 1996, 2005) respecto a la necesidad de estudiar los teatros marginales, desplazados, subyugados, otras formas de pensar y hacer teatro: "otras teatralidades"; las propuestas de Hernán Vidal (1982, 1986, 1992a, 1992b) respecto a la necesidad de enfocar en la teatralidad social, especialmente la de ciertos grupos organizados que intervienen simbólica y discursivamente en la esfera pública, como la de la Asociación de Familiares de Detenidos y Desaparecidos (1983) o el Movimiento contra la Tortura Sebastián Acevedo (1986), y también en comunidades no organizadas, como las poblaciones marginales (1987); los estudios de Judith Weiss y el grupo Asociación de Trabajadores e Investigadores del Nuevo Teatro que condujo a la publicación de *Latin American Popular Theatre* (1993), o la reflexión de Diana Taylor (1993) sobre la relación entre performance y política. Estos y otros esfuerzos iniciales se hallan en la base de una serie de estudios posteriores, tales como los de Alicia del Campo sobre los rituales de reconciliación en el Chile de la transición, los estudios del teatro comunitario de Lola Proaño Gómez (2006, 2007, 2013), del teatro callejero de André Carreira (1994), de Ileana Diéguez (2007) sobre escenarios y teatros liminales, del teatro que se realiza en el marco del activismo y las movilizaciones sociales y políticas, como en el estudio de Lorena Verzero (2013), entre otros.

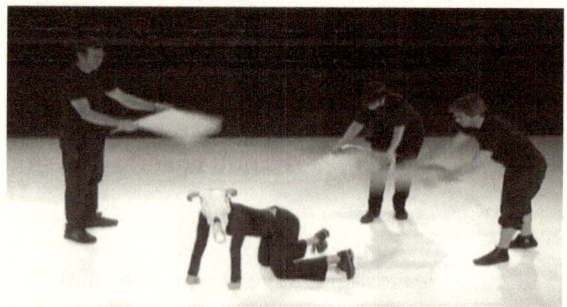

Imagen 1. Escena de *Actos de amor perdidos*, de Tamara Cubas. (Archivo Tamara Cubas/Tania Sternberg)

Es dentro de esta clase de investigaciones que es preciso enmarcar, primero, el estudio *Murgas, el teatro de los tablados* (1996) sobre el teatro carnavalesco y su relación con la dictadura y la transición; lo mismo que un conjunto de trabajos posteriores: "La escena ubicua. Hacia un nuevo modelo del sistema teatral nacional" (2005); "*Tejanos*: The Uruguayan Transition and Beyond" (2008) y "Teatro de frontera/espacios contaminados. Argumentos desde la transmodernidad" (2009); "Del Solís a Flor de Maroñas: *Ubú* de Enrique Permuy y el teatro desde la travesía y la frontera" (2016), o la colección *El teatro fuera de los teatros: Reflexiones críticas desde el archipiélago teatral* (Remedi, 2016). Esta última contiene estudios sobre el teatro en la cárcel, el teatro de las asociaciones de inmigrantes, el teatro en la guerrilla, o en la clandestinidad, diversas manifestaciones de teatro comunitario o de calle, etc.

El trabajo de 2005 dejó planteada en forma teórica la necesidad de incursionar en otros fenómenos partiendo de un modelo de sistema teatral bastante más vasto del que se solía pensar y se limitaba a mencionar algunos indicios de ese sistema ampliado. Avanzando en esa línea, los trabajos siguientes intentaron llevar esa agenda a la práctica.

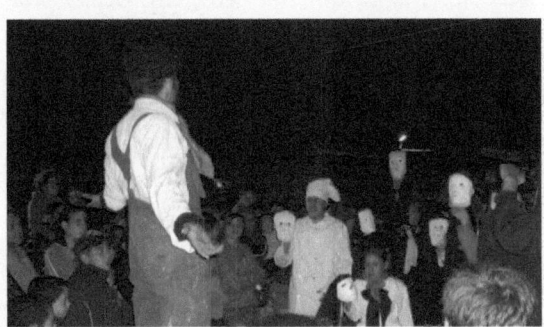

Imagen 2. Escena de *Tejanos*, creación de teatro comunitario y callejero en el barrio La Teja/Pueblo Victoria, dirigida por E. Permuy.
Foto: Archivo propio

En "*Tejanos…*" (2008) nos enfocamos en una experiencia de teatro comunitario realizada en 2006 en un centro social y cultural (CE.CU.VI.) del barrio obrero de La Teja/Pueblo Victoria, dirigida por Enrique Permuy. Aparte de comunitario, *Tejanos* era también una subespecie de teatro callejero, y su representación, aunque no sorpresiva ni precaria, tenía lugar a lo largo de toda una cuadra en una calle del barrio. (Imagen 2) Nos interesaba reflexionar respecto de estas dos modalidades de hacer teatro, a la vez que detenernos en su estructura, recursos y rasgos formales. También pusimos énfasis en la manera en que construía simultáneamente una historia del barrio y una historia del país desde las experiencias, la perspectiva y los dramas del barrio. Este trabajo fue, en cierto modo, un experimento pues utilicé la obra *Tejanos* como el lugar desde donde anclar y contar el relato de "la cultura postautoritaria en América Latina", tema del libro donde el ensayo fue publicado (Martín-Estudillo y Ampuero). De este modo, pretendía asignar al discurso teatral y, en particular, a un teatro elaborado por un colectivo en un barrio obrero—así como a la reflexión sobre esto—la capacidad de (re)pensar, conocer y contar esa historia y la "realidad nacional" ("postautoritaria"), privilegiándolo frente a otros tipos de discursos (historiográfico, sociológico, etc.) y a otros lugares/perspectivas (por ejemplo, universitaria, oficial, político-partidario, etc.) Desde esta perspectiva, el problema del autoritarismo y su postera desplazado por otras claves: por un lado, el desastre del neoliberalismo, la crisis del 2002, el drama del desempleo, la marginación y la emigración que afectaban al barrio. Por otro, el proceso político, social y cultural que había llevado a la coalición liderada por la izquierda al gobierno capitalino en 1989 y luego al gobierno nacional en 2005, y lo que esto suponía, no ya en cuanto a una transición de la dictadura a la democracia, sino del capitalismo hacia alguna forma de postcapitalismo, cuando menos como sensibilidad, disposición, esfuerzo, ensayo y horizonte utópico.

En el ensayo "Teatro frontera / espacios contaminados" (2009) intentaba dar argumentos más sustantivos, apoyados en la noción de la transmodernidad (Dussel 2000; 2004; 2005), en cuanto a la necesidad de ocuparnos de estos otros teatros. Allí también me referí brevemente a *Tejanos* pero me detuve más en *Que no nos pase/que no le pase a nadie* (2003). Esta consistió en una intervención urbana en pleno Centro que simulaba un bombardeo de Montevideo como forma de llamar la atención, crear conciencia y movilizar contra la Guerra de Irak. Me motivaba en este caso la indiferencia y el silencio de la institución teatral para intervenir políticamente ante la inminencia de la Guerra—y contra los argumentos que se esgrimían—e inversamente, el modo en que este desafío y tarea en cambio sí fue asumida y llevada adelante con éxito por un fenómeno teatral periférico, concebido y dirigido por gente de "fuera del teatro", como era el caso de Ignacio Seimanas[14]. (Imagen 3)

Más allá de lo que aportaban estos dos ejemplos de un teatro desatendido o que quedaba por fuera del radar de la crítica, el centro de gravedad del ensayo recaía sobre un argumento de tipo teórico que retomaría en el ensayo sobre el *Ubú Rey* callejero de Polizonteatro representado en Flor de Maroñas (y luego en La Teja y otros barrios[15]). Éste consistía en no sólo concebir un sistema teatral ampliado y mucho más vasto que el sistema constituido por los teatros del centro (ya sea de vanguardia o comercial), los actores profesionales, las instituciones oficiales (de formación, de premiación, etc.) y el subsistema crítico, sino en un llamado gramsciano a trasladarse e ir al encuentro de un lugar cultural "otro"—imaginado como borde, margen o exterioridad creada por la Civilización dominante—en un sentido y con un propósito inverso al proyecto modernizador. La Modernización (el Occidentalismo) ve en "la frontera" una amenaza, "un culpable" que es preciso "vencer": transformar (civilizar) o en su defecto excluir, reprimir, erradicar (Dussel, 2000; 2004; 2005). En contraposición, la idea de un "teatro frontera" apuntaba a embarcarse en una travesía, que es siempre un proceso de traslado, de conocimiento, de aprendizaje, de situarse y verse desde afuera (a la intemperie), de auto-objetivación, auto-transformación, para instalarse en un lugar otro como espacio de encuentro e intercambio: de enseñanza y aporte tanto como de aprendizaje y adquisición. El sentido último residía en un salir de un espacio cultural y entrar en diálogo con otros —con las clases populares, la cultura de los barrios, los grupos marginados— a fin de elaborar un teatro-frontera, que no es ni lo uno ni lo otro sino un espacio de experimentación y un teatro "contaminado" (enriquecido) por elementos, formas y

---

[14] Ingeniero, artista y activista dedicado a la creación de juegos y documentales, que en ese momento trabajaba para TV Ciudad, el canal de la Intendencia de Montevideo.

[15] Me refiero a su planteo de interesarse, tomarse en serio y conocer la cultura nacional-popular (las experiencias, la visión del mundo y de la vida, la sensibilidad y la estructura del sentir de las clases subalternas) como parte de un proceso tendiente a construir un proyecto de civilización alternativa y un bloque de poder contra-hegemónico capaz de impulsarlo y realizarlo.

usos tradicionalmente tenidos por nocivos, dañinos, despreciables (Remedi, 2009a): un teatro nuevo imaginado como forma teatral de una articulación de lo nacional-popular en un sentido crítico y transformador.

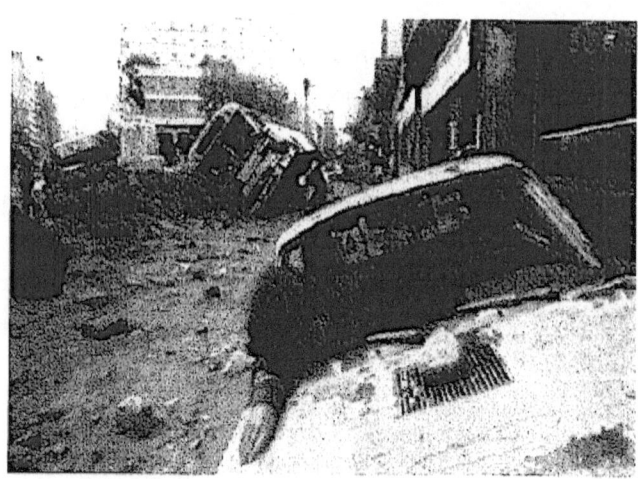

Imagen 3. *Que no nos pase, que no le pase a nadie*, Simulacro urbano en el que el Centro de Montevideo amanece bombardeado, idea de Ignacio Seimanas
Foto: Diario *La República*

Más o menos en la misma dirección apunta el trabajo sobre la pieza vanguardista de Alfred Jarry adaptada en 2005 por Polizonteatro para representarla en la calle. Primero, en la explanada del Teatro Solís, luego en una plaza del barrio de Flor de Maroñas, un barrio periférico, de clase trabajadora, con muchos tipos de problemas sociales. El ensayo se adentra en el resultado de esa adaptación, contrasta la puesta en la vereda del Solís con la de Maroñas (prestando atención a una diferencia que resulta de la travesía y en instalarse en la frontera), tematiza la indiferencia de la crítica respecto a la segunda, perdiendo de vista acaso lo más sustancial y novedoso del *Ubú* de Permuy, reflexiona acerca del modo en que éste se recarga en la periferia en la medida que se asienta y articula con otras tradiciones teatrales locales—como la teatralidad popular carnavalesca—y cuestiona el ombliguismo no solo del Rey Ubú sino del mundo del teatro establecido. (Imagen 4) El *Ubú* en Flor de Maroñas no se reduce solamente a lo que llevó o cómo se articuló con lo local; consiste también en la "travesía" y todo lo que esta genera, lo mismo que el encuentro con otras realidades: las incursiones en la "frontera" entendida como los bordes de una idea de civilización que crea esas externalidades, su otra cara —la exclusión, la marginalidad, la violencia fenoménica y estructural—, pero también como un lugar donde, por lo mismo, a la fuerza, se gestan otras formas de vida y de sentir y ver el mundo. Se trata de un teatro que lleva y que trae, que impacta y resulta impactado.

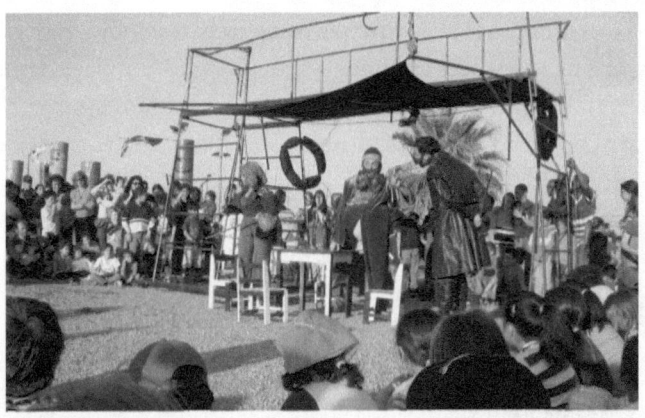

Imagen 4. Representación de *Ubu Rey* de Polizonteatro, un domingo por la tarde en la plaza de Flor de Maroñas.
Foto: Archivo propio

4. El teatro de los tablados. Intervenciones desde la esfera pública popular.

El título de esa sección significaba a mediados de los ochenta—y representa todavía hoy—una tibia provocación. Si bien existen tránsitos, diálogos e incursiones de algunos actores cómicos, dramaturgos y directores de teatro en el campo del carnaval—por ejemplo, Jorge Esmóris (ex-BCG), Mariana Percovich, Carlos "Banana" González, Alberto "Coco" Rivero, Jimena Márquez—pocos en el *establishment* teatral aceptan la idea de que el carnaval sea teatro o verdaderamente teatro. Esto se refleja en una serie de distinciones y separaciones conceptuales y prácticas en el terreno de las políticas públicas, la crítica teatral o la labor académica (las investigaciones, cursos y publicaciones sobre teatro).

Escasos o directamente nulos son los estudios del teatro del carnaval y los existentes han sido realizados o bien en otras disciplinas, por ejemplo, Antropología, Historia, Musicología, Lingüística o Ciencias de la Comunicación (Ayestarán 1990; Barrán 1989/1990; Alfaro 1991; Diverso, 1989; Brum, 2001; Goldman, 1997; Ramos 2012; y otros), o bien, en el exterior (Sans, 2008; Rossi, S. 1996; Chouitem, 2010; Biermann, 2013; Remedi, 1996; entre otros).

No obstante, de los estudios que acabamos de mencionar y muchos otros, podemos aseverar dos o tres cosas con cierta confianza. Primero, la relación histórica de identidad y de diálogo entre el carnaval y el teatro. En la medida en que el teatro se origina en el carnaval, éste puede entenderse como una modalidad o tipo de discurso teatral que constituye una milenaria tradición que en términos de Bajtín llamaríamos carnavalesca y que tanto en su forma, estructura, lenguaje, motivos, perspectiva, expresa una "visión carnavalesca del mundo y de la vida" (1987, 1993).

Entre algunos rasgos y motivos señalados por Bajtín, recordamos su carácter y lenguaje vulgar (con recurso a la procacidad, la escatología, la broma fraternal), su naturaleza pública, "emplazada", igualitaria, democrática; la centralidad del cuerpo, sus "partes bajas" (acentuadas) y sus pulsiones terrenales o de vida, asociadas a los placeres mundanos; la burla como algo serio, la importancia de la risa; el motivo de la interrupción, la disolución de las jerarquías, la puesta en cuestión y la inversión del orden del mundo; burlar y dar muerte a las autoridades, afirmar el triunfo de la vida sobre la muerte; la verdad como búsqueda y como resultado del diálogo; la actualización de las grandes preguntas, la humanización del héroe, la libertad y la invención sin barreras; la polifonía, la mezcla de géneros, la heteroglosia, etc.

La tradición cómico-seria de la antigüedad griega—Bajtín realza el diálogo socrático y la sátira menipea—las farsas atelanas, la Comedia del Arte, los pasos de Lope de Rueda y los entremeses de Cervantes, algunos sainetes y grotescos criollos, el esperpento de Valle Inclán, los actos de Valdés y las farsátiras de Cuzzani, serían todos parte de este tradición teatral carnavalesca.

Lo segundo que es preciso tomar en cuenta es que el carnaval uruguayo moderno (de fines del XIX en adelante) es muchas cosas a la vez: fiesta, desfile, espectáculo, discurso, teatro. Una parte importante lo constituye un tipo de teatro carnavalesco escrito, ensayado y representado por compañías amateurs y profesionales sobre un escenario (un "tablado") ante un público que paga para ver un espectáculo. Dentro de este teatro de los tablados más modernizado y disciplinado, coexisten distintas modalidades, géneros o categorías: murga, parodia, humorada, revista, comparsa de negros y lubolos, escola do samba y dúo cómico (estos últimos hoy casi desaparecidos), cada cual con sus rasgos propios codificados en la práctica y en el Reglamento que gobierna el Concurso. Los pocos estudios del teatro de carnaval que existen se han enfocado en la murga que, pese a su nombre, no debe confundirse ni con su prima hermana gaditana, con la que se emparenta históricamente, ni con la argentina.

Tercero, pero no menos importante: el carnaval en su conjunto, que es bastante más que el teatro de los tablados e incluye las Llamadas, los desfiles y los corsos de barrio, los carnavales de frontera (que muestran la influencia de las *escolas dos samba* y los tríos eléctricos brasileros) y el fenómeno paralelo de la murga joven, puede pensarse, prestando atención a su teatralidad, como un tipo especial que llamamos "teatralidad carnavalesca".

Habiendo realizado estas aclaraciones, resta ver el modo en que la teatralidad carnavalesca en general, y el teatro de los tablados y la murga en particular, se vinculan con la política, lo político y el poder.

Más allá de esos rasgos genéricos y formales a-históricos que identifica Bajtín, resta aterrizar el carnaval en la historia nacional y en el papel de la cultura en la sociedad y la política actual. El interés inicial en el teatro de los tablados se originó menos en Bajtín y más en el papel que jugó en el contexto de la transición (los últimos años de la dictadura) y la postdictadura. Hasta 1984 su rol estuvo relacionado, primero, con la reorganización y la movilización popular contra el gobierno y el orden simbólico-discursivo dictatorial. Después de 1985, con la democratización, la lucha por los derechos humanos y el cuestionamiento y la confrontación del neoliberalismo (Remedi, 1992; 1996).

Este carácter, más abierta o explícitamente "politizado" del teatro de carnaval, fue el resultado de una efectiva articulación del discurso carnavalesco—que a lo largo del siglo XX había sido fundamentalmente quejoso, catártico y a la postre domesticado—con un discurso democrático, contestatario y contra-hegemónico que hizo del carnaval un lugar de impugnación, cuestionamiento y combate contra el orden. Mediante la irrupción e interrupción del tiempo y el espacio típicamente carnavalescas luego *no* se resignaba a volver a la normalidad y aceptar el orden (propio de la poética cómica y trágica) y esperar al año siguiente. Por el contrario, se prolongaba en el tiempo y en el espacio por otros medios: representaciones fuera de los marcos del carnaval, presencia en actos y movilizaciones sociales y políticas, reconfiguración carnavalesca del discurso social, político, religioso; en suma, cuestionamiento del orden establecido (criticado por bárbaro, inmoral, injusto, inhumano, etc.) y proposición de otro orden, de otra forma de vida, de otra civilización, rasgo en el que residiría su naturaleza épica. En este sentido, hablábamos de una articulación épico-carnavalesca, de una épica nacional-popular, que complejizaba la categorización de Bajtín y se acercaba a la formulación de un orden contra-hegemónico guiado por el proyecto positivo de una democracia radical (Laclau, 1978; 1987).

Esto suponía prestar atención a la dimensión política del carnaval en un tercer sentido. Imaginamos el carnaval como *otra* esfera pública, una esfera pública popular. Para esto nos apoyamos en la formulación habermasiana de "esfera pública" (burguesa) como un ámbito simultáneamente discursivo y espacializado-corporizado (la literatura impresa y la conversación en cafés, clubes, salones, librerías donde la burguesía se constituía en público, formaba su opinión acerca de lo público y buscaba incidir en el destino de la república), en el concepto que Ángel Rama tomó de Ortiz para hablar de la "transculturación narrativa" (Rama, 1982) en tanto síntesis letrada (literaria) de elementos locales y universales, tradicionales y modernos o de vanguardia, cultos y populares, etc., y también en la reflexión y preocupación gramsciana respecto a lo nacional-popular recogida por autores diversos (Hoggart, 2013; Thompson, E. P., 1989; Martín Barbero, 1987; Laclau, 1878; Laclau y Mouffe, 1987; Thompson, J. B., 1996).

Visto de este modo, el carnaval dejaba de ser una sola cosa, de una vez y para siempre, para convertirse en una esfera de actividad artística y discursiva, un campo movedizo, inestable, indeterminado, flotante, vacío, que era intervenido, disputado, puesto en tensión y reconfigurado constantemente por unos actores culturales especiales (motivados por distintos intereses y proyectos sociales, incluso opuestos). Estos actores culturales ya no eran los lectores-escritores de Rama, que hacían sus síntesis en el papel, sino que eran los "transculturadores populares" que trasladaban, traducían y hacían sus síntesis transculturadoras en el ámbito y el lenguaje encarnado y nacional-popular del carnaval, para desde allí construir *otro* público, y así intervenir e incidir en la sociedad y la política, en el destino de la república (Remedi 1992). (Imagen 5).

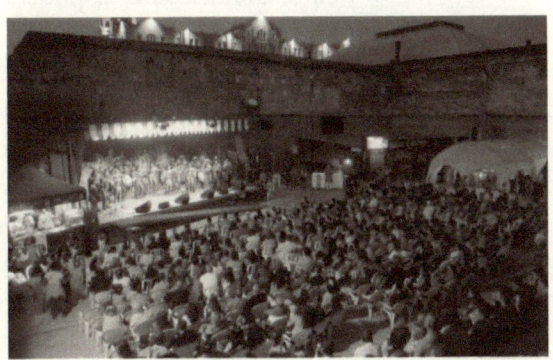

**Imagen 5. Tablado del Museo del Carnaval en la actualidad.
Foto: Archivo Museo del Carnaval**

Esto nos lleva a un cuarto sentido del significado político del carnaval, que se suma a lo que nos hizo ver Bajtín, al carnaval como formación cultural *sui generis* de la historia uruguaya y al carnaval como esfera pública popular, como el campo y el modo de acción de los transculturadores populares. Me refiero a la reflexión todavía más enfocada y afinada respecto a las intervenciones particulares, puntuales, de ciertos espectáculos y representaciones (de ciertos autores, de ciertas compañías) en determinados contextos igualmente histórico-específicos.

Si *Murgas: El teatro de los tablados* exploraba las distintas aristas de lo político en el contexto de la transición y la posdictadura, en "El asalto a la cultura neoliberal: Intervenciones en/desde el campo del teatro carnavalesco a comienzos del siglo XXI" (2015) el foco está puesto en el modo en que el campo del carnaval se reconfiguró y respondió a tres nuevas circunstancias: el apogeo del neoliberalismo y "la crisis de 2002"; el horizonte en que la izquierda disputa y finalmente consigue el gobierno en 2005—período en que sobresale el fenómeno de la murga joven como un subsistema aparte con su propia sensibilidad, poética y agenda—y el fin del segundo gobierno de izquierda, y que daba pie a distintos temores y críticas y a nuevos desafíos y agendas. A estos efectos se discuten tres espectáculos: *La caldera de Los Diablos* (2003) de Diablos Verdes, *Los Sueños* (2005) de Agarrate Catalina y la propuesta de Don Timoteo de

2014 centrada en el tema de la búsqueda de un enemigo y el problema del Estado (Imagen 6). Parte del desafío consistió en establecer el modo en que el carnaval, y la murga en particular, renegociaba su relación no solo con el Estado y el gobierno sino también con el poder; tanto en respuesta a los intentos de control y cooptación, así como la reflexión sobre los dilemas y contradicciones de los sectores populares frente a su propio gobierno.

En un reciente seminario de investigación realizado en 2017 nos propusimos, precisamente, ahondar en la poética de la teatralidad carnavalesca, no limitándonos ni al teatro de los tablados, ni a los espectáculos más profesionales (aceptados en el Concurso Oficial) ni al carnaval capitalino, y prestando especial atención a las distintas modalidades de teatralidad carnavalesca, a fin de captar sus rasgos comunes pero también sus diferencias y particularidades internas, así como los usos y significados políticos de esas formas y modalidades.

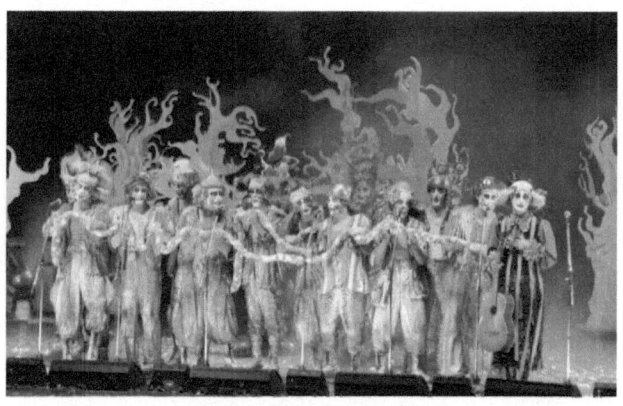

Imagen 6. Murga Don Timoteo, Teatro de Verano Ramón Collazo, Concurso 2014. Fuente: Diario *El Observador*

5. "Colonia de Alienados": Teatro y Derechos Humanos

De la conjunción del interés por "el teatro fuera de los teatros" y la tradición del teatro popular con los géneros populares, por un lado, y, por otro, del propósito de enmarcar y apoyar el estudio y la enseñanza del teatro en una hermenéutica motivada por el proyecto de promoción, defensa y creación de derechos humanos (Vidal, 1982; 1994; 2000),

Perspectivas políticas de la escena latinoamericana

resulta un trabajo más reciente de recuperación, estudio e interpretación crítica de la experiencia del Grupo de Teatro *Eh, che ¡pare!* impulsada y dirigida por Ariel Gold y Ana Cabezas en la "Colonia de Alienados" Dr. Bernardo Etchepare, en la primera década de los '90.

Luego de repasar mínimamente la creación y realidad de este hospital siquiátrico—el perfil de los internados, problemas ocasionados por la propia institucionalización—se investigó la creación del grupo, su filosofía y objetivos artísticos, su producción y proyección artística, su repertorio, su poética y su función. A este respecto, Cabezas y Gold aclaran que la propuesta es fundamentalmente artística, no terapéutica, y tiene que ver con la cualidad, realidad y verdad del arte, aun cuando el arte sí tenga, a su juicio y en última instancia, en ciertos contextos, "efectos terapéuticos", entre muchos otros placeres y provechos. Según ellos, "[l]os pacientes aprenden a través del teatro a mirarse en un nuevo espejo que les devuelve una imagen revalorizada, digna. Hamlet nos dice: el teatro es un espejo que [la humanidad] han inventado para mirarse" (1994b: 4). A estos efectos, recurren al teatro, una forma socialmente expropiada, vaciada de su función y razón de ser, que no se halla habitualmente en situación de disponibilidad para la mayoría de la población, y lo ponen a disposición de grupos y personas que lo necesitan muy especialmente y lo pueden usar y aprovechar a su favor.

La investigación incluyó una dimensión de recuperación de materiales y de análisis de la literatura dramática, y la discusión intentó establecer sus méritos y logros, así como también sus problemas y limitaciones en relación al sentido de los proyectos apuntados, utilizando para ello distintas clases de criterios: éticos, políticos, estéticos. Por un lado, las premisas y objetivos de los propios participantes, entre los que se destaca la necesidad de reconstitución de la personalidad, la humanidad y la ciudadanía de las personas internadas—en muchos casos, sin ninguna patología mental sino simplemente abandonadas, desechadas y puestas en situación de no visibilidad—a través de la actividad artística y los procesos, las relaciones y los vínculos que se desarrollan hacia adentro y hacia afuera del grupo. Por otro, el modo en que esta actividad aporta a la visibilización y conocimiento de la situación de los enfermos siquiátricos, la realidad de los hospitales siquiátricos y lo que allí acontece, y promueve la desinstitucionalización (la desmanicomialización) (Imagen 7).

Esto supone, a su vez, una actualización y ampliación del discurso de los derechos humanos, de modo de abarcar a las personas en esta situación, y la creación de nuevos derechos: nuevas obligaciones del Estado y de la sociedad. Si bien el proyecto de los derechos humanos nos sirve de apoyo ético de justificación y de marco y criterio interpretativo y evaluativo, nos exige también un cuestionamiento de ciertas formas tradicionales de entender los derechos humanos (Remedi 2008b; 2014b). Me refiero a superar su reducción a los derechos civiles y políticos de la burguesía a la defensa del individuo y la burguesía contra la nobleza y el Estado absoluto; al manejo legal abstracto y la ciudadanía como igualdad formal, luego negada o ausente en la realidad social; al uso de la noción de los derechos fundamentales o "más importantes" (que otros) para justificar el descuido y la violación de otros derechos; lo cual es inaceptable por la doctrina para la cual los derechos humanos son indivisibles, inalienables, interdependientes y hacen a la integridad de la persona; y también a su asociación casi exclusiva con las violaciones de los derechos humanos durante la dictadura, de modo que hablar de derechos humanos en la práctica se volvió casi sinónimo de hablar solamente de las barbaridades cometidas en dictadura o de los desaparecidos.

En respuesta a estas reducciones, la experiencia de teatro del grupo *Eh, che ¡pare!* y su estudio persigue: primero, poner la atención en la continuación de las violaciones de los derechos humanos pasada la dictadura, sobre todo en el caso de un sinnúmero de prácticas e instituciones actuales (las cárceles, los hospitales siquiátricos, las viviendas y barrios populares, los centros educativos, los lugares de trabajo, etc.) que afectan especialmente a las poblaciones vulnerables y a los sectores marginados (los "pobres", los jóvenes y niños, las madres con hijos, y otros grupos víctimas de diversas clases de opresión, discriminación). Prácticas e instituciones estatales que cuentan con la connivencia de la sociedad civil, el sentido común establecido, el prejuicio extendido, y que dan pie a otras, nuevas formas de la indiferencia, de la invisibilización y del olvido, es decir, nuevas formas de violencia, mortificación y deshumanización.

Segundo, insistir en la indivisibilidad de los derechos humanos y la crítica a una aproximación *à la carte* a los derechos humanos, que piensa, mira y actúa selectivamente en cuanto a velar por los derechos de unas personas en unas situaciones y no de otras personas y grupos en otras situaciones (otra vez, los sectores subalternos, los grupos y personas más vulnerables). De este modo honramos el principio de universalidad de los derechos humanos y, aún más, prestamos especial cuidado de mirar el mundo desde este lugar otro, de frontera, de exterioridad, donde se multiplican y acumulan la explotación, las inequidades, las exclusiones, los horrores.

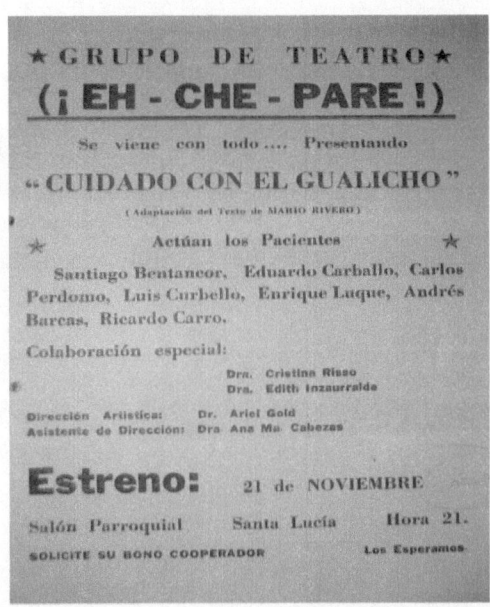

Imagen 7. Afiche de *Cuidado con el Gualicho*, de Mario Rivero, Grupo de teatro Eh-Che-¡Pare! Dir. Ana Cabezas y Ariel Gold

Finalmente, tomar en cuenta que para velar por la integridad de la persona y favorecer su desarrollo, potenciación y enriquecimiento, meta de una sociedad democrática, no bastará con respetar sus derechos civiles y políticos, o garantizar los derechos en abstracto, en la ley, sino que es preciso garantizar igualmente el conjunto de sus derechos, incluidos sus derechos sociales, económicos, culturales, y también los de tercera generación, no sólo en la letra sino en la realidad.

Entendiendo los derechos humanos desde lo popular, en tanto acumulación de demandas y aspiraciones utópicas de los sectores populares (Laclau, 1978; Vidal, 1985), estos devienen un programa afirmativo de una democracia radical.

El foco del estudio residió, no obstante, en la creación y las actividades del grupo de teatro, en el papel e impacto del teatro en el plano individual, grupal, institucional, social, todo ello mediado y hecho posible por la selección de textos, la escritura, los ensayos y la representación teatral.

Una parte consistió en la recopilación de manuscritos, programas y materiales dispersos. Otra, en la reflexión acerca de los propios textos escritos o escogidos para la representación: *Pa' que están los amigos* (1903), adaptación del sainete de Enrique Buttaro[16]; *Cuidado con el gualicho* (o *De monstruos y aparecidos*), sobre texto de Mario Rivero, *El amor tiene cara de...*, creación colectiva; *Los inquilinos de Don Ricota*, de Franklin Rodríguez; *Quien me quita lo bailao* (1998), adaptación para el grupo de un texto de Ariel Caldarelli; textos todos en su mayoría pertenecientes al género "chico", popular o carnavalizado -teatro religioso medieval, entremeses, sainete gauchesco, grotesco criollo, humoradas o cuadros cómicos, los géneros de carnaval (Imagen 8).

El análisis y la reflexión en torno a los géneros—y a cada obra en particular—pretende establecer si existe o no una correspondencia entre los temas, las formas y las necesidades y posibilidades del grupo; las cualidades de estas formas de teatro popular que las hacen especialmente aptas y apropiadas para lograr los propósitos buscados y aportar al corpus de géneros y obras de tipo popular que pueden servir para situaciones similares, tales como instituciones de detención juvenil, carcelaria, hospitales, liceos, fábricas.

También nos preguntamos acerca de las razones o impedimentos posibles para recurrir, adaptar o parodiar a estos efectos otros géneros y obras tales como *El retablo de las maravillas* de Cervantes, *La Tempestad* de Shakespeare, *Ubú Rey* de Jarry, ya sea en una modalidad "seria" o farsesca, o incluso alguna obra de Sánchez, Arlt, Ionesco o Cuzzani, sin por ello dejar de ver las posibilidades y facilidades del llamado "género chico" y la creación colectiva para adaptarlas a lo que el grupo quiere hacer, decir, mostrar, lograr en lo personal y en lo grupal, hacia adentro y hacia afuera.

---

[16] En Cabezas y Gold se hace referencia a un sainete de E. Buttaro de 1903 ("Un poco de historia" 3), en una nota de prensa de *El Pueblo* (1992) se menciona a R. Babato como el autor de la misma. Aquí seguimos a Cabezas y Gold.

Imagen 8. Escena de *Los inquilinos de Don Ricotta*, de Franklin Rodríguez, Grupo de teatro Eh. Che-¡Pare!, Dir. Ana Cabezas y Ariel Gold. Foto: Archivo de Cabezas y Gold

Finalmente, el estudio de esta experiencia imaginada como una actividad artística emancipadora y con efectos reconstitutivos, terapéuticos (re)socializadores y creadores de ciudadanía pone en evidencia, reflexionábamos, una aporía. Dejando de lado un lenguaje médico, la función terapéutica del arte es contradictoria. Por un lado, se relaciona con el propósito de restaurar la personalidad y la ciudadanía, y permitir que la persona pueda (volver a) funcionar en la sociedad (a lo que apuntaría la cura), irónicamente la misma sociedad que ocasiona la disfunción, que victimizó a la persona, y que genera estos contrasentidos y barbaridades. (En esto consiste la función "socializadora", "educativa" y "civilizadora" del arte en la sociedad moderna, en la sociedad capitalista). Por otro lado, apunta a la posibilidad y el desafío de crear un espacio crítico que, aunque está atravesado por la realidad, no coincide enteramente ni con el afuera social ni con el adentro institucional, lo que permite metabolizar y encauzar creativa y productivamente la crisis de vivir en sociedades y normalidades enfermas. En este sentido puede volverse un espacio de transformación social y de construcción de otro orden cultural (postcapitalista, transmoderno) y de reinvención y reimaginación personal en ese proceso.

6. Dramaturgias urbanas: La puesta en escena de la comunidad

El estudio de la relación entre teatro y política también nos movió a reflexionar acerca de la teatralidad social y urbana, la dimensión dramatúrgica de la construcción de la ciudad, sus espacios y sus lugares, así como el guionado y la puesta en escena que suponen. Tal el caso de un trabajo sobre la rambla montevideana como escenario y puesta en escena (Remedi 2005c) y más recientemente sobre la Plaza Seregni (Remedi 2014a) entendida como la materialización espacial-teatral de una idea/ideal de convivencia social.

Partiendo de nociones tales como espacio público—en tanto lugares de encuentro social accesibles a la ciudadanía donde se ponen en juego símbolos, afectos, ideas del mundo y de la vida y se conforma la opinión pública—de teatro y teatralidad social; de categorías analíticas e interpretativas del análisis teatral; y del análisis de signos y discursos verbales y no verbales, nos propusimos interpretar la concepción, diseño, realización y uso de la Plaza-Parque Líber Seregni, inaugurada en 2009 y erigida en modelo a replicar en el marco de una "Estrategia por la vida y la convivencia" impulsada por el gobierno nacional y municipal. A tales efectos nos preguntábamos: ¿qué idea de comunidad y de convivencia lleva implícita y se dramatiza en la Plaza? La respuesta pasaba por visualizar una intervención a lo largo de tres ejes: en tanto "guión" y conjunto de "escenas", en tanto "acontecimiento" convivial, vivencia y experiencia realizativa-transformadora, y en tanto presentación frágil de una realidad imaginaria y deseable, mímesis de nada, en suma, "poética".

La Plaza consiste en un espacio abierto de cuatro manzanas de superficie en el lugar donde hasta entonces existían unos depósitos abandonados. Los propósitos y contenidos de la plaza fueron ideados y propuestos por los vecinos del barrio Cordón Norte, un barrio popular, en el marco del programa Presupuesto Participativo, creado por el Gobierno Municipal en 2005. La iniciativa vecinal fue desarrollada por la División Espacios Públicos de la Intendencia de Montevideo e inaugurada al término del Primer gobierno del Frente Amplio.

Rápidamente apropiada por los vecinos, este tipo de intervención entronca, con diferencias, con las políticas públicas urbanas acometidas durante el primer batllismo. En ese sentido, la Plaza se hace eco de otras iniciativas urbanas democrático-populares tales como la rambla montevideana, los parques urbanos (el Parque Rodó, Capurro, Prado, el Parque Baroffio, el Parque Battle), las plazas de deportes barriales y las calles peatonales. Se opone tanto a los espacios organizados en torno al consumo donde las personas son interpeladas en tanto consumidores (avenidas comerciales, shoppings, supermercados, lugares turísticos) así como a una espacialidad suburbana que suele significar la huída de los problemas de la ciudad (sin resolverlos), la homogeneización (la construcción de ámbitos semi-privados con 'gente como uno') y formas de exclusión sostenidas por el miedo a los otros (Remedi, 2003).

Debido a su potencial simbólico y teatral la Plaza Seregni inmediatamente se constituyó en escenario de diversas instancias ceremoniales: su inauguración en 2009, con presencia de las máximas autoridades nacionales, "la chuponeada masiva" de 2012, el Día Internacional del Juego (mayo de 2012), la maratón radial "La prensa es mujer" (marzo de 2013), etc. Durante su discurso de inauguración, Ricardo Ehrlich, en ese entonces Intendente de Montevideo, destacó la necesidad de que en las ciudades existan sitios (públicos) que sirven para que los ciudadanos se encuentren, "para querer y sentirse queridos".

Sin entrar aquí en la descripción de la estructura, los detalles y el funcionamiento simbólico de la plaza-parque, ni tampoco en su análisis e interpretación (tema del artículo de marras), me interesa sí compartir algunos de los presupuestos y herramientas conceptuales que hacen posible el estudio de una plaza—de un lugar urbano previsto para que aparezcan ciertos personajes y sucedan ciertas cosas de cierta manera—como parte de un sistema o *continuum* teatral, y por consiguiente, como objeto de estudio teatral y aporte de los estudios teatrales al análisis urbanístico, y a la comprensión de fenómenos y procesos sociales y políticos.

Recurrimos, primero, a una noción revisada y más amplia de teatro y teatralidad. Diversos autores han dejado en claro que el teatro no se limita a una puesta en escena de "un texto", ni a una representación o actuación "en un teatro" (Villegas, 1988; Vidal, 1992a; Taylor 1993; Diéguez, 2007; Del Campo, 2004; Irigoyen, 2000a). Siguiendo a Burns (1972), Goffman y otros (1993), Villegas (1994) sostiene que la teatralidad no es tanto una forma específica de comportarse y actuar sino una forma de imaginar y percibir algo como "teatro". Villegas subraya la percepción, *una mirada*, en el marco de una instancia "cara a cara", y la conciencia como generadora del hecho (y la ilusión) teatral. Aquí reside la importancia de los otros personajes y del espectador. De parte del actor, el "saberse mirado" y actuar en correspondencia, apropiada, calculadamente. También, aprovechar su lugar y momento protagónico para (re)presentar y trasmitir algo, verbal o no.

Siguiendo a Grotowski, Dubatti realza el acontecimiento teatral como convivio y relación que se genera entre actor y espectador. El teatro es consecuencia de un "estar juntos", de esperar algo (el sentido de "expectación") y presenciar "algo más" (un sentido poético). García Canclini se ha referido, asimismo, a "la teatralización del poder" y a "la puesta en escena de lo popular" como "actos realizados para ser vistos", encarnados, personificados y actuados para y por una concurrencia, como parte de "una estrategia de construcción teatral de la significación social".

Segundo, hemos echado mano a la noción de la "vida social" como una teatralidad primaria, que a un tiempo desnaturaliza la vida social y la presenta como "artefacto", que luego otros discursos (secundarios) podrán o no volver a utilizar. Bajtín clasifica los géneros discursivos en primarios y secundarios, siendo estos derivativos y elaborados a partir de los primeros. De manera similar, es posible hablar de una teatralidad primera— la de la vida social—y una teatralidad segunda, propuesta como artística, elaborada a partir de la primera. En esto se basa el concepto aristotélico de mímesis. La verosimilitud también depende y descansa en esa teatralidad primera. Esto abre paso a la crítica apuntada por Taylor al "representante" de Pavis, en tanto que este no se cuestiona la teatralidad *primera* (que se naturaliza y a la que se le niega su arte) sobre la que descansa el teatro como discurso secundario, y que el teatro contribuye a reproducir acríticamente y, la performance, interviene para deconstruir.

Sobre esta teatralidad primera también se ha extendido Goffman, para quien los comportamientos de las personas no son naturales sino que dependen y son producto del manejo de máscaras ("personajes"), de una espacialidad, de expectativas y protocolos codificados, socialmente regulados, ritualizados, compartidos, legibles. Esa teatralidad primera es, de hecho, producto de un aprendizaje, de ensayos, de dirección, de diseño, además de numerosas presiones y expectativas, a través de procesos de socialización e institucionalización donde cada cual aprende su papel, sus modos de comportamiento, de vestirse, de hablar, de moverse y gesticular. En suma, del mismo modo que el lenguaje y la dimensión/función poética no son monopolio de los géneros discursivos secundarios, tampoco lo es el "como si" teatral. La teatralidad secundaria casi siempre es copia o se apoya y remite a una teatralidad primera. Sin embargo, la teatralidad primera también puede ser copia de una ficción (un guión, un plan, una idea, un modelo), copia de algo que aún no existe, y dar lugar a la creación de teatralidades (formas de vida) inexistentes o poéticas utópicas. Rama (1984) recordaba que la ciudad latinoamericana nace primero como idea, como plan, como signo.

Tercero, nos apoyamos en las nociones complementarias de esfera pública como espacio teatral y de ciudad como teatro. Para Del Campo "la esfera pública cotidiana es *un espacio teatral*, un escenario en el que se juega el significado y en donde se llevan a cabo las negociaciones de sentido de la cultura nacional" (31), de su pasado, presente o futuro. Según la autora, "las teatralidades sociales funcionan como formas de articulación de imaginarios sociales"—en este caso, un imaginario de convivencia y de vida comunitaria—"acorde a los intereses de determinados grupos sociales que buscan modelar una sensibilidad social en una colectividad cultural" (27).

En "La ciudad como escenario" (2000), Emilio Irigoyen también apunta a "la manipulación de símbolos y su ordenamiento en un cuadro ceremonial" (95) como parte de un quehacer político y prefiere hablar de la noción de *escenificación* "en sus dos aspectos, de diseño y construcción de una escena" y "de representación" de algo más, diferente de lo Real (96). Para Irigoyen escenificación es "toda aquella manifestación que transforma el espacio, el tiempo y el cuerpo de los individuos en material simbólico" (96).

Refiriéndose específicamente a la ciudad y a las prácticas urbanas, distintos autores han señalado la dimensión performativa y simbólica de las mismas; es decir, que aluden "a otras cosas" y "hacen" muchas otras cosas más allá de su función más evidente. A su modo, constituyen otra clase de inscripción y texto—hecho a base de signos materiales—que señalan y construyen ideas, valores, visiones de mundo, discursos sociales. De aquí que para Rama tanto en su dimensión material como simbólico-discursiva, la ciudad funcione "además" como un tejido de signos y discursos ordenadores de la experiencia (y sostenedores de un poder, de un modo de producción, de unas relaciones de producción, de un orden político). Edward T. Hall habla de su "lenguaje silencioso", Renato de Fusco (1970) la ve como "un medio masivo de comunicación" y Kevin Lynch (1960) reflexiona acerca de la legibilidad (imaginabilidad) de la ciudad y de esta última como medio cognitivo para fijar/captar una realidad más abstracta: un orden social, el poder, un devenir. Aldo Rossi (1996) se refiere a la ciudad como comunicación en un plano analógico, pre-simbólico, sensual (Remedi, 1997); y siguiendo a Agamben, Dubatti (2011) también subraya esta dimensión *infantil* del teatro, previa, o que excede al plano simbólico del lenguaje, que hacemos extensiva a la ciudad.

A partir de estas premisas es luego posible leer el modo en que la Plaza "dice", organiza la acción, el sentir y la disposición de los cuerpos-personajes que se hacen presente y simboliza en un lenguaje propio que se vale de signos, códigos y convenciones dramáticos (Imagen 9 y 10).

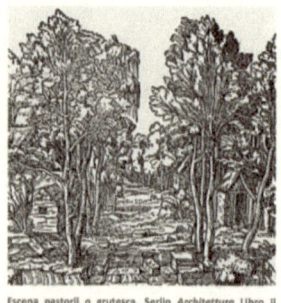 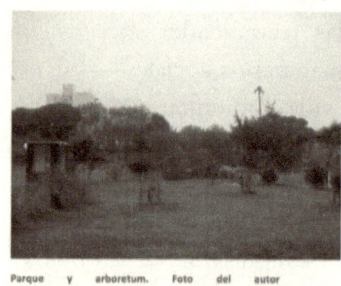

Imagen 9. Escena Pastoril o Grutesca, Plaza Seregni

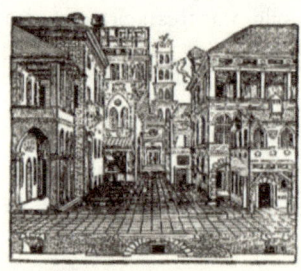 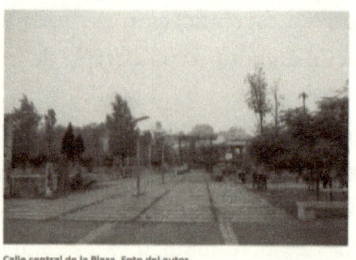

Imagen 10. Escena Cómica, Plaza Seregni. Foto del autor.

La Plaza Seregni puede interpretarse, entonces, como la *puesta en escena* de un discurso de comunidad y de *una idea* de convivencia. (Re)presenta—dramatiza—una serie de problemáticas sociales y culturales que hacen al Montevideo actual, más y mejor que en cualquier obra de teatro. Entre ellas destacamos la promoción y defensa de los Derechos Humanos, entendidos como el desarrollo de la persona y de una vida digna en un ámbito urbano. La Plaza es presentada como un lugar deseado y deseable, a medio camino entre la realidad y la ficción, donde se da lugar a otras formas de vida. En tanto "acontecimiento teatral", es al mismo tiempo: a) una "experiencia", en cierto sentido mostrativa y anticipatoria, que deja una vivencia, una huella y opera una transformación en los participantes y también en el barrio y la ciudad; b) una "representación" del mundo y de la vida: un mundo ilusorio o imaginario respecto a la vida en "la comunidad", "la convivencia ciudadana", la vida urbana; y c) una escena y guión ofrecidos como modelos a ser replicados y vueltos a representar en otros barrios: teatralidad primera de una teatralidad social *otra*, de una realidad social otra, transformada.

7. Epílogo

A modo de recapitulación, diremos que, respondiendo a la solicitud de los organizadores del Simposio, intentamos repasar una serie de trabajos realizados en los últimos años en los que nos hemos ocupado de la relación entre teatro, sociedad y política, que conforman un conjunto de territorios de exploración posibles, no únicos ni excluyentes.

Quisimos explicitar, en particular, los intereses, las motivaciones, las premisas y los marcos teóricos que guían y sostienen estos esfuerzos y que explican algunos hilos conductores a lo largo del tiempo, y que conectan o subyacen a las distintas líneas, pese a sus aparentes diferencias.

Entre algunas de estas motivaciones y presupuestos subrayamos el interés por el teatro en tanto fenómeno social, como parte del proceso histórico, político. También el propósito de operar con un sentido revisado y ampliado de "teatro", de "política" y de "derechos humanos", lo que consideramos indispensable para poder finalmente captar y trabajar el tipo de fenómenos aquí estudiados, que si no han sido objeto de estudio o de reflexión se debe precisamente al modo en que los conceptos pueden oscurecer y hacer desaparecer, en vez de iluminar y revelar.

Igualmente productivas e ineludibles nos resultaron la idea de la historia como construcción situada y teleológica del pasado y la capacidad del teatro, y su estudio, para develar otras experiencias, planos y sentidos de ese pasado-presente; la noción de travesía y de frontera como instancias perturbadoras, inquietantes, de intercambio y creación; la idea de la esfera pública popular y de épica carnavalesca; el argumento de la transmodernidad como crítica de la modernidad y punto de apoyo de una visión popular de los derechos humanos en tanto programa de un democracia radical, o la tensión que se desata entre la teatralidad primaria, secundaria y poética que pone en juego la imaginación, el diseño y el acontecimiento urbano. Nos motiva, en suma, el convencimiento acerca de la vitalidad, la riqueza y la ubicuidad del teatro en la vida y la sociedad, y reafirmamos por consiguiente el aporte de los estudios del teatro para la comprensión crítica de la sociedad y su transformación, así como la importancia de un encuadre socio-histórico para el estudio y la crítica del teatro.

Bibliografía

Alfaro, Milita. *Carnaval, Una historia social de Montevideo desde la perspectiva de la fiesta*. Montevideo: Trilce, 1991.

Ayestarán, Lauro, Flor de María Rodríguez y Alejandro Ayestarán, *El tamboril y la comparsa*. Montevideo: Arca, 1990.

Bajtín, Mijaíl. *Problemas de la poética de Dostoievski*. Buenos Aires: FCE, 1993.

---. *La cultura popular en la Edad Media y el Renacimiento*. Buenos Aires: Alianza, 1987.

Barrán, José Pedro. *Historia de la sensibilidad en el Uruguay*. 2 tomos: Montevideo: Ediciones de la Banda Oriental, 1989/1990.

Biermann, Clara. "Faut-il avoir des *bolas* pour faire une « vraie » *murga* ? Comique de genre et transgression dans le Carnaval de Montevideo (Uruguay)" *Cahiers d'Ethnomusicologie* 26 (2013): 111-128.

Bloch, Marc. "Crítica histórica y crítica del testimonio". En: *Historia e historiadores*, Madrid: Akal, 1999.

Boal, Augusto. *El teatro del oprimido y otras poéticas políticas*. Buenos Aires: Ediciones de la Flor, 1974.

Boudé, G. y Hervé Martin, "La duda acerca de la historia". En: *Las escuelas históricas*, Madrid: Akal, 1992.

Brum, Julio. *Compartiendo la alegría de cantar. La experiencia de la murga joven en Montevideo*. Montevideo: IM/TUMP, 2001.

Brunner, José J. *La cultura autoritaria en Chile*. Santiago/Minnesota: FLACSO/LASP, 1981.

Burns, Elizabeth. *Theatricality: Study of Convention in the Theater and in Social Life*. Londres: Longman, 1972.

Cabezas, Ana y Ariel Gold. "El grupo de teatro «Eh, che... ¡PARE!» Un poco de historia" Manuscrito, sin fecha proporcionado por A. Gold (c.1994)

---. "La dramatización como instrumento de desinstitucionalización". Manuscrito sin fecha y sin firma proporcionado por A. Gold. (c.1994)

Carreira, André. "Teatro callejero en la Ciudad de Buenos Aires después de la dictadura militar". *Latin American Theater Review* 27 2 (1994): 103-114.

Carvalho-Neto, Paulo de. *El carnaval de Montevideo. Folklore, historia, sociología*. Sevilla: Publicaciones del Seminario de Antropología Americana, 1967.

Chartier, Roger. *La historia o la lectura del tiempo*. Barcelona: Gedisa, 2007.

Chouitem, Dorothée. "Carnaval uruguayen et dictature. Transformation d'un espace d'expression populaire en réponse à la répression?" Amerika: *La culture populaire et ses représentations esthétiques en Amérique Latine*. 2010.

de Certeau, Michel. "La operación histórica". En: *L'ecriture de l'histoire*, París: Gallimard, 1975.

De Fusco, Renato. *Arquitectura como «mass medium». Notas para una semiología arquitectónica*. Barcelona: Anagrama, 1970.

Del Campo, Alicia. *Teatralidades de la memoria. Rituales de reconciliación en el Chile de la Transición*. Minneapolis: Institute for the Study of Ideologies and Literature, 2004.

Demasi, Carlos. "Un repaso de la teoría de los dos demonios". En: Aldo Marchesi et al., (Comp.) *El presente de la dictadura. Estudios y reflexiones a 30 años del golpe de Estado en Uruguay*. Montevideo: CEIU-CEIL-CSIC-ICP, Ediciones Trilce, 2003. 67-74.

Diana, Raquel. *El tipo que vino a la función*. Montevideo: Ed. de la Banda Oriental, 2015.

Diéguez, Ileana. *Escenarios liminales: Teatralidades, performances y política*. Buenos Aires: ATUEL, 2007.

---. "Escenarios y teatralidades liminales. Prácticas artísticas y socioestéticas", Archivo Virtual de Artes Escénicas (s.f.). Web. Consultado 7 de abril de 2011.

Diverso, Gustavo. *Murgas. La representación del Carnaval*. Montevideo: Coopren, 1989.

Dubatti, Jorge. *Introducción a los estudios teatrales*. México: Libros de Godot, 2011.

Dussel, Enrique. "Transmodernidad e interculturalidad: Interpretación desde la Filosofía de la Liberación". México, D.F.: UAM-Iz, 2005.

---. "Sistema mundo y transmodernidad". En: Banerje, I., Dube, S. y Mignolo, W. (eds.) *Modernidades coloniales*. México: Editorial El Colegio de México, 2004.

---. "Europa, modernidad, eurocentrismo". En: E. Lander (ed.) *La colonialidad del saber. Eurocentrismo y ciencias sociales*. Buenos Aires: CLACSO, 2000.

García Canclini, Néstor. "La puesta en escena de lo popular". En: *Culturas híbridas*. México: Grijalbo, 1990.

Gramsci, Antonio. "Concepto de lo nacional-popular", "Observaciones sobre el folklore", "Las canciones populares", "Novela y teatro popular". En: *Cuadernos de la cárcel*. México: Ediciones Era, 1986.

Goldman, Gustavo. *¡Salve Baltasar! La fiesta de reyes en el Barrio Sur de Montevideo*. Montevideo: Perro Andaluz Ediciones, 1997.

Goffman, Erving. *La presentación de la persona en la vida cotidiana*. Buenos Aires: Amorrortu, 1993.

Habermas, Jürgen. "The Public Sphere". En: Seidman, Steven (ed.). *Jürgen Habermas on Society and Politics, A Reader*. Boston: Bacon Press, 1989. 231-236.

Hall, Edward T. *The Silent Language*. Greenwich, Conn.: Fawcett Book, 1959.

Hoggart, Richard. *La cultura obrera en la sociedad de masas*. Buenos Aires: Siglo XXI, 2013.

Irigoyen, Emilio. *La patria en escena. Estética y autoritarismo en Uruguay*. Montevideo: Trilce, 2000.

---. "La ciudad como escenario. Poder y representación hasta 1830". En: Achugar, H. y M. Moraña (eds.). *Uruguay: Imaginarios culturales*. Montevideo: Trilce, 2000. 95-124.

Laclau, Ernesto. *Política e ideología en la teoría marxista*. Madrid: Siglo XXI, 1978.

Laclau, Ernesto y Chantal Mouffe. *Hegemonía y estrategia socialista. Hacia una política democrática radical*, 1987.

Lynch, Kevin. *The Image of the City*. Cambridge, Mass.: The MIT Press, 1960.

Marchesi, Aldo. "Pensar el pasado reciente: Antecedentes y perspectivas". En: *El presente de la dictadura* (2003); 5-32.

Marchesi, Aldo, Vania Markarian, Álvaro Rico y Jaime Yaffé (Comp). *El presente de la dictadura*. Montevideo: CEIU-CEIL-CSIC-ICP, Ediciones Trilce, 2003.

Martín Barbero, Jesús. *De los medios a las mediaciones*. México: Gustavo Gili, 1987.

Martín-Estudillo, Luis y Roberto Ampuero. *Post-Authoritarian Cultures. Spain and Latin America's Southern Cone*. Hispanic Issues 35 Nashville, Tennessee: Vanderbilt University Press, 2008

Mirza, Roger. *La escena bajo vigilancia. Teatro, dictadura y resistencia*. Montevideo: EBO, 2007.

Mirza, Roger y Gustavo Remedi, Eds. *La dictadura contra las tablas. Teatro uruguayo e historia reciente*. Montevideo: Biblioteca Nacional, 2009.

Moraña, Mabel. *Memorias de la generación fantasma*. Montevideo: Monte Sexto, 1988.

Moraña, Mabel y Javier Campos, Eds. *Ideologías y Literatura. Homenaje a Hernán Vidal*. Pittsburgh: Instituto Internacional de Literatura Latinoamericana, 2006.

O'Donnell, Guillermo. "Tensions in the Bureaucratic-Authoritarian State and the Question of Democracy". En: Collier, D. (ed.). *The New Authoritarianism in Latin America*. Princeton: Princeton University Press, 1979

Proaño Gómez, Lola. *Teatro y estética comunitaria. Miradas desde la filosofía y la política*. Buenos Aires: Editorial Biblos, 2013.

---. *Poéticas de la globalización en el teatro latinoamericano*. Irvine, Cal.: Ediciones de Gestos, 2007.

---. "Derechos humanos: la utopía ético-estética en el teatro argentino comunitario". En: Moraña y Campos, Eds. *Ideologías y literatura. Homenaje a Hernán Vidal*. Pittsburgh: Instituto Internacional de Literatura Latinoamericana, 2006: 331-346.

Rama, Ángel. *La ciudad letrada*. Hanover, NH: Ediciones del Norte, 1984.

Ramos, Guzmán. *Tablado de barrio. Estirpe de una fiesta*. Montevideo: Museo del Carnaval/CAF, 2012.

Remedi, Gustavo (comp.). *Otros lenguajes de la memoria. Teatro uruguayo contemporáneo e historia reciente*. [En proceso de evaluación].

---. (comp.). *El teatro fuera de los teatros. Reflexiones críticas desde el archipiélago teatral*. Montevideo: CSIC-Udelar, 2016.

---. "Teatro, historia reciente y censura: *El tipo que vino a la función* de Raquel Diana. *Telón de fondo* Año XII 23 (2016). 32-51.

---. (comp.). *Horizontes y trayectorias críticas: Los estudios del teatro latinoamericano en Estados Unidos*. Montevideo: CSIC-Udelar, 2015.

---. "Del Solís a Flor de Maroñas: Ubú de Enrique Permuy". *Latin American Theatre Review* 49 2 (2015). 5-22.

---. "Imaginación teatral y restauración de ciudadanía. Una experiencia de teatro en la Colonia Etchepare", *I Simposio de la Sección de Estudios del Cono Sur de LASA* Santiago de Chile, agosto 2015.

---. "The Assault on Neoliberal Culture: Interventions within/from the field of Carnivalesque Theatre in 21st C.", International Conference: "The Politics of Carnival: Transnational, Transhistorical Perspectives", Université Paris VII-Diderot, París 13 Feb. 2015.

---. "La puesta en escena de la comunidad, la Plaza Seregni y la 'estrategia por la vida y la convivencia'" *Alter/nativas* 3 (2014): 1-30.

---. "Hernán Vidal, crítica teatral y derechos humanos: Inflexiones en el discurso teórico-crítico acerca del teatro de América Latina". *Gestos. Teoría y práctica del teatro hispánico* 2 57 (2014): 153-173.

---. "Teatro de frontera/espacios contaminados. Argumentos desde la transmodernidad". En: Mirza, Roger (ed.). *Teatro, memoria, identidad*, Montevideo: FHCE/CSIC, 2009. 83-99.

---. "La discusión de la historia desde el teatro. Memoria de un proceso". En: Mirza, R. y G. Remedi, Eds. *La dictadura contra las tablas* Montevideo: Biblioteca Nacional, 2009; 9-22.

---. "Nos habíamos olvidado tanto: tres historias para armar". En: Mirza, R. y G. Remedi, Eds. *La dictadura contra las tablas*. Montevideo: Biblioteca Nacional, 2009; 155-206.

---. "*Tejanos*: The Uruguayan Transition Beyond". En: Martín-Estudillo, L. y Roberto Ampuero (eds.). *Post-Authoritarian Cultures. Spain and Latin America's Southern Cone. Hispanic Issues* 35 Nashville, Tennessee: Vanderbilt University Press, 2008: 99-121.

---. "Los Derechos Humanos desde la cultura ¿Esqueletos en el ropero?". *Cuadernos del Claeh* 96-97 Año 31 (2008): 41-67.

---. "Las bases estéticas de la ciudadanía". *Aisthesis 38* (2005): 57-72.

---. "La escena ubicua: Hacia un nuevo modelo del sistema teatral nacional". *Latin American Theatre Review* 38 2 (2005): 51-71.

---. "The Beach Front (*la Rambla*). Reality, Promise and Illusion of Democracy in Todays Montevideo". *Journal of Latin American cultural studies* 14 2 (2005): 131-159.

---. "La ciudad latinoamericana S.A. o el asalto al espacio público". En: Charrière, M. (comp.). *Las dimensiones del espacio público. Problemas y proyectos*. Buenos Aires: Gobierno de la Ciudad de Buenos Aires, Subsecretaría de Planeamiento, 2003. 15-24

---. "Los lenguajes de la conciencia histórica. A propósito de Una ciudad sin memoria". En: Bergero, A. y F. Reati (eds.). *Memoria colectiva y políticas de olvido. Argentina y Uruguay, 1970-1990*. Rosario: Beatriz Viterbo, 1997. 345-369.

---. *Murga. El teatro de los tablados. Crítica de la cultura nacional desde las prácticas culturales populares*. Montevideo: Trilce, 1996.

---. "Esfera pública popular y transculturadores populares". En: Vidal, Hernán (ed.). *Hermenéuticas de lo popular*. Minneapolis: The Prisma Institute, 1992. 127-204.

Rico, Álvaro (comp.). *Historia Reciente: historia en discusión*. Montevideo: CEIU- FHCE-UdelaR, 2008.

---. *Uruguay: cuentas pendientes. Dictadura, memorias y desmemorias*. Montevideo: Trilce, 1995.

Ricoeur, Paul. "Hacia una hermenéutica de la conciencia histórica". En: Perus, Françoise, (comp.). *Historia y literatura*, México, D.F.: Instituto Mora, 1994. 70-122.

Rossi, Aldo. "An Analogical Architecture" (1976) en Kate Nesbitt, Ed. *Theorzing a New Agenda for Architecture*. New York: Princeton Architectural Press, 1996.

Rossi, Sara. "La murga uruguaya, entre carnavalización y crítica política". En: *Anuario de Antropología Social y Cultural en Uruguay* Vol. 10, 2012. 217-232.

Taylor, Diana. *The Archive and the Repertoire. Performing Cultural Memory in the Americas*. Durham: Duke University Press, 2003.

---. "Negotiating performance". *Latin American Theatre Review* 2:26, (1993): 49-57.

Thompson, Edward P. *La formación de la clase obrera en Inglaterra*. Barcelona: Crítica/ Grijalbo, 1989.

Thompson, John B. "La teoría de la esfera pública". *Voces y cultura* N° 10 Barcelona 1996.

Trigo, Abril. "Contracultura del insilio en Uruguay (1973-1985)". *Revista Hispánica Moderna*. Año 43 N° 2, (1990): 228-238.

Verzero, Lorena. *Teatro militante. Radicalización artística y política en los años 70*. Buenos Aires: Editorial Biblos, 2013.

Vidal, Hernán. "Estudios culturales: ¿Disciplina ya constituida o agendas convergentes?". *Nuevo texto crítico* Vol. XIII-XIV 25-28 (2000-2001): 247-254.

---. *Crítica literaria como defensa de los derechos humanos*. New Jersey: Juan de la Cuesta, 1994.

---. "Teatralidad social y disolución del teatro como institución" *Gestos* 14, 1992a: 27-33.

---. "La noción de otredad en el marco de las culturas nacionales". *Hermenéuticas de lo popular*. Serie: Literatura y Derechos Humanos N° 9. Minneapolis: Institute for the Study of Ideologies & Literature, 1992b.

---. *Poética de la población marginal. Fundamentos materialistas para una historiografía estética*. Serie Literatura y derechos humanos N° 1. Minneapolis: Institute for the Study of Ideologies & Literature, 1987.

---. *El Movimiento Contra la Tortura 'Sebastián Acevedo'. Derechos Humanos y producción de símbolos nacionales bajo el Fascismo Chileno*. Minneapolis: Institute for the Study of Ideologies & Literature, 1986.

---. "Hacia un modelo general de la sensibilidad social literaturizable bajo el Fascismo". En: *Fascismo y experiencia literaria: Reflexiones para una recanonización*. Minneapolis: Institute for the Study of Ideologies & Literature, 1985.

---. "Dar la vida por la vida: La Agrupación Chilena de Familiares de Detenidos Desaparecidos (Ensayo de antropología simbólica)". Minneapolis: Institute for the Study of Ideologies & Literature, 1982.

Villegas, Juan. *Historia multicultural del teatro y las teatralidades en América Latina*. Buenos Aires: Galerna, 2005.

---. "De la teatralidad como estrategia multidisciplinaria". *Gestos* 21, 1996: 7-19.

---. "Closing Remarks". En: *Negotiating Performance: Gender, Sexuality and Theatricality in Latin/o America*. Durham: Duke University Press, 1994. 306-320.

---. *Ideología y discurso crítico sobre el teatro de América Latina y España*. Minneapolis: Institute for the Study of Ideologies and Literature, 1988.

Weiss, Judith. *Latin American Popular Theater*. Albuquerque: University of New Mexico Press, 1993.

II- Teatralidades disruptivas en Brasil, Chile y México

El teatro como dispositivo productor de memorias

María Luisa Diz
UBA / CIS-CONICET / IDES / UNDAV

El trabajo de Milena Grass Kleiner, titulado *El teatro político de Guillermo Calderón: realidadficción y espacio público*, analiza una forma de teatro político que propone el actor, director y dramaturgo chileno Guillermo Calderón. De su análisis se desprenden cuatro puntos centrales que caracterizan esta propuesta.

En primer lugar, el cruce entre realidad y ficción, y el borramiento de sus fronteras—que la autora toma de la idea de realidadficción de Josefina Ludmer—y que se observa, en particular, en la apuesta de Calderón de instalar sus producciones teatrales en los lugares donde ocurrieron los hechos: la Cámara de Diputados y un ex centro clandestino de detención en Chile.

En segundo lugar, la resignificación de la idea y del proyecto de teatro político, no sólo como un teatro que conecte a los espectadores con ideas, sino también, y sobre todo, con experiencias y afectos. Calderón expresa esa resignificación en el montaje de *Los que van quedando en el camino*, de Isidora Aguirre, a través de la puesta en escena de actores y de actrices como "cuerpos testimoniales", en términos de Grass Kleiner, no sólo de la obra, sino también de un momento político pasado.

En tercer lugar, la búsqueda de producir, a través del teatro, un discurso cultural ausente, silenciado y negado en torno a las violaciones de los derechos humanos cometidas durante la dictadura chilena. El teatro de Calderón podría ser concebido entonces, como un dispositivo productor de memorias. De acuerdo con las palabras de Calderón en relación a su obra *Villa*, citadas por la autora, ésta "crea una idea de memoria que está entre la ficción y la realidad". En este sentido, parafraseando a Elizabeth Jelin en su texto "La conflictiva y nunca acabada mirada sobre el pasado" (2006)[17], diríamos que las memorias no sólo son parte del devenir social,

---

[17] Jelin, Elizabeth (2007). "La conflictiva y nunca acabada mirada sobre el pasado". En Franco, Marina y Levin, Florencia (Comps.). *Historia Reciente. Perspectivas y desafíos para un campo en construcción*. Buenos Aires: Paidós.

político y cultural y sujetas a los intereses del presente, sino que son construcciones subjetivas de significación, es decir, de sentidos que se construyen y que se reelaboran en diálogo con otros, con los que se comparten y se confrontan las memorias sobre el pasado, o mejor dicho, sobre los pasados superpuestos e interconectados. Lo anterior está presente en el montaje de Calderón de *Los que van quedando en el camino* que pone en escena el alzamiento y la matanza de los campesinos de Ranquil que luchaban por la propiedad de la tierra en 1934, la movilización campesina de 1969 contra la ley de la Reforma Agraria y el optimismo de una eventual alianza obrero-campesina para llegar al poder a través de las urnas, cristalizada en el Gobierno de la Unidad Popular.

Por último, la reflexión sobre el problema de la gestión de la memoria traumática colectiva—sobre las formas y los usos adecuados, no adecuados, permitidos y prohibidos de los sitios de memoria—y la discusión de fondo en torno a la imposibilidad de borrar un pasado que determina el presente en *Villa* de Calderón. Siguiendo el análisis de Grass Kleiner, el teatro de Calderón se manifiesta, retomando nuevamente palabras de Jelin (2006), como una acción cuestionadora y contestataria frente a quienes intentan clausurar el pasado; intento fallido, tanto en términos simbólicos como institucionales, en las democracias latinoamericanas ante una distancia temporal que, lejos de permitir la sutura, reactiva las luchas por las memorias, emprendidas por nuevos actores sociales en nuevos escenarios, por intentar imponer una *su-* versión del pasado como hegemónica.

Perspectivas políticas de la escena latinoamericana

El teatro político de Guillermo Calderón: realidadficción y espacio público[18]

Milena Grass Kleiner
Escuela de Teatro, Pontificia Universidad Católica de Chile

Cuando *Villa + Discurso*, del dramaturgo y director chileno Guillermo Calderón,[19] se presentó en el Festival Internacional de Teatro de Buenos Aires (FIBA 2011), la crítica teatral Mercedes Halfon señaló:

Calderón es conocido por hacer un teatro de corte político, que busca encontrarse con su propio poder transformador de la realidad. Imágenes no necesariamente realistas, o escenas extraídas del pasado histórico, en el que se problematizan las distintas capas de la sociedad chilena, sus contradicciones internas, sus culpas escondidas bajo la alfombra. Calderón pertenece a una de las generaciones de teatristas más jóvenes de su país y discute con sus antecesores, los que trabajaron en la posdictadura, al proponer un teatro de discurso directo, sin muchas metáforas. Es interesante poder ver, en el tensionado contexto que está viviendo Chile, alguna de las reflexiones que el teatro produce. Algo singular del trabajo es que la función no tendrá lugar

---

[18] Este artículo es producto del proyecto Fondecyt Regular No1141095: "Historia y memoria del teatro chileno reciente entre 1983-1995: análisis crítico de la construcción de un canon y sus exclusiones", coordinado por Milena Grass Kleiner con la participación de Andrés Kalawski, Nancy Nicholls, Inés Stranger, Mariana Hausdorf y Andrea Pelegrí Kristić.

[19] Guillermo Calderón (1971) estudió teatro en la Universidad de Chile y un año del programa de magíster (MFA) del Actor's Studio y el New School for Social Research en Nueva York. Además, asistió a clases en Dell'Arte School of Physical Theater (California) y en la Scuola Internazionale dell'Attore Comico (Italia), y cursó un Master of Arts en Liberal Studies con mención en Estudios de Cine en la Universidad de la Ciudad de Nueva York. Tras trabajar como actor y dirigir varios textos clásicos, se consagró con su primera obra como dramaturgo y director, *Neva* (2006), que recibió el Premio del Círculo de Críticos de Arte (2006), el Premio Altazor (2007) y el Premio José Nuez Martín (2008). En el 2010, realizó una residencia en el Royal Court Theatre (Londres), donde escribió *Discurso*, que se estrenaría dos años después en el díptico en Londres 38, ex centro de Detención y Tortura. En el 2013, estrenó *Escuela* y, este año, estrenó *Mateluna* en Berlín.

en un teatro, sino donde funcionó el Ex Centro Clandestino de Detención, Virrey Cevallos, en Buenos Aires. (s/p).

Inicio mi presentación con esta cita porque permite situar el teatro de Guillermo Calderón según sus principales características y porque menciona la exhibición de *Villa + Discurso* en Buenos Aires, la cual no se realizó finalmente en Virrey Ceballos, sino en el Parque de la Memoria. También nos brinda un contexto que muestra cómo Chile y Argentina comparten una historia política tristemente comparable y también una actividad de denuncia y resistencia llevada a cabo por la comunidad teatral que ha dado grandes frutos artísticos y ha sido notable por la tenacidad con que ha enfrentado la memoria de las dictaduras locales del siglo XX, lo que justamente nos convocó en este Encuentro. Por último, hay un elemento clave en la cita, en el cual he querido concentrarme hoy, para pensar la efectividad del teatro como un elemento más dentro de ese contexto amplio que Angenot llama el "discurso social".

Tras haberme dedicado a investigar las formas en que el teatro ha representado la violencia política y particularmente la tortura y la desaparición forzada, en el último tiempo me ha interesado entender cuáles son los mecanismos que le permiten al espectador reconocer la referencialidad sobre la que se sustentan las distintas formas del teatro de lo real –un teatro que desplegaría lo que Reinelt ha llamado la "promesa de lo documental".[20] Según he podido comprobar hasta ahora, esta suerte de "trazabilidad" histórica (o ese "efecto de realidad" a la manera bartesiana) estaría dada por los deícticos presentes tanto en el texto dramático como en la puesta en

---

[20] Reinelt (2009) caracteriza así esta promesa de lo documental que trasciende lo ontológico para funcionar como sigue: "1.- El valor del documento no depende de una epistemología realista, sino que la experiencia de lo documental depende de un enganche epistemológico. 2.- Lo documental no se encuentra en el objeto mismo, sino en la relación entre el objeto, sus mediadores (artistas, historiadores, autores) y sus públicos. 3.- La experiencia de lo documental se conecta con la realidad pero no es transparente, y de hecho es constitutiva de la realidad que busca." Y agrega: "Los espectadores llegan al acontecimiento teatral creyendo que ciertos aspectos de la performance están relacionados directamente con la realidad que están tratando de experimentar o entender. Esto no significa que esperen un acceso inmediato a la verdad, sino que los documentos tienen algo significativo que ofrecer. La promesa del documental en este punto tiene que ver con establecer un vínculo // entre la búsqueda del espectador y una realidad ausente pero reconocida" (9-10).

escena, pero también por una serie de paratextos, intertextualidades y relaciones con el campo cultural e intelectual, que determinan las condiciones de recepción de la pieza en cuestión a través de la generación de un horizonte de expectativas que vincula la ficción escénica con ciertos acontecimientos "reales". Las notas de prensa, los discursos que los creadores construyen en torno a su obra, las críticas y los artículos académicos son algunos de los elementos que suelen acompañar la puesta en escena y que van construyendo todo un saber de archivo que irá reiterando y consolidando dicho vínculo con la realidad después del estreno y cada vez que el texto vuelva a montarse.

Dentro de este contexto, lo que propongo aquí es revisar un recurso particular utilizado por Guillermo Calderón, primero, en su remontaje de *Los que van quedando en el camino* y, luego *Villa + Discurso*, por medio del cual establece una vinculación con hechos de la historia nacional. Me refiero al gesto tan significativo de instalar ambas producciones en espacios de memoria política y no en salas de teatro.

Los que van quedando en el camino (2010)

Con ocasión del Bicentenario de la Independencia en Chile y dentro del marco de las puestas en escena conmemorativas encargadas por la Fundación Santiago a Mil, se encomendó a Calderón la dirección de *Los que van quedando en el camino* (Imagen 1); texto de la dramaturga chilena Isidora Aguirre,[21] estrenado en 1969 por el Teatro de la Universidad de Chile bajo la dirección de Eugenio Guzmán. *Los que van quedando en el camino* está construida a partir de una matriz ficcional, marcada por recursos provenientes

---

[21] Al momento de su estreno, Isidora Aguirre llevaba quince años escribiendo para la escena chilena y, en 1960, se había hecho famosa con *La Pérgola de la Flores*, una comedia musical costumbrista que alcanzó un éxito de público inédito. Quizás huyendo de dicho éxito, se haya volcado a un teatro de investigación y movilización social que, tras el estreno de *Los que van quedando en el camino*, la llevó a formar el Teatro Experimental Popular Aficionado (TEPA) con el fin de apoyar la campaña de Salvador Allende, afiliándose al partido comunista poco antes de que su candidato ganara en las urnas. Según se cuenta, después del estreno de *Los papeleros* (1962), Neruda, encantando por la obra, le habría ofrecido una comida, donde la dramaturga le pidió: "Dame un tema campesino" para una obra. Neruda la derivó al dirigente obrero comunista Juan Chacón Corona con una misiva donde le pedía "Ayuda a mi amiga Isidora", sabiendo que éste había apoyado el alzamiento campesino de Ranquil con una huelga de hambre.

del teatro brechtiano[22] y caracterizada por el retrotraimiento de la autora, quien, para la escritura de la obra, se basó en entrevistas a los sobrevivientes de la masacre de Ranquil.[23] Dicha ficción sitúa el presente de la diégesis en la movilización campesina de 1969 contra la Ley de la Reforma Agraria que promovía el Gobierno de Eduardo Frei Montalva, estableciendo desde allí un correlato con el alzamiento y matanza de los campesinos de Ranquil que luchaban por la propiedad de la tierra en 1934.

En relación con la obra, hay diversos elementos expresos que permiten identificar cada uno de estos acontecimientos políticos. Algunos están incluidos en el texto, como el nombre efectivo de Juan Leiva, profesor que lideró el alzamiento, o cuando dice "Actor I – (*Anuncia*): Lorenza Uribe, sobreviviente de la matanza del año treinta y cuatro, acosada por sus muertos, revive la historia de Ranquil" (Aguirre 4). A esta primera capa indicial, se suma otra en la edición impresa de 1970. Allí aparece, por ejemplo, el epígrafe "En homenaje a los Campesinos caídos en Ranquil, 1934" (Aguirre 1970, s/p); la cita del Che Guevara: "de los que no entendieron bien, de los que murieron sin ver la aurora, de sacrificios ciegos y no retribuidos, de *Los que van quedando en el camino*, también se hizo la revolución" *Pasajes de la guerra revolucionaria* (*Aguirre 1970* s/p, las negritas son mías); y un prólogo de Volodia Teitelboim, destacado intelectual y miembro del Partido Comunista Chileno, al que también pertenecieron Isidora Aguirre y otras figuras insignes del mundo intelectual y sindical nacional.[24] Asimismo, todas las notas

---

[22] Como el uso de pancartas, título de escenas en voz en off, nombre genérico de los personajes, un coro entre otros. Es interesante recordar que la *Ópera de tres centavos* fue estrenada en Chile en 1959 bajo la dirección de Eugenio Guzmán, quien, no casualmente también dirigió de *La Pérgola de las Flores*, el musical de 1960 de Isidora Aguirre, y de *Los que van quedando en el camino*. Por ende, para el estreno de esta última, Brecht y su propuesta de teatro político ya habían sido asimilados en el código teatral de la escena chilena y la filiación con su ideario ubicaba la obra de la dramaturga en el teatro político.

[23] Isidora Aguirre emprende entonces una serie de viajes a la región del Bío Bío para entrevistar a los sobrevivientes. Su principal informante es Emelina Sagredo Uribe, "esposa del campesino que encabezó la revuelta en esa localidad y que originó los sangrientos sucesos de Ranquil", según señala el diario La Patria tras el estreno de la obra en Concepción (s/p).

[24] A pesar de que Guillermo Calderón haya sostenido, al reestrenar la obra en el 2010, que Isidora Aguirre rescata un episodio olvidado del violento pasado reciente de Chile, *Los que van quedando en el olvido* no es un ejercicio aislado. La matanza ya se había tratado antes, dos veces, como señala Pía Gutiérrez, en "la novela *Ranquil* (1942) de Reinaldo Lomboy y de la pieza dramática *Tierra de Dios* de Elizaldo

de prensa del estreno a las que he tenido acceso destacaron la filiación de la obra con la matanza de Ranquil, incluso mucho más que su vinculación con los acontecimientos de 1969, que ni siquiera se mencionan.[25]

¿Qué pasó, entonces, cuando Guillermo Calderón montó *Los que van quedando en el camino* en el 2010 como parte de la conmemoración del bicentenario de la Independencia de Chile? La propuesta de Calderón, quizás el dramaturgo y director más estudiado del teatro chileno reciente, realizó fundamentalmente tres operaciones de resignificación y reasignación referencial. En primer lugar, desplazó el gesto de Isidora Aguirre replicándolo; allí donde ella situaba la diégesis en 1969 para hablar de 1934, Calderón se ubicaba reflexivamente en el 2010 para hablar de 1969, cuando Salvador Allende se encontraba en plena campaña política que lo llevaría a la presidencia en 1970. Cito:

> Lo más difícil era cómo hacerse cargo de un tema tan difícil como es la Reforma Agraria, como es la gran excitación colectiva que hay con respecto a la inminencia de la llegada del gobierno de la Unidad Popular, porque la obra, a pesar de estar ubicada en el año 69, cuenta una historia del 34 y lo que está expresando, en realidad, es el optimismo de una eventual alianza obrero-campesina para llegar al poder

---

Rojas Torres montada por el teatro experimental de Chillán en 1968". Asimismo, hay que mencionar la vinculación de la autora con el importante movimiento de intelectuales y creadores comunistas de su época. No por nada, el escritor y periodista José Miguel Varas publica 1967 la novela periodística *Chacón*, justamente sobre la vida del dirigente sindical que le habría dado a la autora el tema de su obra campesina. Justamente a instancias de Neruda, otro comunista. O la participación de Luis Advis en la creación de la banda sonora de *Los que van quedando en el camino*, quien el mismo año del estreno compondría *La Cantata de Santa María* sobre otra gran matanza de los olvidados por la historia.

[25] Ahora bien, si volvemos a Reinelt, hemos expuesto hasta aquí algunos de los mecanismos que construyen la alusión a la realidad en la obra misma. Pero ella alega que la promesa de lo documental se construye como un horizonte de expectativas que precede la experiencia teatral y que le permite al espectador encontrar en la obra aquello que viene a buscar. Por ende, dichas expectativas tienen que estar construidas de antemano. En el caso de *Los que van quedando en el camino*, la prensa jugó un papel importante en esta prefiguración. En las 4 notas previas al estreno publicadas por periódicos locales, tenemos una insistencia desde el comienzo de cada una que la obra se refiere a la matanza de Ranquil de 1934 –y curiosamente no hay mención al presente de la diégesis instalado en 1969, año en que se están escribiendo dichas notas. La operación de visibilizar el pasado permite invisibilizar el presente.

a través de las urnas, cristalizada en el Gobierno de la Unidad Popular (Ibacache, 2010: 152).

Para lograrlo, y en segundo lugar, Calderón convocó a gran parte del elenco original que estrenó la obra en 1969. El objetivo de este 'golpe de teatro' era que los actores hubieran vivido tanto la experiencia del primer montaje como la intensidad de la emoción política que se vivía el año previo a la elección de la Unidad Popular; precisamente el año entre el gobierno de Frei que promovía la Reforma Agraria y la elección de Allende. Se esperaba que estos actores "se hubieran comprometido con él de modo muy profundo, porque estos actores tienen la experiencia de esa intensidad y de la emoción política en el cuerpo, la transmiten con mucha propiedad a través de la actuación" (Ibacache, 2010: 154). Los actores y actrices cumplían así la función de ser cuerpos testimoniales de la puesta en escena de Calderón (2010) (Hurtado, 2015), pero también del momento político en que ésta se había estrenado. Y, al mismo tiempo, funcionaban como bisagra entre lo intra y lo extra teatral, reemplazando el material documental por la experiencia directa para producir un desplazamiento desde el tópico de la denuncia al tópico del sentimiento (Lorusso, 2009).

Finalmente, la tercera operación, quizás la más espectacular, tuvo que ver con darle un papel protagónico a la cuestión de la Ley como eje articulador del texto de Isidora Aguirre. Para lograr este efecto, la puesta en escena de Calderón se presentó en la Sala de la Cámara de Diputados del Ex Congreso Nacional de Chile, en desuso desde el golpe de Estado de 1973. Así, cada vez que los personajes representados por los envejecidos actores "originales" invocaban la Ley que otorgaba tierras al campesinado y que no fue respetada por los oligarcas, el espacio que contenía el acontecimiento teatral reverberaba con su manto de realidad. Y el público, atrapado entre la obra documental que observaba y las paredes del Congreso que lo rodeaban, quedaba prendido en un *loop* imposible de sortear donde ficción y realidad no eran más que las dos caras de una misma moneda. De esta manera, al ubicar a los espectadores en el lugar donde se dictan las leyes de la República, Calderón les impuso materialmente la referencia a la realidad. Y quizás lo más potente del recurso fue que, al colocar a los espectadores sentados en los escaños de los diputados, "ocupando" su lugar, el público y los actores quedaban en un espacio liminal—escénico y real a la vez—que contenía el acontecimiento teatral en su totalidad.[26]

A través de estos tres mecanismos, el director actualizaba un dispositivo que Aguirre ya había instalado en su momento. *Los que van quedando en el camino* fue quizás la obra más aplaudida dentro de los ejercicios de relecturas, reescrituras y remontajes (Contreras, 2009) del Bicentenario. Y también es hoy una de las más recordadas de ese momento, porque Calderón supo capitalizar la irrupción de lo real que venía con toda la potencia de la experiencia vivida. Esos actores en ese espacio representaban un texto dramático, pero además de construir la ficción llena de referencialidad que proponía su dramaturga, también traían a escena el testimonio de sus propias vidas—porque "estuvieron allí"—sumergidos en un quasi "sitio de memoria" como la ex Cámara de Diputados, "allí donde ocurrieron los hechos". Lugar y cuerpos auráticos para un rito teatral en un espacio ominoso cuyo enorme valor simbólico lo mantuvo clausurado por casi 40 años, convirtiéndolo en un lugar mítico dentro el imaginario chileno.

Así, al momento del estreno del montaje de Calderón de *Los que van quedando en el camino*, el director indicó que reconocía en esta obra una prefiguración de los detenidos desaparecidos de la Dictadura pinochetista. Por lo mismo, creo que no debe extrañar que volviera a ubicar su siguiente obra, *Villa + Discurso*, en un espacio de memoria y que, frente a su nuevo estreno, la crítica chilena hiciera explícita esta relación creativa.

> Erróneamente se ha catalogado el sorprendente arte de Calderón como esencialmente "político". La suya es una dramaturgia centrada en un concepto ideológico más amplio, tal como lo demostró hace un año con el remontaje de *Los que van quedando en el camino*. [Y] su aguda reflexión teatral sobre los aspectos dolorosos e irresueltos de la sociedad chilena constituyen una mirada tan sobria como excepcional" (Piña s/p).

---

[26] Es importante señalar que la obra terminaba con el despliegue de una serie de lienzos desde el segundo piso de la Cámara, desde donde se lanzaban también panfletos, todo lo cual ocurría "detrás" de los actores reforzando la sensación de que público y actores estaban contenidos por un espacio arquitectónico cargado de historia.

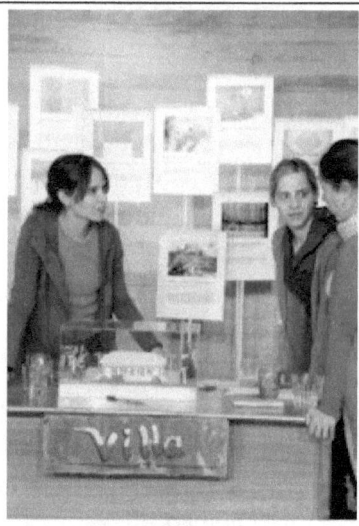

Imagen 1. *Los que van quedando en el camino.*
Santiago a Mil (2010). Foto: gentileza de Guillermo Calderón

Villa + Discurso (2011)

Villa + Discurso (Imagen 2) se agotó rápidamente en las pocas funciones que programó el Festival Teatro a Mil en el 2011 para su estreno. El éxito de la nueva producción tenía que ver con la fama de las tres creaciones anteriores del director y dramaturgo, aclamadas tanto por los críticos especializados como por los profesionales del teatro y el público en general;[27] Y también con la expectativa que generaba la presentación de la obra en ex centros de detención y tortura utilizados durante la Dictadura de Pinochet.[28]

---

[27] Llama la atención que el éxito artístico de Calderón, que se manifiesta a nivel nacional e internacional como pocas veces en el teatro chileno, no vaya acompañado de un corpus analítico de su obra de igual importancia. En este sentido, la presente investigación ha encontrado mayor volumen de entrevistas que de artículos críticos.

[28] Como apunta Cabrera: "Villa... fue estrenada en enero de este año [2011] en Santiago, Chile, y llevada en gira por países de América y Europa. Las funciones en Chile se realizaron en espacios que fueron centro de detención y tortura durante la dictadura de Augusto Pinochet, quien se mantuvo en el poder entre 1973 y 1990. Esos centros llevan hoy el nombre de Londres 38 y Casa Memorial José Domingo Cañas, ex Cuartel Ollagüe, de la Dirección de Inteligencia Nacional (DINA). Otros

Perspectivas políticas de la escena latinoamericana

Esta decisión poco usual para el teatro profesional chileno guardaba estrecha relación con el tema de la obra: a tres mujeres se les ha encomendado la tarea de decidir qué forma memorial debe tomar el lugar donde estuvo el Cuartel Terranova, centro de operaciones de la Dirección de Inteligencia Nacional entre 1974 y 1978 en lo que fuera la Villa Grimaldi. Discusión que, por lo demás, se daba en un contexto más amplio: Chile se acercaba al cuadragésimo del Golpe de Estado, lo que promovía una reflexión urgente frente a la gestión de la memoria que se había hecho y se estaba haciendo en el país, y que desataba duras críticas por la forma en que se había llevado la transición: "la dictadura nunca se terminó. Se hizo un pacto, una negociación que más bien terminó por consolidarla" (Calderón en Gutiérrez, 2012: s/p). Especialmente porque la reciente inauguración del Museo de la Memoria y los Derechos Humanos (Santiago 2010) había desatado una polémica en los periódicos donde se criticaba fuertemente el enfoque museológico adoptado.[29] Calderón tomó partido abiertamente en la discusión y sostuvo que: "Que digan sin ninguna vergüenza que lo que pasó fue culpa de la Unidad Popular, que sean capaces de acusar a la víctima, quiere decir que estamos perdiendo una batalla cultural" (Valdez, 2010: s/p). Desde su perspectiva, "en nuestro país el tema de los derechos humanos nunca se discutió culturalmente. Sí se publicaron informes como el Rettig o el Valech, pero estos nunca lograron transformarse en un discurso cultural serio y profundo que lograra definir una ética social en su sentido más amplio" (Calderón en Forttes, 2010: 62).

---

espacios de exhibición de la obra fueron Villa Grimaldi (ubicada en las laderas de la precordillera, en la comuna de Peñalolén, también de Santiago) y Museo de la Memoria y los Derechos Humanos, inaugurado por la ex presidenta Michelle Bachelet el 11 de enero de 2010" (s/p).

[29] Y no sólo en los periódicos, Nelly Richard también se refirió a este proyecto institucional insertándolo en un contexto más amplio que incluía, en los últimos veinte años: "la instauración del consenso como molde de la reconciliación nacional retorizada por el gobierno de Patricio Aylwin (1990) con el ánimo de superar los antagonismos del pasado violento, y concluye con la inauguración del Museo de la Memoria y los Derechos Humanos (2010) que escenifica la culminación institucional de la narrativa de la memoria oficializada por la transición chilena" (9). Para ella, la transición fue "una alianza formada entre lo político- institucional (redemocratización) y lo económico-social (neoliberalismo) que remodeló el campo de discursos y prácticas de la sociedad chilena en función de ciertas guías de ordenamiento del pasado destinadas a tranquilizar la memoria convulsiva del golpe militar del 11 de septiembre de 1973 y a suturar las brechas de un tiempo de duros enfrentamientos" (31).

Justamente, esta batalla cultural es la que libra Calderón cuando trabaja en pos de un teatro declaradamente político[30] que tiene como tema central la política de gestión de un sitio de memoria emblemático como es Villa Grimaldi y que, además, no se presenta en salas de teatro sino en ex centros de detención y tortura. Su propuesta se rebelaba, en primer lugar, contra la idea de que ésta se hubiera convertido en un "Parque de la Paz cuando allí en realidad sucedieron cosas terribles, para muchos es desconocer y borrar la realidad" (s/a *El Martutino*). Y agregaba:

> el pasado se recuerda y se escribe. Cada vez que se recuerda se está volviendo a escribir esa memoria. Por lo tanto, las diversas memorias son distintas, aunque con el tiempo se impone socialmente un relato hegemónico. Ese relato es lo que se disputa. […] Yo elijo recordarla así, y eso crea una memoria particular, y al mismo tiempo crea una idea de memoria que está entre la ficción y la realidad (González, 2013: 12).

En ese cruce entre realidad y ficción—la realidadficción de Ludmer (2007)—*Villa* pone en escena el problema de la gestión de la memoria traumática colectiva y lo que se debe hacer con los ex centros de detención y tortura al momento de reconvertirlos en espacios de denuncia de las violaciones a los derechos humanos. *Villa* es la primera obra de un díptico en el que se ponen en escena consecutivamente sus dos propuestas en el mismo espacio escénico. Las tres actrices que la protagonizan, personifican a coro, en *Discurso*, a la Presidenta Bachelet mientras da el discurso de despedida al finalizar su primer mandato. La relación entre *Villa* y *Discurso*[31] es sutil, pero

---

[30] Calderón se refiere con nostalgia al valor político que el teatro tuvo en Dictadura y justifica su opción artística combatiente: "A mí me gusta contarme la siguiente historia: Creo que el teatro que te describí muy esquemáticamente pierde su agudeza y filo ideológico ya que, si bien dijo claramente lo que tenía que decir, después se convirtió en tendencia teatral y, de cierta forma, la densidad semiótica de sus obras se 'comodificó'. Este teatro se convierte con el tiempo en una especie de fórmula cada vez más hermética y desconectada de lo político. Es por esto que para mí ha sido importante desarrollar un teatro más explícito en términos de discurso político" (en Forttes, 2010: 59).

[31] *Discurso* es descrita así en un artículo del periódico inglés *The Guardian*: "The second play, a dramatized tone-poem, is an imagined farewell speech from Chile's first female president, Michelle Bachelet, who stepped down from office in 2010. A torture survivor herself, Bachelet's speech says all the things politicians' speeches

importante: Michelle Bachelet estuvo secuestrada con su madre en Villa Grimaldi, algo por todos sabido, pero que ella no abordó públicamente hasta una entrevista televisada en el 2014, a cuarenta años del Golpe Militar.

En *Villa*, la directiva del Parque por la Paz Villa Grimaldi, sitio de memoria que ocupa lo que fuera el Cuartel Terranova, ha recibido una donación millonaria para refaccionar el lugar, y las protagonistas deben decidir qué se hará con el dinero. Así, discuten las distintas alternativas de remodelación, que van desde la reconstrucción fidedigna del lugar del horror pasando por un aséptico museo hipermoderno—clara alusión al recién inaugurado Museo de la Memoria y los Derechos Humanos—el mismo Parque por la Paz que existe hoy y dos alternativas que intentan borrar el pasado: instalar una cancha de fútbol donde cada quien se imagine lo que quiera o restaurar la casa solariega que se alzaba allí antes de la Dictadura. Si bien la anécdota da pie para debatir sobre cuál sería la forma más adecuada de ilustrar el pasado traumático y el efecto que cada opción tendría en los visitantes, en un plano más profundo *Villa* habla de la imposibilidad de borrar ese pasado traumático que nos ha parido y determina nuestro presente: no es casualidad que, en un verdadero golpe de teatro, hacia el final resulte que

---

never seem to: the gap between expectation and reality, what she hoped to do and what she achieved. She's played by the women from the first play – survivors who, like Bachelet, are struggling to make a new Chile, and not always succeeding" (Gardner: s/p). Es importante destacar lo explícito de la cita respecto de la condición de víctima de violencia de estado de Bachelet, porque ella recién se refirió a ello explícitamente en un programa emitido por la televisión abierta chilena en el 2014, cuando se refirió a su detención en Villa Grimaldi (TVN, 14 de noviembre). A pesar de que se dice que Calderón sostuvo una larga conversación con la Presidenta antes de escribir la obra, él nunca lo ha ratificado, aunque sí ha destacado su historia personal y el papel que ha ocupado en la construcción de la memoria postdictatorial: "Su padre, Alberto Bachelet (general de la Fuerza Aérea), fue interrogado en la Academia de Guerra, acusado de traición y torturado. (Integró el gabinete del ex presidente Salvador Allende, muerto en el bombardeo de 1973 al palacio presidencial de La Moneda). Este militar murió en prisión de un ataque al corazón, gatillado, probablemente, por la tortura. Ella y su madre (Angela Jeria) estuvieron detenidas durante un par de semanas en Villa Grimaldi. Bachelet sufrió, pero nunca convirtió eso en el centro de su historia como presidenta. Cumplió, ordenando construir un gran Museo de la Memoria, en Santiago" (en Cabrera, 2011: s/p). Y Calderón agrega: "¿Se dicen cosas que Michelle Bachelet nunca diría? Ese discurso no lo diría hoy, ni lo diría de esta forma. Es lo que a mí me hubiera gustado que dijera, una proyección mía. Se habla de su vida y de la tortura en Villa Grimaldi, aunque ella nunca habló de eso. Yo la fuerzo a hablar de la tortura, lo cual es muy conflictivo, pero para mí era necesario" (en Valdez, 2010: s/p, las negritas son mías). Desde el año 2014, en Chile sólo se hacen funciones de *Villa*.

las tres mujeres a las que se les ha encargado definir el destino de la Villa hayan sido concebidas en el Cuartel Terranova cuando sus respectivas madres fueron sometidas a tortura y violadas.

Y así como en *Los que van quedando en el camino*, la Ley, que ocupa un lugar fundamental en escena pues los personajes hablan constantemente de aquello que el poder legislativo les ha otorgado y que sus patrones no han reconocido como un derecho, se materializa en la Cámara de Diputados que contiene espectáculo y espectadores, el acontecimiento teatral en pleno; en *Villa*, una maqueta a escala de la casa solariega[32] ocupa el centro del escenario. La importancia de este elemento no está dada tan sólo por sus posibilidades visuales, sino porque la obra toda se refiere al predio que ésta representa, como lo marca el título mismo, que vemos durante toda la representación en la placa que cuelga del escritorio sobre el cual se encuentra la maqueta. Sin embargo, durante la performance, la maqueta funciona como una figura muda: las actrices nunca se refieren a ella, ni tampoco la señalan. De cierta manera, los espectadores la vemos como algo sobrepuesto al acontecer escénico, porque, a pesar de estar en el mismo espacio performativo, opera en otro registro.

Asimismo, la maqueta innombrada por los personajes, es magnificada por el contexto espacial en que ocurre la obra. En enero del 2010, con ocasión de su estreno en el marco del Festival Teatro a Mil, la obra se presentó en Londres 38, en la Casa de José Domingo Cañas y en el Parque por la Paz Villa Grimaldi, todos ex centros de detención y tortura reconvertidos. Posteriormente, volvió a representarse en esos mismos lugares y también en el Museo de la Memoria y los Derechos Humanos en Santiago, entrando en un circuito que ya no quedaba restringido a los sitios de memoria para presentarse también en teatros y en otros espacios no tradicionales tanto a nivel nacional como internacional.

En el caso de las funciones en los ex centros de detención y tortura, los efectos resultan muy variados según sea el caso. A diferencia de la situación de espejo e inmersión que se produce en el Parque por la Paz, las presentaciones en Londres 38 son más opresivas, pues la obra se da en una de las piezas destinadas a la tortura donde caben muy pocos espectadores, los cuales están sentados en graderías y en una relación de mucha proximidad

---

[32] La realización de la maqueta fue encargada a Alejandra Serey, arquitecta y Doctora © en Estudios Teatrales, Université Sorbonne - 3.

con las actrices.³³ En cuanto a la Casa de José Domingo Cañas, la situación cambia porque allí no se conservó nada de la estructura original del inmueble y las funciones se hacen en el patio trasero del proyecto memorial habilitado como escenario. En este caso, la relación con la historia es menos evidente tanto por la situación actual de la casa como por la interferencia de los ruidos propios de la ciudad que, si bien refuerzan la idea de que las violaciones a los derechos humanos ocurrieron a vista y paciencia de todos, en las casas de los vecinos, también distraen y producen cierto distanciamiento.

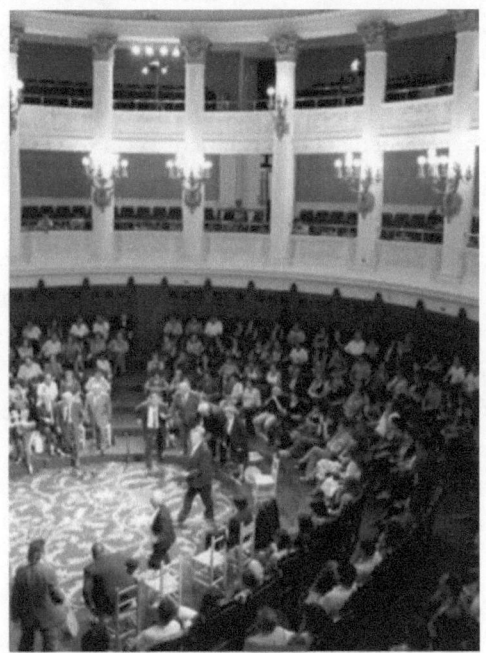

Imagen 2. *Villa + Discurso* Guillermo Calderón, (2011)
Foto: gentileza de Guillermo Calderón

Pero todo se magnifica cuando la obra se presenta en el Parque por la Paz Villa Grimaldi. La primera vez que se montó allí, el escenario estaba

---

³³ Para una mejor comprensión de la situación espacial, ver el vídeo Teatro en Londres 38: Villa + Discurso,
http://www.youtube.com/watch?v=20H45HqMdiE

colocado sobre el eje que se forma entre la entrada al Parque y el Muro de los Nombres; en su segunda temporada, las funciones se hicieron en la Velaria, una carpa instalada en el Parque donde se realizan las actividades culturales. Cuando *Villa* se muestra en la Villa, se produce el mismo efecto multiplicador de un espejo que se refleja en otro. Uno ve la maqueta del Cuartel Terranova al centro del escenario y, al mismo tiempo, se encuentra en el mismo recinto que lo circundaba, en sus jardines; lo que se ve amplificado, además, por todas las referencias que, durante toda la función, aluden a la historia del Parque por la Paz –historia documentada acuciosamente por Calderón, tal como Isidora Aguirre documentó la matanza de Ranquil para *Los que van quedando en el camino*. En este sentido, la obra se extiende más allá del espacio, tiempo y fábula para pasar a través de los espectadores hasta los límites mismos del Parque, produciéndose una relación de heterorreferencia inmediata y permanente con todos los elementos materiales e inmateriales que se encuentran hoy en el complejo dispositivo memorial que conocemos como Parque por la Paz Villa Grimaldi.

Además de la referencia a la arquitectura que es movilizada, evidentemente, por la utilización de una maqueta, la obra menciona reiteradamente el uso de la fotografía. El efecto que esto produce se veía amplificado en la función que me tocó presenciar en el Parque por la Paz, porque, esa vez, unas gigantografías de las fotos de carné de los detenidos desaparecidos estaban colocadas en la parte posterior del espacio reservado para los espectadores, de modo que uno las veía al entrar y al salir; y, a su vez, uno era observado por ellas, desde atrás, durante toda la performance[34].

---

[34] Esta referencia a la fotografía es explícita en *Villa*: "Tercer piso. Una sala llena de fotos. Muchas fotos. Fotos, fotos, fotos. Muchas caras. Que harto pelo. Que harta felicidad. ¿Qué pasó con todo ese pelo? Se lo llevó el viento. Fue lo que el viento se llevó. Y más fotos. Fotos, fotos, fotos. Foto de graduación. Foto de fiesta. Foto carné. Foto en la playa con amigas. Foto no me miren. Foto no me gustan las fotos porque salgo fea. Foto con pañuelo en la cabeza. Foto con ropa que alguna vez tuvo olorcito. Foto peinada para el lado. Vestido prestado Juventud colérica. Ya. Clic. Flash. Ya. Saliste linda. Esta foto es para que no me olvides. Pero no sabían. Los detenidos. No sabían que un día iban a pasar por la villa de la muerte. Y que esas fotos iban a terminar siendo fotos de museo. Y que esas fotos felices ahora son súper deprimentes. Me alegro porque alguna vez viviste. Pero pucha. Te quedaste suspendida tan joven. Dejaste de crecer. Tenías bonito pelo" (Calderón, 2012: 30-31).

Perspectivas políticas de la escena latinoamericana

La realidadficción en el espacio público

De esta manera, tanto en *Los que van quedando en el camino* como en *Villa*, Calderón logra ubicar al público entre la ficción y la realidad. Esto ocurre porque es muy difícil distinguir en la obra misma lo que es ficcionalización de lo que es documento en tanto el tratamiento dramático se instala en esa realidadficción (Ludmer, 2007) y borra las distinciones entre ambas. Además, la disposición espacial ubica al espectador entre el objeto de su mirada—el teatro, la ficción—y el lugar donde ocurrieron los hechos—la Cámara de Diputados y la Villa Grimaldi—el entorno real que ahora lo subsume.

A través de esta estrategia de desautonomización del arte (García Canclini, 2007), que consiste en la reubicación de la puesta en escena en el contexto de lo social, Calderón ha logrado establecer una solución de continuidad entre teatro y vida política. No se trata solamente de emplazar la obra en un espacio otro para un mayor efecto dramático, sino de devolverle su efectividad al teatro derribando las fronteras de la autonomía del arte y obligando al espectador a reconectarse con la experiencia y los afectos. De allí que la clave esté en esa relación difusa pero cierta entre ficción y realidad, donde la referencialidad tiende un puente con el mundo más allá del escenario y la ficcionalización confiere verosimilitud, unidad y coherencia al relato que sostiene el espectáculo.

Además de esta apuesta por la realidadficción que acabo de proponer, creo que la circulación de *Villa* por los sitios de memoria cumple una función en sí misma. A pesar de que Villa Grimaldi fue el primer centro de exterminio recuperado por la sociedad civil en América Latina, la recuperación de otros sitios e incluso su mero señalamiento en Chile ha sido muy pobre. Si se piensa que en el territorio nacional se contaron más de 1000 lugares donde se detuvo y torturó, la cifra es muy magra. Además, si pensamos que muchos de estos lugares corresponden a dependencias de las fuerzas armadas donde aún hoy se siguen utilizando prácticas represivas heredadas de la dictadura contra la ciudadanía civil —estoy pensando en particular en la policía aquí-, estamos frente a todo un sistema represivo muy bien organizado. Las cruentas descripciones que se han hecho sobre la industria de la desaparición—que incluyó eviscerar a las víctimas, cortar rieles de tren en un proceso que toma horas, lanzamiento al mar, enterramientos, traslados de cadáveres, etc.—apuntan en este mismo sentido. En este contexto, la circulación por los ex centros de detención y tortura, y el Museo de la Memoria y los Derechos Humanos de una obra que problematiza precisamente la gestión de la memoria traumática restablece el circuito del funcionamiento de la violencia política. Este gesto se opondría a la voluntad transicional de entender dicha violencia según la lógica de la discontinuidad o los hitos, donde cada centro de detención aparece como una anomalía. Por el contrario, la lógica del desplazamiento por distintos lugares de tortura—algo que se ve en los testimonios de las víctimas que sufrieron detenciones sucesivas—da cuenta de una estructura en espiral, que vuelve evidente la organización expandida y sistémica de la represión.

Finalmente, creo que hay un último punto que señalar. Todos conocemos la importancia de los lugares donde los desaparecidos fueron vistos por última vez, lugares que muchas veces se erigen como testigos mudos. Se vuelve a ellos como si dichos lugares cautelaran un secreto y su revisitación fuera a resolver ese estado de suspenso insalvable que es la desaparición de un familiar. Los lugares con un pasado traumático—si me permiten la personificación—están condenados al silencio y aún así, su recuperación supone, muchas veces, que el lugar de memoria podría ser elocuente por sí mismo. Sin embargo la verdad es que siempre se necesita de un relato que organice lo que allí ocurrió. Gran parte de dichos relatos se resuelven por la vía del testimonio y la información; cuando lo que se requeriría para darles cierta inteligibilidad es la lógica de la experiencia o del conocimiento encorporizado, que es precisamente lo que propone el teatro.[35] En este sentido, la operación que realiza Calderón cuando sitúa sus obras tanto en el Congreso Nacional como en el Parque por la Paz Villa Grimaldi lo que hace es dotar a dichos lugares de un relato, generando un acontecimiento teatral que no ocurre en el espacio intersticial entre actores y espectadores, sino que contiene a los espectadores al interior de un lugar cuya historicidad, traumática en estos casos, es construida a través del entramado de ficción y realidad que permite pasar del tópico de la denuncia al tópico de la experiencia.

---

[35] Cfr. el artículo de Mauricio Barría Jara en este mismo volumen.

Bibliografía

Aguirre, Isidora. *Antología esencial.* Santiago: Frontera Sur, 2007.

---. *Los que van quedando en el camino.* Santiago: s/e, 1970.

Aguirre, Isidora y Andrea Jeftanovic. *Conversaciones con Isidora Aguirre.* Santiago: Frontera Sur, 2009.

Angenot, Marc. "La crítica del discurso social: a propósito de una orientación en investigación". En: *Interdiscursividades de hegemonías y disidencias.* Córdoba, Argentina: Universidad Nacional de Córdoba, 1999. 17-27.

Barthes, Roland. "El efecto de realidad" y "La escritura del suceso". En: *El susurro del lenguaje.* Barcelona: Paidós, 1984. 179-195.

Cabrera, Hilda. "El chileno Guillermo Calderón presentará Villa + Discurso en el Parque de la Memoria". *Página 12.* Buenos Aires (1 de octubre de 2011). Disponible en:
<http://www.pagina12.com.ar/diario/suplementos/espectaculos/5-23048-2011-10-01.html>.

Calderón, Guillermo: *Teatro II. Villa – Discurso – Beben.* Santiago de Chile: Lom, 2012.

Contreras Lorenzini, María José. "El pasado por venir: Preguntas para el próximo Bicentenario Teatral". *Apuntes de Teatro* N° 131 (2009): 5-11.

Forttes, Catalina. "Guillermo Calderón en conversación: Chile como nación puede acabarse". *Mester* V 39 (1) (2010): 57-66. Disponible en: <http://www.escholarship.org/uc/item/22x9x219#page-1>.

García Canclini, Nestor, "Arte y fronteras: De la transgresión a la postautonomía". *E-Misférica*, 7.1 (2010). Disponible en:
<http://hemisphericinstitute.org/hemi/fr/e-misferica-71/garcia-canclini>.

Gardner, Lyn. "Villa + Discurso. Edinburgh festival review". *The Guardian.* Londres (21 de agosto del 2012). Disponible en:
<http://www.theguardian.com/culture/2012/aug/21/villa-discurso-edinburgh-theatre-review>.

González, Daniela. "Guillermo Calderón. El dramaturgo". *PAT Al Rescate.* Invierno 2013, n°56, pp. 10-13. Disponible en: http://revistapat.cl/607/articles-4466_pdf_1.pdf.

Gutiérrez, Pía. "Nota sobre *Los que van quedando en el camino* de Isidora Aguirre y su montaje en enero del 2010". *Anales de Literatura Chilena*, N° 17 (2012): 257-268.

Halfon, Mercedes. "Sobre tablas". *Página 12 – RADAR*. Buenos Aires (18 de septiembre del 2011). Disponible en:
<http://www.pagina12.com.ar/diario/suplementos/radar/9-7346-2011-09-19.html>.

Hurtado, María de la Luz. "Imponiendo derrotas a triunfos del pasado: corporizaciones de la memoria y el olvido en *Los que van quedando en el camino* de Guillermo Calderón 2010". *Latin American Theatre Review*, V. 48, Number 2 (2015): 7-33.

Ibacache, Javier y Soledad Lagos (eds). "Sesión 11. *Los que van quedando en el camino* y *Topografía de un desnudo*". En: *Escuela de Espectadores*. Santiago: Minera Escondida, 2010. 151-162

Lorusso, Anna Maria. "Between Reality and Truth: New Forms of Testimony in Contemporary Autobiographies". En: Cristina Demaria y Macdonald Daly. *The Genres of Post-Conflict Testimonies*. Nottingham: Critical, Cultural and Communication Press, 2009. 181-198.

Ludmer, Josefina. "Literaturas postautónomas". En: *Ciberletras*, vol. 17 (2007) Disponible en:
<http://www.lehman.edu/faculty/guinazu/ciberletras/v17/ludmer.htm>.

Piña, Juan Andrés. "Verbalidad, política y poesía en el teatro de Guillermo Calderón". *Estudios Públicos*. 137 (verano 2015): 165-182.

Reinelt, Janelle. "The Promise of Documentary". En: Forsyth, Alison y Chris Megson (eds.). *Get Real, Documentary Theater Past and Present*. London: Palgrave Macmillan, 2009. 6-24.

Richard, Nelly. *Crítica de la memoria (1990-2010)*. Santiago de Chile: Ediciones Universidad Diego Portales, 2010.

S/A. " 'Villa + Discurso' de Guillermo Calderón en la Sala UPLA". *El Martutino*. Viña del Mar (18 de abril del 2011). Disponible en:
<http://www.elmartutino.cl/noticia/cultura/villa-discurso-de-guillermo-calderon-en-la-sala-upla>.

S/A. " 'Lo [sic] que va quedando en el camino'. Impactó la obra de Isidora Aguirre". *La Patria*. Concepción (31 de agosto de 1968). S/p.

Valdez, Rocío. "Villa + Discurso: la obra en que Guillermo Calderón indaga en la tortura". *Diario La Tercera* (10 de octubre del 2010). Disponible en:

<http://diario.latercera.com/2010/12/08/01/contenido/cultura-entretencion/30-52555-9-villadiscurso-la-obra-en-que-guillermo-calderon-indaga-en-la-tortura.shtml>

Perspectivas políticas de la escena latinoamericana

Performar un dolor que no lastima

Ezequiel Lozano
CONICET-UBA

La problemática de género en el teatro producido en Latinoamérica es puesta en tensión por Analola Santana en su artículo "Los circuitos de la invisibilidad. Performance, violencia y sexualidad", en tanto que pareciera proponer respuestas a una pregunta muy candente: ¿qué estrategias poéticas actuales siguen invitando a cuestionar nuestras precariedades (y, en otros casos, privilegios) de género?

La autora propone una comparación entre experiencias concretadas en dos países distantes. Se trata de dos objetos de estudio fuertemente característicos de la permeabilidad fronteriza de las teatralidades en Hispanoamérica. Por una parte, *Corpos. Migraciones en la oscuridad* (2011), en la cual sus creadoras, Violeta Luna, Mariana González Roberts y Rocío Solís, portan las marcas identitarias de sus países de origen (México, Argentina y España) para pensar, además de las migraciones, tópico que organiza discursivamente la propuesta (ya presente en el subtítulo del artículo), la trata de mujeres y niñas para placer sexual. Por otro lado, la performance de la guatemalteca Regina José Galindo, *Piedra*, presentada en San Pablo, Brasil, pretende dar cuenta de la historia de violencia que ha sido grabada sobre los cuerpos de las mujeres, a través del *body art*. Aunque distantes, sendas propuestas artísticas, están enmarcadas en una misma cultura global o mejor, específicamente occidental, adepta a la proximidad del dolor sin riesgos.

En su libro *Teatro y cultura de masas: encuentros y debates*, Analola Santana reflexiona sobre el alcance político y estético de las políticas neoliberales en el teatro, mediante un estudio de los vínculos entre los códigos establecidos por la cultura de masas y los discursos teatrales. De algún modo en *Los circuitos de la invisibilidad. Performance, violencia y sexualidad* se recorre también dicha cuestión, desde una óptica feminista. Flotan preguntas que movilizan. ¿Cómo representar desde el arte a las víctimas sin re-victimizar? ¿Qué posición política se le otorga a las y los espectadores? ¿testigos/as? ¿voyeurs? ¿cómplices? *Corpos*... y *Piedra* dan su propia respuesta; antes que representar historias particulares, las dos construyen imágenes poéticas que pretenden resonar en los cuerpos de quienes participan de esas acciones, mediante un pacto de expectación característico del *body art* y la performance, permitiendo seguir preguntándonos por cuestiones muy contemporáneas que el feminismo viene señalando categóricamente hace mucho tiempo. Santana ensaya, también, una lectura inteligente al respecto: aporta una reflexión política de estas imágenes y reivindica la fuga desde las representaciones dominantes de los cuerpos de las mujeres, o sea, desde la violencia que estas representaciones operan en los cuerpos desde hace mucho tiempo.

Los circuitos de la invisibilidad. Performance, violencia y sexualidad[36]

Analola Santana
Dartmouth College

El cuerpo es un depósito de metáforas y en su economía con el mundo, sus límites, fragilidad y destrucción, sirve para dramatizar el texto social. Olivier Mongin, en su importante estudio sobre cine y contemporaneidad, señala cómo nuestra sociedad moderna funciona a partir de una "economía de las imágenes de violencia" (141), en la que cada individuo "contempla una violencia imaginada en un laboratorio, una violencia *in vitro* que no le concierne" (143). Este posicionamiento, que está en diálogo con las nociones de Sontag en torno a la fotografía de guerra (*Ante el dolor de los demás*), se refiere al consumo mediático de imágenes compuestas a partir del sufrimiento del Otro. La imagen consumida puede causar dolor y a veces incluso se logra la compasión. Pero si nos ajustamos a la economía de mercado que permite que aquellos espectadores demasiado sensibles ante los fenómenos de la violencia tengan la posibilidad de no tener que lidiar con esto *de cerca*, el consumo del dolor es un conveniente mecanismo de defensa. Sontag advierte: estamos "adeptos a la proximidad sin riesgos" (128).

Dentro de la economía de la representación, el cuerpo violentado tiene un lugar complicado y privilegiado a la vez. Esta complejidad permite que el espectador sienta perturbación y sensibilidad ante estas imágenes, pero *a la distancia*, pues provienen de la situación ambigua del cuerpo como entidad vulnerable y merecedora de atención especial. Sin embargo, esta idea también se rige a partir de las ambivalencias que vivimos con respecto a la comprensión contemporánea del cuerpo. Por un lado, el cuerpo ha adquirido ahora, más que nunca, un estatus de protección universal —en gran

---

[36] Esta ponencia es una primera versión del artículo "Circuits of Invisibility: Performance, Violence, and Sexuality" *Lateral* 5.2 (2016). http://csalateral.org/archive/issue/5-2/

parte debido a la declaración del derecho fundamental de la integridad personal– por otro lado, tal como lo expresa Butler en relación con la Guerra contra el Terrorismo,

> algunas vidas son dignas del duelo, y otras no; la asignación diferencial del duelo que decide cuáles sujetos son y deben ser lamentados, y qué tipo de sujeto no, opera para producir y mantener ciertas concepciones excluyentes en torno a quién es considerado normativamente un ser humano: a qué se le debe considerar una vida merecedora de ser vivida y una muerte merecedora del duelo? (46).

Esta ambivalente dicotomía en la que el cuerpo está legalmente protegido, pero en la que ciertos cuerpos siguen siendo violados de manera consistente y sistemática, sin duda condiciona la generación y recepción de textos a partir del consumo de imágenes de violencia.

Aquello que determina el valor de un cuerpo se convierte en la base fundamental de las dos performances a los que se refiere este ensayo. *Corpos. Migraciones en la oscuridad*, se enfrenta a esta pregunta como pieza de performance / instalación basada en un aspecto particular del cuerpo violentado y abusado: la trata de personas. En concreto, la trata de mujeres y niñas para placer sexual. Se trata de una co-producción de Violeta Luna (México), Mariana González Roberts (Argentina) y Rocío Solís (España). Las artistas presentaron esta pieza por primera vez en el Festival de Teatro de Cádiz, España, en el año 2011 y desde entonces se ha montado en varios países del mundo. , de Regina José Galindo, *performer* de Guatemala, presentó esta pieza por primera vez en el 2013 en São Paulo dentro del marco del *Encuentro Hemisférico de Performance y Política*. Me interesa comenzar con la pieza de Galindo, pues nos lleva a una reflexión más abstracta del tema, mientras que *Corpos* nos permite enfrentarnos a una violencia específica y tangible.

Piedra

En la performance de Galindo, el cuerpo de la artista permanece inmóvil, cubierto de carbón, como piedra. Dos voluntarios y alguien del público orinan sobre su cuerpo (Imagen 1). Estas acciones parten de su poética en cuanto al sufrir y la violencia sobre el cuerpo femenino. Dice

Perspectivas políticas de la escena latinoamericana

Galindo en uno de sus poemas que componen la documentación y explicación de este performance:

> Soy una piedra
> no siento los golpes
> la humillación
> las miradas lascivas
> los cuerpos sobre el mío
> el odio.
> Soy una piedra
> en mí
> la historia del mundo (Galindo).

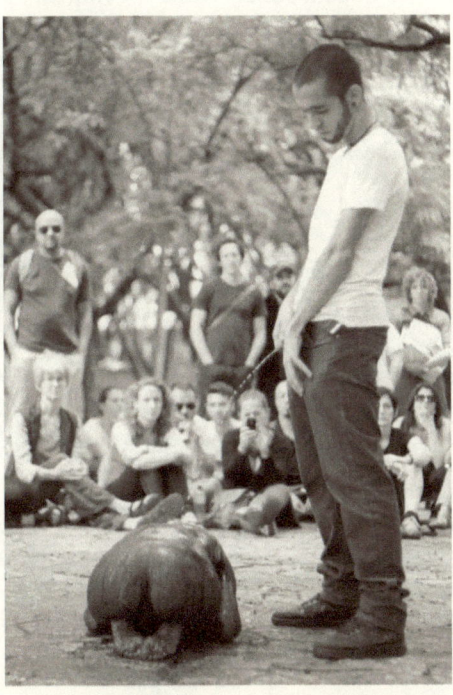

Imagen 1. *Piedra.* Archivo de Regina José Galindo.
Foto: Julio Pantoja

Y es a partir de estas metáforas que Galindo produce una performance sumamente literal, a pesar de su abstracción estética, sobre la violencia y el dolor, la humillación y la explotación (Imagen 2). El propósito de Galindo es bastante obvio, como ya ha explicado ella misma al hablar sobre esta pieza:

> Sobre el cuerpo de las mujeres latinoamericanas ha quedado inscrita la historia de la humanidad. Sobre sus cuerpos conquistados, marcados, esclavizados, objetualizados, explotados y torturados pueden leerse las nefastas historias de lucha y poder que conforman nuestro pasado. Cuerpos frágiles solamente en apariencia. Es el cuerpo de la mujer que ha sobrevivido la conquista y esclavitud. Que como piedra ha guardado el odio y el rencor en su memoria para transformarlo en energía y vida (Galindo).

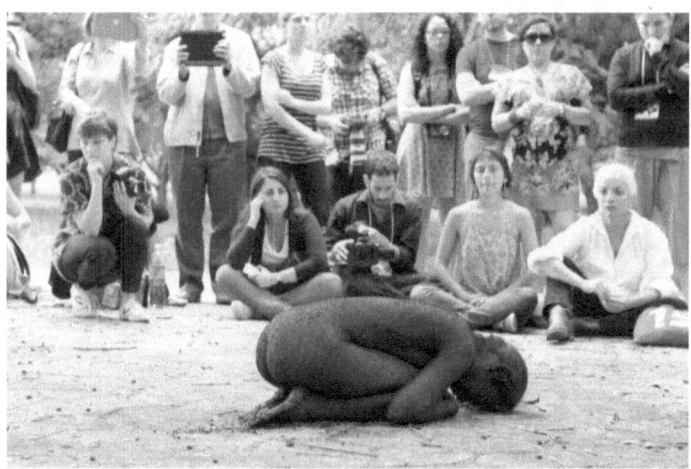

Imagen 2. *Piedra.* Archivo Regina José Galindo.
Foto: Julio Pantoja

Radical practicante de *body art*, Galindo utiliza su propio cuerpo como herramienta de acción social. Ella misma describe su trabajo como una forma de construir un "puente humano" entre personas y lugares, permitiendo un entendimiento más empático del poder, la vida y la muerte. Esta performance establece esa conciencia de una manera simple pero muy poderosa. Al comienzo, una delgada y pequeña mujer cubierta de carbón negro se acerca a un patio sombreado, en el caso de la performance en Brasil, y se acurruca como un bulto sobre el duro suelo. Mientras ella se agacha y redondea su espalda, con las rodillas y los codos abrazados contra sus costillas, un asistente termina de cubrir con carbón el último pedazo de piel visible: las plantas de sus pies. Ahora, totalmente cubierto de carbón, el cuerpo de la artista queda inmóvil, con la cara enterrada en la palma de sus manos. El cuerpo no se mueve, y diez minutos después, un hombre que forma parte del grupo de personas que se han acumulado alrededor de la artista, se desprende y camina hacia ella. Baja el cierre de sus pantalones, saca su pene, y procede a orinar sobre ese cuerpo inmóvil y negro.

Obviamente es una imagen muy fuerte: el chorro de orina va creando riachuelos por el carbón pegado a la piel de Galindo, escurriéndose hacia abajo, hacia su cara hundida y goteando de sus dedos. Es una experiencia del dolor fundamental, pues como afirma Veena Das, "el dolor es el medio a través del cual la sociedad establece su propiedad sobre los individuos" (35). Así, *Piedra* se conecta con el espectador a partir de una relación voyeurista en torno al evento. Somos testigos del dolor y sufrimiento de la artista. Sin embargo, las exigencias temporales de la performance en sí nos hacen conscientes de la complicada opción que tenemos al permanecer presentes durante la pieza: quedarse implica aguantar, de cierta manera, "junto con" Galindo. Esto nos obliga a enfrentarnos al dolor ajeno en directo, a pensar en otro. Como indica Ileana Diéguez, "si pensamos y reflexionamos desde el dolor sin ser víctimas directas, quizás estemos dando cuenta de que en las condiciones actuales se intensifica la imposibilidad de pensarnos o imaginarnos separados de las víctimas" (s/p). Es decir, no podemos optar fácilmente entre identificarnos o distanciarnos, y esta ambivalencia produce el efecto crítico.

Pasan diez minutos más y la artista sigue perfectamente inmóvil. Un segundo hombre camina desde la audiencia hacia su cuerpo y orina sobre ella. La clara despreocupación con la cual estos "actores" orinan sobre su cuerpo apunta a una apatía generalizada en torno a la seguridad y el cuidado del cuerpo de la mujer, lo cual es una de las mayores preocupaciones en la obra de Galindo. *Piedra* metaforiza el cuerpo de la mujer como una piedra pues ambos son objetos acondicionados para soportar acciones violentas. La facilidad con la que un hombre, tanto dentro como fuera de la performance, puede contaminar el cuerpo femenino con un acto aparentemente superficial, como vaciar su vejiga, es paralelo a la violencia cotidiana que se vive contra el cuerpo de la mujer. Esta violencia, que es particularmente frecuente en Guatemala, el país natal de Galindo, recalca la naturalización inconsciente de acciones cotidianas que impulsan una violencia estructural, repetitiva. Así, esta mujer-piedra es a la vez una estructura antigua y aparentemente natural. Además, se presenta como un objeto inherentemente explotable. Su cuerpo se convierte en un emblema de la desechabilidad, pues tiene tan poco uso como una piedra en el camino. Es decir, una disponibilidad equivalente a lo prescindible. En el caso de la presentación de *Piedra* en Brasil, estos cuerpos desechables también incluyen a las trabajadoras de la enorme industria de minería de carbón en Brasil, el mayor recurso energético no renovable del país y la principal causa de la contaminación del agua y la tierra. *Piedra*, por medio de una simple y conmovedora acción, logra capturar una crisis local y global: los efectos perjudiciales de la minería del carbón en el medio ambiente, la difícil situación de las trabajadoras explotadas, y la violencia estructural generalizada contra las mujeres que la explotación económica perpetúa.

Galindo dice que la historia de la violencia ha sido grabada sobre los cuerpos de las mujeres. La acción de los hombres orinando sobre el cuerpo femenino la alinea con la naturaleza y a los cuerpos de los hombres con los procesos de violencia y explotación. Pero diez minutos después de que el segundo hombre orinara sobre ella, una tercera figura da un paso adelante. Esta vez se trata de una mujer que se acerca a la artista, planta sus piernas a cada lado del cuerpo-piedra y orina. La participación de una mujer recompone el argumento en torno a un cuerpo masculino que perpetra una violencia inconsciente sobre la mujer y a la vez implica que las mujeres también son cómplices de una violencia intra-sexual. Con la inclusión de una mujer, la crítica de Galindo se pliega sobre sí misma para cuestionar las maneras en las cuales las mujeres mismas promulgan la violencia sobre los cuerpos de otras mujeres.

Después de una pausa, Galindo lentamente se levanta y pasa junto a la audiencia que la rodea. La mayoría de los espectadores observan su partida y miran la estela que deja la orina. Tanto las mujeres como la piedra poseen una capacidad compartida para asumir los abusos de su entorno y sobrevivir a un desgaste continuo. *Piedra* de Galindo, cuidadosamente, se relaciona a imágenes de mujeres que sufren de un abuso abyecto con el propósito de criticar los vectores de poder entre la víctima y el victimario, además de recalcar la durabilidad del cuerpo femenino y su espíritu.

Corpos. Migraciones en la oscuridad

Este pacto entre artista y espectador también es fundamental en *Corpos. Migraciones en la oscuridad*. La performance de Luna, González y Solís se compone de una serie de galerías en las que se representan diferentes aspectos del negocio de la trata sexual y sus consecuencias monetarias, personales, emocionales y psicológicas. Es una mezcla de performance, arte-acción, intervención sonora e instalación que permite al espectador entrar en la disyuntiva ética que promueve el consumo de la sexualidad. La sencillez en la construcción posibilita a las artistas evocar una doble subjetividad en el espectador que provoca una ambivalencia similar a lo que sucede en la acción de Galindo. En un principio, cuando los espectadores estamos en la cola para entrar al espacio de la instalación, se nos estampa en alguna parte del cuerpo la palabra *Corpos*.

Al entrar en la primera sala, "Junta General de Accionistas", se nos pide tomar asiento y se nos informa de nuestro papel como accionistas de la empresa Corpos, una de las más exitosas del mundo. Como miembro del público, uno queda enmarcado dentro de esta primera habitación, pues se nos revela que esto se trata de una reunión de accionistas de la que todos formamos parte. A partir de entonces, y a lo largo del recorrido por las diferentes salas, quedamos marcados por el hecho de que habitamos estos espacios como accionistas de esta empresa (Imagen 3). Así, el objetivo queda claro: como artistas de performance y activistas, las artistas utilizan este espacio para establecer un diálogo con las prácticas violentas que trágicamente conectan a diferentes cuerpos a nivel mundial dentro de una red de intercambio económico. Como ya ha dicho Saskia Sassen, a propósito de los "circuitos de supervivencia": "[l]a prostitución y la mano de obra migrante son maneras cada vez más populares para ganarse la vida; el tráfico ilegal de mujeres y niños para la industria del sexo y de todo tipo de personas para trabajo forzado, es una forma cada vez más popular para obtener ganancias" (xviii). Por lo tanto, es sumamente importante que desde el principio quede clara la información que se imparte en esa primera sala: las ganancias que se producen por medio de la trata de mujeres y lo mucho que la empresa (es decir, nosotros) está creciendo. Así, avanzamos a la segunda galería, donde bebemos vino y brindamos por todo este éxito, mientras nos convertimos en beneficiarios de la explotación sexual.

A medida que paseamos por las habitaciones, las cuales presentan explícitamente diferentes referencias y metáforas en torno a la trata de personas, nos perturba la identidad que voluntariamente hemos aceptado como parte del proceso de suspensión de la realidad. Presenciamos toda la performance a través de este doble discurso, como espectador y accionista. Sin embargo, este doble discurso también nos permite una complicada experiencia acompañada (entre los espectadores) frente al horror de las cosas que estamos viendo y experimentando. Este fue uno de los aspectos más interesantes de la instalación, puesto que aunque los miembros del público reaccionaron de diferentes maneras a lo que todos estábamos viendo, era obvio que también estaban conscientes de la "seguridad" que les permitía el enfrentar estas acciones en grupo. Por ejemplo, en una de las últimas habitaciones de la instalación, somos testigos de la violación de una niña. Hay un par de calzones infantiles en el suelo, un colchón en una esquina, y se escuchan los jadeos de alguna persona que no se ve. La puerta de entrada a este cuarto está trabada y entreabierta, sin embargo, hubo varios casos de espectadores que intentaron empujar la puerta para abrirla y ver qué estaba sucediendo adentro.

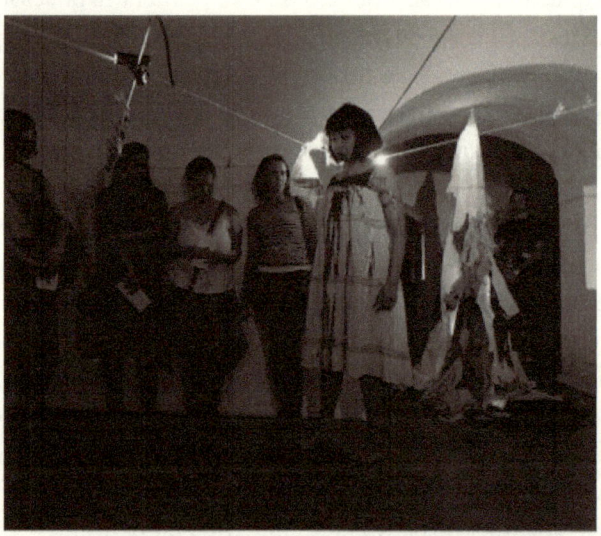

Imagen 3. *Korpos.* Archivo Violeta Luna
Foto: Manuel Fernández

Perspectivas políticas de la escena latinoamericana

Esto no quiere decir que aquellos que trataron de ver más allá de la entrada son simplemente gente pervertida, más bien que sus acciones nos ayudan a comprender las perturbaciones que esta pieza provoca en los espectadores. Es decir, aquello que experimentamos, dentro del espacio de *Corpos* como acto performativo, empuja al observador a cuestionar la distinción convencional que hacemos entre "víctima" y "agresor", y también entre "observador" y "partícipe", puesto que dentro del marco de la performance estos términos nos obligan a tomar conciencia de nuestras propias responsabilidades; sin embargo, esto no es suficiente para explicar plenamente los efectos que produce este tipo de violencia. Dice Luna:

> Uno de los puntos fundamentales fue ver a esta mujer no como víctima sino como una sobreviviente dentro de un contexto social opresivo. Y que nosotros como espectadores sociales tenemos responsabilidad sobre esto, que cada acción, así como consumir pornografía, o seguir reproduciendo los estereotipos de género, automáticamente nos implica en esto (Santana: 202).

Esta responsabilidad compartida no niega que en ciertos escenarios algunos individuos asuman un papel activo en la perpetuación de la violencia sexual. Tampoco busca hacer caso omiso de las intenciones destructivas, y a menudo incluso mortales, detrás de tales acciones. Al contrario, la performance en sí constituye un esfuerzo importante por situar el horror del tráfico sexual dentro de una red de conflictos, cuya complejidad a veces se pierde en el lenguaje binario de la dominación y la resistencia. Concebir la trata de personas sólo en términos de causa y efecto –y por ende, crear organizaciones en contra de ella en torno al tema de la victimización– es un acto de ignorancia frente al intrincado problema de la trata de personas dentro de un mundo globalizado y moderno.

Las reacciones del público son un aspecto fundamental en la performance y algo que está muy ligado al reconocimiento propio de las artistas, en cuanto a las connotaciones éticas que debían tomar en cuenta al representar este tipo de violencia en un escenario. Luna, Solís y González desde un principio acordaron que lo principal era evitar la victimización de aquellas mujeres cuyas historias se representarían. Así, por medio de la performance, las artistas podrían denunciar estas violaciones del cuerpo y dejar algún rastro de las vidas que desaparecen dentro de los circuitos de tráfico sexual y que son invisibles dentro de la economía de la representación. Su esfuerzo se relaciona estrechamente con lo que Wendy Brown sostiene a través de su concepto de *"wounded attachments"* (lazos lastimados), una noción que sustenta muchas de las reivindicaciones políticas contemporáneas. En ellas se de-historizan radicalmente las experiencias de sufrimiento y daño que, al final, terminan por reproducir el espectáculo de varias comunidades al definirlas exclusivamente a partir de las agresiones y el dolor que han sufrido. Como lo explica Mariana González Roberts:

> desde un principio coincidimos en que no presentaríamos casos puntuales, esas historias que son terribles, la mayoría. Más bien buscamos entender que todas estas mujeres no son esta imagen que tenemos de seres que no tienen historia, que es lo mismo que les pasa a los inmigrantes, cuando dejamos nuestro país nos convertimos en "inmigrantes" nada más, cuando en nuestro país éramos alguien que teníamos una vida, una historia …. Ahora de repente formas parte de un colectivo, es decir, ahora eres un inmigrante, ahora eres víctima de la violencia, ahora eres víctima de la trata (Santana: 215).

Así que, en lugar de historias específicas, *Corpos* evoca una serie de emociones centradas en imágenes poéticas que se niegan a definir a un individuo que está ausente de la representación. Un ejemplo claro es la tercera galería en la instalación, "Paisaje Íntimo". Esta habitación está compuesta de una cama colocada en un ángulo, una mesa con maquillaje y otros artículos desechados, y un pequeño armario con ropa. De cada objeto emana una grabación en voz muy baja que consiste en diferentes testimonios. Estos objetos se convierten en una extensión del cuerpo ausente, los testimonios de aquellos que no están allí. De esta manera, la performance no crea la morbosidad que usualmente acompaña a lo visual. Más bien, propone una serie de sensibilidades e imágenes relacionadas con lo que ocurre dentro de estas horrendas situaciones. Hay una presencia / ausencia de la persona que no aparece aquí, pero esta narración / reclamación a través de objetos interpela la historia de cada sufrimiento en particular. El complejo proceso de ser un testigo, por lo tanto, se problematiza aún más para el espectador al quedar impedido un contacto "directo" con la "víctima". Esta es una cualidad particular de los actos violentos que Patrick Anderson y Jisha Menon tienen en cuenta:

> A pesar del potencial para la empatía facilitado por la fotografía o el video—la sensación de que, después de mirar, de verdad "estuvimos presentes"—la experiencia del sufrimiento es lo que se pierde considerablemente cuando las imágenes de la violencia inundan el ámbito visual, en calidad de sustitutos para un discurso transnacional productivo. La violencia, entonces, adquiere esa enorme importancia dentro de un delicado eje entre lo espectacular y lo encarnado (5).

Así, en este espectáculo no aparece una víctima específica; en cambio nos encontramos con una sutil belleza que muestra una historia de vida muy dolorosa a través de objetos y acciones. La inclusión de la belleza dentro de esta representación adquiere un propósito mayor, ya que carga un gran peso. Las propias artistas coincidieron en que la belleza se convirtió en un elemento crucial que las sustentaba. Explica Solís: "[e]s un elemento que nos sostiene en el sentido de que no nos deja caer solo en el horror del tema que se trata, sino que también nos cuenta la complejidad del ser humano que es capaz de generar ese horror y también es capaz de generar belleza y humor" (Santana: 216). Por ejemplo, en la galería "La Yerra", una mujer está acostada sobre el suelo, rodeada de velas encendidas (Imagen 4). Las velas parecerían proporcionar el contorno del cuerpo en la escena de un crimen. De repente, la mujer se levanta y camina hacia una ventana, la abre y una hermosa vista al mar aparece (nótese que esta escena fue posible por el espacio utilizado en Cádiz, que permitió tal vista al mar). Las paredes de esta sala están cubiertas con periódicos que presentan historias grotescas y violentas de asesinatos: la nota roja.

La belleza también forma parte de la representación de la mujer como objeto. En otra sala, el público entra en un espacio con una enorme caja de regalo en el centro. Tras una inspección más de cerca, podemos ver que tiene una tapa de cristal, y en su interior hay una mujer hermosa, impecablemente vestida en ropa interior muy elegante. Como parte de la audiencia, uno puede acercarse a esta caja y observar / admirar a la mujer dentro.

Al mismo tiempo, detrás de la caja, en una pantalla se pueden ver las noticias económicas en un *loop* continuo. Esta es la esencia de la trata de personas en el mundo globalizado. Al fin y al cabo, como afirma Lydia Cacho, para entender completamente la trata de personas, debemos reconocer que las mafias son ahora corporaciones legales, que la prostitución es una industria exitosa y que las mujeres y los niños son el producto principal a la venta. Las mafias que permiten el tráfico de personas son una parte clara de la estructura del Estado nación, ya que las leyes en contra de esto están muy desconectadas de los cambios culturales que las afectan (170). Somos parte de una cultura global que promueve la cosificación de las personas como un acto de libertad y progreso para el capitalismo. Muchas mujeres viven esclavizadas ante una economía de mercado deshumanizante, impuesta como nuestro destino manifiesto, y muchos asumen la prostitución como un problema menor, ignorando que dentro de esto se promueve la explotación humana. Es por medio de la naturaleza perturbadora de estas instancias de belleza presentadas en las distintas habitaciones del recorrido, que la sexualidad adquiere un sentido diferente pues, dentro de los parámetros de *Corpos*, cualquier instancia de erotismo sexualizado desaparece, dejándonos sólo con instancias de una sexualidad vacía.

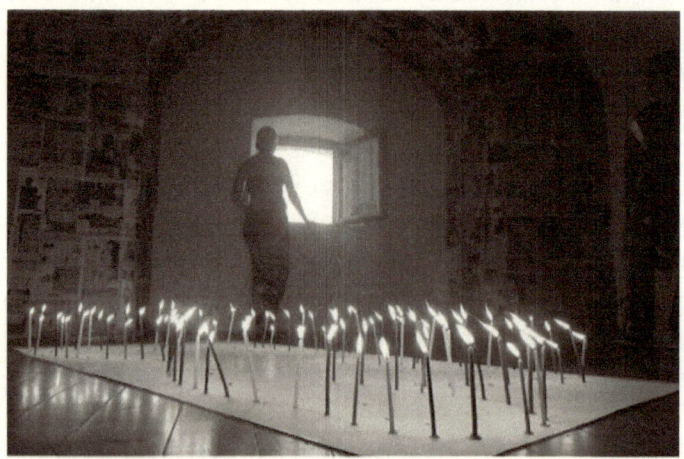

Imagen 4. *Korpos*. Archivo Violeta Luna.
Foto: Manuel Fernández

Perspectivas políticas de la escena latinoamericana

En la galería "Líneas de memoria", una joven aparece entre los tendederos, donde cuelga alguna ropa y varias bolsas con líquido rojo. Ella se pone una peluca, le sonríe a la audiencia dispersa por toda la habitación, coge una de las bolsas, y procede a chuparla con una fuerza brutal. Su dolor y malestar a partir esta acción auto-infligida es evidente hasta que estalla la bolsa y mancha su vestido blanco con el líquido rojo. Ella se quita el vestido y deambula por habitación, colgando a diferentes miembros de la audiencia en los tendederos con pinzas, transfiriendo su violación, la falta de libertad y su exhibición sobre ellos. Las imágenes evocadas en este espacio continúan en la siguiente galería, "*Table dance*", donde una mujer sale, se pone un par de tacones rojos y, brusca y repentinamente, se quita el vestido. Ella está de pie, desnuda ante el público, hasta que comienza a bailar de modo seductor pero mecánico, mientras mira a cada persona intensamente a los ojos. Al mismo tiempo, diferentes testimonios se proyectan sobre la pared y, por extensión, sobre su cuerpo. Cuando esta mujer desnuda interviene en el espacio, proyectando una imagen que generalmente evoca una sexualidad erotizada, el público reacciona de manera opuesta. Más bien parecería que esta imagen le causa al público la sensación de vulnerabilidad que aumenta con los mensajes escritos en su cuerpo y la pared.

En nuestra cotidianidad, se nos bombardea con imágenes de violencia física, mientras que cada vez nos sentimos menos protegidos como ciudadanos. Es cierto, tanto la ley como la Declaración Universal de los Derechos Humanos (1948), establecen todo tipo de libertades y derechos, pero la política actual y las varias crisis económicas establecen una realidad muy distinta. Más allá de la creación de políticas, ninguna de las organizaciones internacionales que asumimos como protectoras de los derechos humanos (ONU, UNESCO, OTI), llevan a cabo suficientes acciones concretas para evitar sus violaciones. Y es a partir de esta realidad que la performance es y será una herramienta necesaria para compartir estas experiencias de dolor. La performance es una de las maneras más vigentes que nos quedan para llevar a cabo esa comunidad a la que se refiere Diéguez cuando dice:

> [l]as representaciones de las ausencias, las escenificaciones y teatralizaciones del dolor, las performatividades desplegadas por las *communitas* de dolientes, son formas de acción por la vida, prácticas simbólicas que emergen en el espacio público para hacer visible a los otros, empeñándose en

darles un cuerpo simbólico contra todos los proyectos de desaparición y aniquilación de las personas (s/p).

Vivimos bajo un mensaje siniestro y contradictorio de vida, que nos empuja a ser consumidores fuertes e "independientes" a través de una política neoliberal; mientras tanto somos transformados en ciudadanos cada vez más vulnerables y desprotegidos, no necesariamente por la ley, sino por un estado permanente de exclusión.

Bibliografía

Anderson, Patrick and Jisha Menon. *Violence Performed: Local Roots and Global Routes of Conflict*. New York: Palgrave Macmillan, 2009.
Brown, Wendy. *States of Injury: Power and Freedom in Late Modernity*. Princeton: Princeton U P, 1995.
Butler, Judith. *Precarious Life: The Powers of Mourning and Violence*. New York/London: Verso, 2006.
Cacho, Lydia. *Esclavas del poder, un viaje al corazón y la trata sexual de mujeres y niñas en el mundo*. México: Editorial Grijalbo, 2010.
Das, Veena. *Critical Events: An Anthropological Perspective on Contemporary India* Delhi: Oxford University Press, 1995.
Diéguez, Ileana. "*Communitas* y performatividades en duelo" (Ensayo no publicado, s/p).
Galindo, Regina José, "Piedra" (documentos del Performance documents en el "Encuentro" del Hemispheric Institute of Performance and Politics, 2013).
Mongin, Olivier. *Violencia y cine contemporáneo: Ensayo sobre ética e imagen*. Spain: Editorial Paidós, 1994.
Santana, Analola. "El registro de la memoria: una entrevista con Violeta Luna, Rocío Solís y Mariana González Roberts," *Notas de dirección*, ed. Dora Sales. Cádiz: Asociación Cultural Sorámbulas, 2012
Sassen, Saskia. *The Global City: New York, London, Tokyo*. New Jersey: Princeton UP, 2001.
Sontag, Susan. *Ante el dolor de los demás*. México: Santillana, 2004.

Perspectivas políticas de la escena latinoamericana

Tensión agonística, diálogo estructural y politicidad de la "performance"

Lola Proaño Gómez
Pasadena City College
IIGG-UBA

El artículo de Fátima Costa de Lima y Stephan Baumgårtel, de la Universidad del Estado de Santa Catarina, reflexiona sobre la construcción estética de un cuerpo político colectivo en el espacio urbano y se pregunta por la eficacia política de dos acciones colectivas: *Flashmob* ("coro") y *Rolenzinhios* ("horda") que irrumpen inesperadamente en el centro comercial Metrô Itaquera Zona Leste de São Paulo. La pregunta central del artículo es si estas dos acciones colectivas, sin militancia partidaria, en el contexto de las contradicciones socio-económicas del Brasil, tienen o no un potencial político. En la respuesta se pone en duda la idea de que la *performance* es política en sí misma.

El artículo plantea: ¿Qué o cuáles serían las estructuras artísticas que contribuirían para potenciar el impacto político de un cuerpo colectivo en el espacio público? ¿Cómo se articula la dimensión artística de esas acciones? ¿La dimensión artística potencia o disminuye su fuerza y potencia política? Los autores responden que para que la presencia del cuerpo sea transgresora, tiene que haber una mediación que pueda "evidenciar a existência de um conflito social agónico".

Para discutir las estrategias estéticas de estas dos acciones colectivas Costa de Lima y Båumgartel toman la propuesta de Ranciere y reflexionan sobre la diferencia y oposición de las dos lógicas que éste último plantea: la de la policía o mantenimiento del orden instituido y la lógica política que altera la partición de lo sensible, es decir que modifica la distribución del espacio al que los cuerpos pertenecen. Esta última pone en "evidência crítica as questões sobre como se funda o espaço comum e sobre como se justifica sua divisão em camadas altas e baixas - ou em espaço central e espaço marginal".

Según la propuesta, *Flashmob* es más bien un gesto conciliador porque no transgrede sino que, por el contrario, termina haciendo suya la lógica policial que permite este espectáculo social en el espacio público/privado del Centro Comercial, pues no es sino una "versão talvez bem humorada de submissão à lógica policial do *status quo*". Según Costa de Lima y Båumgartel, esta acción contribuye a armonizar las individualidades con una presencia sin compromiso, aglutinando los cuerpos sin dirección política; alivia el tedio y produce una alegría superficial e inofensiva, tanto en la actitud del grupo que hace la performance como en la de los receptores que, a pesar de la sorpresa de lo inesperado en medio de un espacio donde usualmente estas irrupciones teatrales no suceden, la reciben con tranquilidad e incluso con placer.

Los autores concluyen que *Flashmob* revela su carácter servil a la lógica policial, que es la expresión de nuestra cultura y que, por tanto, no abre un espacio político. Según Båumgartel afirmó en el Simposio, *Flasmob* se coloca como mercadería extravagante pero sigue la lógica del capitalismo, no genera ninguna tensión como tampoco ningún encuentro traumático: en su acción no aparece lo "real" en sentido lacaniano.

Por el contrario, *Rolezinhio* evidencia el deseo de los jóvenes marginales, que intentan convertir el "shopping" en plaza pública, participar en el rito del consumismo y tener derecho a acceder a este espacio típicamente burgués. Los cuerpos de estos jóvenes adquieren un carácter evidentemente político, mediante la indumentaria y la gestualidad de sus cuerpos. Pero la politicidad transgresora de Rolezinhio se hace evidente cuando los gerentes del Centro Comercial llaman a la policía para que imponga su lógica que no permite la intrusión de este orden alternativo que aparece en el espacio "inapropiado". Esta acción crea un "diálogo estructural" presente en el interior mismo de ella.

Rolezinhio coloca en evidencia crítica la pregunta sobre cómo se funda el espacio común y cómo se justifica la división en espacios altos y bajos, centrales o marginales y la distribución de los cuerpos en ellos. Es una acción política y trasngresora en tanto que revela y problematiza las divisiones de lo sensible aceptadas según la lógica policial, provoca rupturas en las percepciones y el comportamiento e incluso visibiliza la forma legal, que sigue la lógica policial, de organizar este espacio común.

El artículo afirma, por otra parte, que aunque *Rolezinhio* expresa el deseo de sus integrantes de pertenecer a ese espacio de consumo y aunque sus integrantes no hayan pretendido hacer un acto político, la sola exhibición de los marginales en un lugar que se pretende homogéneo y perfectamente regulado por la lógica del sistema, torna visible la lógica de las relaciones sociales establecidas y por ello la acción es fuertemente política. La politicidad del acto aparece retroactivamente, cuando la lógica policial se impone y los echa de ese lugar a donde, según ella, no pertenecen esos cuerpos.

Las acciones colectivas encuentran su potencial político exactamente en ese gesto de confrontar al régimen policial que ostenta una lógica que pretende ser igualitaria pero que en la acción revela el litigio social del que habla Ranciere y coloca al espectador cara a cara con la pobreza real que no puede visibilizarse.

El contraste y el análisis teórico de las dos acciones teatrales ponen en claro que no toda performance, que no toda aparición de los cuerpos en público, es necesariamente política y propone herramientas analíticas que permitan una mirada crítica que deslinde aquellas acciones teatrales que son políticas de las que, pretendiendo serlo, no hacen sino reafirmar o aprovechar la lógica policial del sistema.

O *flashmob* e o rolezinho: considerações sobre a construção estética de um corpo político coletivo num espaço de ostentação capitalista

Fátima Costa de Lima
Universidade do Estado de Santa Catarina
Stephan Baumgärtel
Universidade do Estado de Santa Catarina

De repente, tudo acontece como que dentro de um só corpo
Elias Canetti

Entre conciliação e transgressão

A construção estética de um corpo político coletivo, assim como a decorrente complexidade deste fenômeno oscila, em seus efeitos sociais, entre conciliação e transgressão. São estes os eixos principais para tentar compreender e avaliar, neste artigo, o *flashmob*[37] e o rolezinho[38], ações promovidas por grupos sociais que tornam visíveis normas vigentes no espaço social brasileiro da atualidade. Refletir sobre essas ações coletivas nos permite, na condição de observadores críticos, analisar como são

---

[37] Encontram-se inúmeros exemplos de *flashmobs* no *site youtube.com*. Eles mostram diferentes níveis de organização coreográfica e/ou (menos frequentemente) táticas de camuflagem. Após os primeiros *flashmobs* surgirem em 2003 nos EUA, o dicionário inglês *Oxford English Dictionary* acrescentou, em 2004, o verbete *flashmob*, o qual define "*a public gathering of complete strangers, organized via the Internet or mobile phone, who perform a pointless act and then disperse again.*" (Wasik, 2006, p. 57) Tradução livre nossa: "um encontro público de pessoas estranhas umas às outras, organizadas via *internet* ou celular, que performam um ato inútil e depois se dispersam novamente".

[38] De acordo com Alexandre Barbosa Pereira (2014, p. 8), "Por meio das redes sociais, principalmente o Facebook, jovens moradores de bairros pobres da periferia de São Paulo resolveram marcar encontros em shopping centers [...] o que nomearam como um *Rolezinho no shopping*, o que seria o mesmo que um pequeno passeio. Um dos primeiros rolezinhos ocorreu no Shopping Metrô Itaquera, na zona leste da cidade, no dia 07 de dezembro de 2013. [...] o que era para ser apenas um encontro de jovens tornou-se um grande tumulto por causa da repressão policial violenta."

Perspectivas políticas de la escena latinoamericana

revelados ou escondidos critérios de exclusão e segregação sociais e econômicos em performances cênicas. Tais ações informam nossa percepção sobre como se articulam as delimitações de classe e de fundo étnico-racial dos que se encontram à margem e subordinados ao exercício de poder político da hierarquia dominante, além de fazer entender o modo como se articulam significados sociais por meio de impactos que partem da dimensão sensorial-sensível das ações performáticas. São exatamente as qualidades estéticas, mas semanticamente instáveis e pouco definidas, que nos interessam, pois sua configuração ambígua faz com que - sob determinadas condições temáticas e situacionais - possa surgir de repente, como numa descarga elétrica, num choque, a potência política que coloca em questão as forças, as práticas e as normas que unem e dividem o coletivo, assim como a posição frente ao poder-violência (Benjamin, 2012) dos governos das cidades.

Nesse contexto, as ações coletivas em questão neste artigo permitem concretamente avaliar táticas e forças políticas dentro de um espaço que entrelaça características privadas e públicas: o *shopping center*. Tais ações permitem estabelecer esta relação de entrelaçamento como central para o reconhecimento de sua própria força política. A dimensão política do *shopping center* surge quando ele se revela como espaço privado que se coloca no limiar do que é público, dada sua necessidade de grande quantidade de frequentadores para cumprir sua principal função: fazer valer o rito capitalista de comprar mercadorias (em oposição à rua, *a priori* política, democrática e plural). Revela, nas ações de seus frequentadores e nas reações das forças da ordem frente às ações cívicas e artísticas, um embate constante entre a lógica policial de um gerenciamento privado—voltada a proteger não simplesmente a propriedade privada, mas o espaço público enquanto estrutura submetida ao comportamento e consumo privado—e a reivindicação política de uma parcela da população de espaço para encenar um litígio social e econômico e colocar em xeque o *status quo*.

A dimensão política das ações coletivas analisadas nesse artigo, *flashmobs* e rolezinhos, aparece, então, em suas táticas que conseguem (ou não) desestabilizar a estrutura social homogênea, e abrir nela uma lacuna sobretudo semântica (embora seja também um choque sensorial), pela qual os marginalizados—os excluídos do olhar e do discurso oficial—ganham presença, visibilidade e voz. Ao ganhar visibilidade, reivindicam uma participação ativa nos assuntos sociais e econômicos do espaço onde eles adentram, o que impacta sobre sua participação em toda a sociedade. Essas táticas realizam (ou não) o que Rancière descreve como o embate entre lógica política e lógica policial, algo que discutiremos na penúltima seção do ensaio.

Entendemos como gesto político o gesto transgressor que desestrutura a ordem estabelecida de maneira a expor suas contradições internas. Esse gesto permite perceber os seres (e forças) excluídos e/ou marginalizados em relação aos seres (e forças) dominantes. Contudo, não podemos fechar os olhos perante outros tipos de gesto que se escondem atrás ou nas frestas de certas manifestações coletivas artísticas e/ou sociais que, parecendo transgredir, não ameaçam a lei fundante do *status quo* e terminam por propor sensorialmente, por meio de um prazer sobretudo narcísico, uma conciliação dos participantes e espectadores com os espaços e comportamentos sociais, nos quais ambos se inserem cotidianamente. Por mais que essas manifestações apresentem um momento de ruptura com o cotidiano, elas evitam expor criticamente as contradições socioeconômicas da sociedade e acabam funcionando como típicas atividades de diversão e lazer que tornam suportável a normatização dos espaços e comportamentos cotidianos no qual elas se apresentam pontualmente como exceção.

Tratamos o rolezinho e o *flashmob* como representantes dessas construções estéticas de corpos coletivos não cotidianos e como exemplos dessas referidas finalidades opostas.

Sobre rolezinhos e *flashmobs*

No final de 2013 e início de 2014, um fenômeno efêmero assolou gerentes e frequentadores de *shopping centers* paulistas: o espectro de um grande número de jovens que manifestou, ao som de músicas do chamado *funk* de ostentação (Brum, 2013), seu desejo de adentrar estes templos de consumo. Talvez o fizessem na condição de "fiéis" do consumo, mas o resultado foi inequivocamente "pagão".

Sua condição de fiéis se demarca no desejo daqueles jovens de participar dos ritos e prazeres da religião do consumo: reunir-se em sua arquitetura e conquistar a satisfação prometida aos sentidos corporais pela indústria cultural – via comunicação de massa. Mas, mostram-se pagãos no comportamento dos grandes grupos de jovens que, "zoando" e cantando *funk*, manchavam com sua imagem de grande coletivo um espaço de prestígio burguês. O coro dos marginalizados—como coletivo múltiplo,

Perspectivas políticas de la escena latinoamericana

coerente na pertença de classe mesmo que esbanjando heterogeneidade nas manifestações pessoais—ocupou o palco da classe média e ameaçou, com seus ritos (as músicas funcionando tanto como espécies de mantra quanto como palavras de ordem), a pureza segregacionista das práticas individualistas burguesas. Estrutural e esteticamente, podemos reconhecer nessa coerência heterogênea um modo de estar juntos na diversidade entre eles e, simultaneamente, a reivindicação de estar juntos - mesmo que demarcada sua diferença socioeconômica - num espaço de consumo privilegiado, mas que a propaganda oficial da sociedade capitalista afinal propõe como concretização de um imaginário a ser desejado por todos e aberto a todos.

O que os jovens ostentavam era sua classe social originária, o que não costuma aparecer em massa no *shopping* porque eles não dispõem de dinheiro para exercer o rito consumista em sua plenitude. Preferiram o contato social (entre seus iguais, mas também com o público burguês por meio da zoeira provocativa) ao contato com os produtos à venda. Mas, ao cantar os *funks* de ostentação expressavam também um desejo—talvez mais ressentido que revoltado e certamente ainda pouco revolucionário—de participar sem restrições do rito consumista. Com isso, desvelam seu desejo de inclusão num espaço no qual se percebem como indesejados pelos deuses do comércio. Transformam o *shopping* em praça pública: exigem a realização do potencial do centro comercial de ser um espaço de verdadeira co-existência (que reconhece e assim supera a separação do outro) e desta maneira ameaçam seu *status* jurídico de espaço fechado e privado.

A reivindicação do direito de estar nesse espaço e ostentar em voz alta seu pertencimento a outra classe socioeconômica constituíram em si um ato transgressor suficiente para fazer os gerentes tomarem medidas drásticas de acionar a polícia, o que resultou na expulsão dos jovens sem que, entretanto, tivessem cometido nenhuma violação da lei. A atitude dos gerentes revelou o caráter racista e discriminador desses templos do consumo. Como agiram com o apoio das forças de segurança do Estado (repetimos: sem nenhum ato ilícito cometido), a atribuição de racismo e discriminação pode ser estendida aos representantes da sociedade como um todo, já que o direito ao consumo nos *shopping centers* se mostrou reservado para aqueles que sabem cumprir integralmente com as regras da performance de consumo, sociabilidade e subjetividade expressa pelos frequentadores dominantes, a classe média branca[39].

Percebemos, pois, que os valores liberais da sociedade burguesa podem ser também colocados em crise pela atitude das autoridades, sejam elas privadas ou públicas, numa sociedade em que valem algumas leis e outras não. Tudo depende do estado de confusão em que as autoridades se veem em cada evento pontual em que as regras sociais são confrontadas nesta nossa época de "ambiguidades".

Isso vale, sobretudo, porque os rolezinhos não foram concebidos com a intenção consciente de provocar um desmascaramento das forças da ordem burguesa, nem de solapar as bases materiais e ideológicas dessa ordem. Pois curiosamente, as mensagens trocadas nas redes sociais e os depoimentos dos jovens[40] mostraram que os participantes dos rolezinhos a princípio não ostentavam um discurso reconhecível como explicitamente político. O ato tornou-se claramente político—no sentido de instalar e reivindicar uma ruptura transgressora no *status quo*—na medida em que a gerência do *shopping* não se mostrou disposta a satisfazer os desejos dos jovens de ali reunirem-se, mostrarem-se e serem vistos por seus pares assim como pelos frequentadores habituais. Ou seja, na medida em que ela acionou a polícia para garantir o pleno funcionamento das lojas do *shopping*. Foi essa avaliação e atitude da gerência que transformou o ato chamado por nós de "pagão" em um ato blasfemo, cuja repressão evidenciou a existência de contradições e segregações num espaço geralmente vendido como integrativo. A partir dessa ação, o rolezinho e sua comunidade de jovens coerentemente heterogêneos, viraram uma alegoria da relação geral entre as

---

[39] Fotos en: https://www.google.com.ar/search?q=rolezinhos+no+shopping&source=lnms&tbm=isch&sa=X&ved=0ahUKEwjd-aGvhPrVAhUBKGMKHaLYDHwQ_AUICigB&biw=1373&bih=738#imgrc=H09aHbbfYB-SkM:

[40] Devido ao espaço reduzido, citamos como emblemática apenas a notícia no Estado de Minas, do dia 15 de agosto de 2013, que menciona "que [jovens] teriam se organizado por meio do Facebook para uma confraternização no local. [...] O motivo do evento organizado na rede social não foi esclarecido." A mesma notícia informa que alguns lojistas fecharam suas lojas, por medo de sofrer danos. Desconhecemos documentos que comprovam a possível relevância desse último motivo econômico pela ação da gerência de acionar a polícia militar, mas todos os relatos concretos nos fazem acreditar que esse medo econômico é inseparável das marcas de cor e classe social na multidão dos jovens reunidos.

forças policiais burguesas e os corpos de jovens invisibilisados por motivos de cor e de classe.

Mesmo não sendo o ato evidentemente político em seu enunciado, os corpos se tornaram políticos ao produzir inadvertidamente um posicionamento claro das contradições sociais que, por sua vez, também revelam esses corpos como um tipo de coletividade estética específica. De um ponto de vista político, a exposição das contradições é fundamental para o potencial provocador do rolezinho, enquanto do ponto de vista estético, chama atenção o caráter ao mesmo tempo coerente e heterogêneo desses grupos de jovens. O pertencimento a essa multidão não exige um comportamento uniformizado, não exige que se siga um manual de regras ou propostas afirmativas (o que é uma das características dos *flashmob*s). Sua organização interna não é homogeneizante e, por isso, não se encontra sob suspeita de organizar um gesto totalitário coletivo, algo que está presente pelo menos de maneira incipiente nos *flashmobs* cujos participantes se submetem a essa homogeneização interna em troca de uma gratificação narcísica que essa coletividade homogeneizada e efêmera provoca.[41] Para diferenciar esses dois tipos de corpos coletivos, propomos chamar o primeiro de horda (que apresenta uma coralidade de vozes) e o segundo de massa (que se apresenta como coro), por motivos que discutiremos e aprofundaremos mais adiante.[42]

Entretanto, talvez igualmente importante seja o fato de que o efeito político de evidenciar o litígio social inerente na situação cênica é produzido retroativamente, pela oposição que o gesto coletivo provoca. Esse efeito aparece subrepticiamente, mas forçado pelas circunstâncias. Dessa maneira, revela um ponto cego usualmente reprimido na autocompreensão da sociedade capitalista. Trata-se de um ponto cego tanto socioeconômico (em relação ao caráter coletivo do espaço do consumo) quanto estético (em

---

[41] Ver N.R. 6.
[42] Devemos o conceito de "horda" a uma análise de Giorgio Gislon dos projetos "Remote X" do grupo alemão Rimini Protokoll, na qual o autor confronta a descrição dos *performers*-transeuntes (que passeiam pela cidade com interfone no ouvido) como hordas. A análise mostra o comportamento de membros de um coletivo homogeneizado, cujos corpos regidos por uma autoridade única se comportam como se fosse um único corpo, ou seja, com comportamento de massa. A análise foi escrita como trabalho final da disciplina "Teatralidade atuais e subjetividades contemporâneas" no PPGT da UDESC, no semestre 2016.1.

relação à suposta restrição de *performances* coletivas a fenômenos sensoriais ou energéticos, mas não semânticos e sociais)

Os jovens dos rolezinhos podem ser vistos como simples *performers* de si mesmos, que referenciam apenas a si mesmos (e talvez essa proposta naturalista tenha sido inicialmente o motivo mais forte – estar aí juntos como eles mesmos). Mas, também podem ser considerados *performers* de uma coreografia naturalista que inadvertidamente se mostra simbolicamente relevante, e evidencia significados sociais ocultos ao forçar a gerência do *shopping* e a imprensa (burguesa) a encontrarem sua própria sombra quando reagem a essa coreografia.

Se olhamos para essa performance do rolezinho como "uma forma sensível falante" (Rancière, 2009: 35), de quê e como fala esse corpo coletivo? Ele pode falar "dos signos de história escritos nas coisas" (Rancière, 2009: 35), ou seja, escritos nos espaços dos *shopping centers* e nos corpos dos jovens da periferia? A horda desses corpos evidencia modos como esses signos os atravessam, mesmo que não aparente produzir uma fala consciente nesse sentido?

Além de mostrar que uma *performance* pensada simplesmente como *performance* de uma presença sensível pode provocar significados sociais já inerentes nela antes do enunciado desse pensamento, o rolezinho nos mostra que esse não-pensado conscientemente, mas já pensado implicitamente, é manifestação de um ponto traumático e que poderíamos chamar, com Lacan, como marca de um encontro com o real da sociedade. Por isso, a palavra fala obtusamente no interior dos corpos, mas (ainda) não se direciona a ninguém, pois o *funk* de ostentação aparece, para o público burguês do *shopping*, mais como mantra bárbaro do que como palavra de ordem.

Rancière reconhece na literatura da segunda metade do século XIX a característica de conter dois tipos de palavra muda: uma como "hieróglifo inscrito diretamente nos corpos a ser decifrado", e outra como "palavra solilóquio, aquela que não fala a ninguém e não diz nada a não ser as condições impessoais, inconscientes na própria palavra" (Rancière, 2009: 39). É por causa desse último reconhecimento que o próprio Rancière menciona a bem-estabelecida relação entre a vida dos objetos na literatura de Balzac e o estado da vida na mercadoria capitalista e marxiana. Mais ainda, vemos essa relação impessoal, mas historicamente significante, entre corpo (ato performativo) e palavra (significado social) captada no "dialogo de segundo grau" que Maeterlinck detecta, conforme Rancière, nos textos de Ibsen. Esse diálogo não é o diálogo entre os personagens (ou seja, entre jovens e gerência, por exemplo), mas o diálogo estrutural presente no interior do drama poético. Em outras palavras, é o diálogo da situação textual que se endereça como um todo ao leitor-espectador. Em nosso caso, corresponde ao diálogo da situação cênica-performativa produzida pela inserção do rolezinho no espaço do *shopping* com seus leitores-espectadores, os frequentadores do *shopping*.

Se entendermos o paralelismo estrutural de enunciação entre a leitura do poema dramático e a situação performativa do rolezinho, estamos em condições de perceber como se pode aplicar alegoricamente o *insight* de Maeterlinck à construção do corpo coletivo em *performance* no *shopping* do rolezinho. Esta aplicação revela, para além do simbolismo transcendental do autor belga, surpreendentes aspectos materialistas e psicossociais no Desconhecido de que fala Maeterlinck. Segundo Rancière,

> Este [o poema dramático] não mais expressa os pensamentos, sentimentos e intenções, mas [...] o confronto com o Desconhecido, com as potências anônimas e insensatas da vida. [...] Transcreve "os gestos inconscientes do ser" [...] os golpes "da mão que não nos pertence e que bate às portas do instinto". Não se podem abrir essas portas, diz em substância Maeterlinck, mas podem-se ouvir os "golpes atrás da porta". Pode-se fazer do poema dramático [...] a palavra da multidão invisível que ronda nossos pensamentos. Talvez seja preciso apenas, para encarnar essa palavra no palco, um novo corpo: não mais o corpo humano do ator/personagem, mas o de um ser que 'tivesse a aparência da vida sem ter vida", um corpo de sombra ajustado a essa voz múltipla e anônima. (Rancière, 2009: 39-40)

O que Maeterlinck configura como "corpo de sombra ajustado a essa voz múltipla e anônima", podemos pensá-lo como encontro dos frequentadores habituais de *shopping centers* com a alteridade (os jovens da periferia) que reivindicava ser aceita e assimilada pela sociedade de consumo na condição de ser o que são: diferentes dos frequentadores comuns do *shopping*, mas igualmente fieis à sociedade do consumo. A resposta institucional contribuiu para que o potencial político latente do ato se manifestasse em sua plenitude. Foi a reação de proprietários e autoridades que fez a oscilação entre conformidade e provocação pender para o lado da transgressão simbólica, tornando audível no rolezinho o "golpe atrás da porta" na forma da "voz múltipla e anônima" de um, por assim dizer, solilóquio coletivo: o canto do *funk* de ostentação.

O relevante dessa oscilação se esclarece ainda mais quando olhamos para nosso outro fenômeno que costuma acontecer nos *shopping centers* e que parece situar-se no outro extremo da espetacularidade política: os chamados *flashmobs*. Eles se constituem como aglomerações públicas efêmeras de um coletivo de pessoas que se juntam num espaço para, aparentemente do nada, apresentar uma ação cênica predefinida, marcada e muitas vezes coreografada. E, depois, os *performers* somem novamente no vai-e-vem cotidiano desses espaços, como se nada tivesse acontecido. Trata-se certamente também de uma fala soliloquista, mas será que ela faz audível "golpes atrás da porta" dos instintos sociais, enclausurados em suas coreografias?[43]

---

[43] Bill Wasik (2006), que reivindica ter inventado os *flashmobs*, revela como a estrutura formal acaba por criar uma "cena pura" cujo efeito é fazer com que os participantes olhem para si mesmos e sua trajetória enquanto realizadores do evento. Segundo Wasik, o *flashmob* surge como uma atividade cênica profundamente narcisista. O autor narra um *flashmob*: "*Starting five minutes beforehand the mob members slipped in, in twos and threes and tens, milling around in the lobby and making stylish small talk. Then all at once, we rode the elevators and escalators up to the mezzanine and wordlessly lined the banister [...]. The handful of hotel guests were still there, alone again, except now they were confronted with a hundreds-strong armada of hipsters overhead, arrayed shoulder to shoulder, staring silently down. But intimidation was not the point; we were staring down at where we had just been, and also across at one another, two hundred artist-spectators commandeering an atrium on Forty-second Street as a coliseum-style theater of self-regard. After five minutes of staring, the ring erupted into precisely fifteen seconds of tumultuous applause— for itself—after which it scattered back downstairs and out the door, just as the police cruisers were rolling up, flashers on.*" Tradução livre nossa: "Cinco minutos antes do começo, os participantes do *mob* entram sorrateiramente em duplas, trios ou em até dez de uma vez; aglomeram-se no *lobby* e puxam conversas sofisticadas. Logo, de uma vez, todos juntos pegamos os elevadores e as escadas para o mezanino e nos enfileiramos em seu corrimão. [...] Os poucos hóspedes do hotel ainda estavam lá, novamente sozinhos. Só que agora foram confrontados com uma armada de centenas de pessoas *fashion*, colocados lado a lado e olhando fixamente em silêncio. Mas o objetivo não era intimidar; estávamos olhando para baixo, lá onde pouco antes estávamos, e também no sentido horizontal, um para o outro, os duzentos artistas-espectadores controlando um átrio na rua 42 como se fosse um teatro-coliseu de auto-admiração. Depois de cinco minutos de olhares fixos, o círculo explodiu em um aplauso tumultuoso de exatamente quinze segundos – aplaudindo

Perspectivas políticas de la escena latinoamericana

Em sua quase totalidade, os exemplos de *flashmobs* mostram a ausência de impactos transgressores ou provocações de rupturas, tanto do ponto de vista da recepção quanto da construção de significados. O público espontâneo pode resultar bem-humorado, surpreso ou curioso, até mesmo estupefato perante as ações inusitadas, mas não sente desconfiança ou espanto social. Não é acometido por qualquer espécie de choque que marca o encontro com o outro[44] e que o faça despertar da alienação burguesa no auge do capitalismo (Benjamin, 1989), ou que desestabilize a moldura hegemônica da partilha do sensível que se inclina aos moldes burgueses. Após um momento inicial talvez de irritação, os *flashmobs* de fato embelezam ou "enigmatizam" os espaços onde eles acontecem, de maneira a instigar um olhar idealizante e narcísico por parte dos espectadores sobre a atividade artística coletiva.[45]

Por isso, a dimensão semântica dos *flashmobs*, seu significado social, não apresenta via de regra nenhuma força subversiva e desconcertante em relação às oposições hierárquicas estabelecidas nos lugares onde acontecem as ações.

O mero fato de apresentar coletivamente uma ação cênica inusitada não se constitui por si só como uma ação com efeito transgressor numa sociedade em que a diversidade e a individualidade são traços que agregam valor aos objetos, espaços e sujeitos como mercadorias, dotados de capital cultural. As atividades dos *flashmobs* parecem estar destinadas a aumentar esse capital para todos os elementos envolvidos (*mobbers*, espectadores em

---

a si mesmo –, após o qual a turma se espalhou retornando escadas abaixo para sair da porta no momento em que os carros de polícia apareceram com as luzes piscando."

[44] De acordo com o crítico alemão Walter Benjamin (1989), o efeito de choque é um componente necessário à crítica que anda, no caso deste artigo, de mãos dadas com o ato transgressivo, mas não com o efeito conciliatório.

[45] Wasik (2006) relata como a moda do *flashmob* ganhou força durante o ano de 2003, para chegar ao seu auge durante 2004, quando foi apropriado inclusive pela empresa *FORD Motor Company* para convidar o público aos *shows* promocionais de lançamento de modelos de carro novos. A partir do momento em que os *mobbers* parecem ser contratados pelos gerentes do espaço (*shopping* ou aeroporto, por exemplo), não resta mais nenhuma força de atrito frente ao funcionamento planejado dos espaços e das pessoas que por lá transitam
(ver, por exemplo, as atividades ainda chamadas de *flashmob* no aeroporto Viracopos, disponível em https://www.youtube.com/watch?v=FwBHjHCtCcA; ou no *shopping* Villagio de Sorocaba, disponível em
https://www.youtube.com/watch?v=A3KvvJ8IREo).

espaços coletivos privados como o *shopping center*) e assim os unificam e conciliam com a lógica mercantil que rege esses espaços. As coreografias planejadas homogeneamente apresentam um elemento de autocelebração por parte dos organizadores e participantes, e (re)significam o espaço onde acontece o *flashmob* como palco que pode, sim, oferecer esse prazer narcísico.[46] Nisso consiste seu efeito conciliatório.

Por isso, os *flashmobs* não mostram um acontecimento (como os rolezinhos), mas atividades que, antes de mais nada, se apresentam como pequenos interlúdios artísticos que, talvez, aliviem um pouco a rotina cotidiana dos frequentadores de *shoppings*. *Flashmobs* certamente adornam os espaços coletivos privados, mas em nada deslocam ou perturbam qualquer percepção acerca dos fundamentos da sociedade e desses espaços coletivos privados (como são os *shoppings*) dentro dela. Não se cria nenhuma fenda dentro do espaço e do tempo da apresentação para marcar um encontro com uma alteridade ou com a insustentabilidade da própria identidade. Ao contrário, estabelecem episódios divertidos que permitem fazer as pazes com esse espaço e sua rotina, a fim de que se desfrute com prazer e humor não só o espetáculo do consumo, mas o próprio *flashmob* como mais uma de suas variantes.

As exceções importantes são *flashmobs* que jogam com práticas, hábitos e espaços relevantes ao sistema capitalista. Escolhem espaços como o interior de uma loja, espaços que afirmam a validade do sistema. Neles, instauram um comportamento humano que confunde as regras de comportamento vigentes como, por exemplo, a necessidade de diferenciar entre comprador e vendedor.[47] Desses *flashmobs*, a força provém não apenas de sua forma, mas da temática já pensada como politicamente perturbadora.

---

[46] Um ótimo exemplo desse prazer narcísico é o *flashmob* organizado por um grupo ambiental canadense e disponível no *youtube* sob o título "Atitude é tudo (FlashMob)", disponível em
https://www.youtube.com/watch?v=gw4VQ7VwTMw. Não podemos analisar em detalhe aqui a estratégia de interpelação que acontece nesse vídeo, mas ele mostra claramente a função de criar um efeito aliviador de uma atitude individual perante um problema que é sobretudo sistêmico.

[47] Exemplos de uso majoritário dos *flashmobs* são as inúmeras ações que envolvem a dança no sentido mais amplo (da imobilidade até danças frenéticas, sempre sincronizadas), enquanto exemplos para a segunda estratégia são ações tais como a de entrar em grandes números na loja *Best Buy*, todos vestidos com roupa igual a dos vendedores da loja. Essa última ação está disponível no *ImprovEverywhere* - http://improveverywhere.com/) - *site* de um grupo especializado em "causar cenas

Perspectivas políticas de la escena latinoamericana

Desse modo, a maioria das performances dos *flashmobs* acaba por contribuir para harmonizar a individualidade com o pertencimento descompromissado a uma aglutinação de corpos em si mesma efêmera e sem direcionamento político. Nem em seu momento inicial nem em seus desdobramentos, a forma artística do *flashmob* contribui para a construção artística de um corpo coletivo político – aquele que ameaça ou de fato provoca uma ruptura nos modos de sentir e perceber hegemônicos, que obriga a "sentir o já sentido" de que fala Mario Perniola (1993)[48]. Ao contrário, é o rolezinho que configura esse corpo coletivo político, na medida em que esse se encontra fundamentalmente ligado à presença ou à evocação de elementos simbólicos subalternizados—aqueles historicamente considerados tabus ou de mau gosto pela cultura da classe dominante—comumente associados a coletivos socialmente desprezados e rejeitados que são, no Brasil, majoritariamente formados por pobres e negros.

Flashmobs de pessoas dançando, performando ou tocando instrumentos musicais nas ruas e *shopping centers* são apenas versões das possibilidades artísticas a compensar o tédio e o estresse de deveres cotidianos e jornadas de trabalho. Fornecem alguns minutos de súbita e inofensiva, pois normatizada, alegria. A homogeneização dos movimentos coreografados, assim como a ausência de uma comunicação realmente

---

de caos e alegria" não necessariamente marcadas pelo improviso, apesar do nome do grupo. Julgando pela apresentação desse endereço eletrônico, há relação formal remota com ações da vanguarda do século XX (DADA, futuristas e surrealistas). Entretanto, dada a ausência de uma visão política consistente, as ações parecem mais tentativas juvenis de "escandalizar" o público do que provocações para realçar as fendas existentes na organização política e socioeconômica da sociedade. Não nos parece acidental que o endereço eletrônico em questão enuncie suas ações com o termo motivacional de "missão" e especifique que se trata de "causar cenas". Nota-se que não há o objetivo de "criar situações", ou seja, opta-se pelo impacto que não objetivamente coloca um problema a ser resolvido pelos envolvidos – *performers* e transeuntes. Qualquer tentativa de relacionar reflexivamente os *flashmobs* com ações da Internacional Situacionista (IS), por exemplo, poderia constatar a distância entre ambos, assim como a relativa rasura e a inocência dos *flashmobs*, se comparados com as ações da IS.

[48] No livro *Do sentir*, o crítico e filósofo da arte Mario Perniola defende a tese de que, após a entrada em vigência comum da ideologia (o pensar o já pensado) e da burocracia (o fazer o já feito), chegamos à época da "sensologia": o sentir "o já sentido", que define a estranha alienação sentimental das subjetividades contemporâneas.

espontânea entre artistas e público, contribui para a postura compensatória dos *flashmobs*, perceptível nos fatos de que somem do espaço coletivo de apresentação sem deixar rastros e de que produzem um entusiasmo momentâneo que não pretende transformar a relação entre as pessoas participantes e o espaço social, mas apenas intensificá-la.

Já os rolezinhos ostentam os corpos daqueles que são marginalizados, corpos tornados evidentes por suas indumentárias e cor da pele. Corpos e pessoas que não seguem uma coreografia centralizada, embora tenham um objetivo e destino em comum, e que acabam por criar a possibilidade de compartilhar um espaço de consumo com corpos e pessoas de outra classe social, e que se negam a aceitar este convívio. A presença da alteridade social e econômica desloca o foco de atenção da construção de uma camada coreográfica sensorial para a construção de um significado social da *performance* coletiva. Este deslocamento é funda-mental, pois a camada coreográfica sensorial é demasiadamente imedia-tista ou impressionista, desprovido por si só de uma potência de mediação simbólica entre o impacto subjetivo e a realidade social objetiva, sistémica e compartilhada (embora de maneira distinta) por todos, como mostra o exemplo das coreografias de *flashmob*. Em termos políticos, são as hordas bárbaras do rolezinho que possuem maior potencial semântico do que as minúsculas massas homogeneizadas dos *flashmobs*. Essas últimas apresentam uma versão talvez bem humorada de submissão à lógica policial do *status quo*.

Disso tudo, dois aspectos surgem como fundamentais para uma reflexão sobre a construção estética de um corpo político coletivo nos tempos atuais. Uma questão diz respeito à necessidade de superar, na concepção e na recepção dessas *performances,* um foco naturalista ou impressionista do sensível visto como apenas pertencente ao subjetivo. Em outras palavras, fazer com que a *performance* se enuncie como uma mediação simbólica entre o aqui e agora do momento cênico, o imediato sensorial, e o contexto social dessa atividade. Essa necessidade coloca a tarefa de evidenciar como a forma da *performance* é moldada pela interação dessas duas forças.

A outra questão diz respeito à dimensão política da performance. Se ela quer levar a sério essa dimensão, não pode apenas construir um litígio com as forças dominantes e homogeneizantes, mas precisa manter aberta a possibilidade de um litígio no interior do próprio coletivo. Em outras palavras, sua organização interna entre o particular (o corpo singular) e o todo (o corpo coletivo) não pode anular a existência de uma diferença de ordem categórica: não pode homogeneizar os corpos, sob pena de cair na armadilha nazista ou stalinista. O corpo político coletivo não pode afirmar o coletivo como algo realizado, mas apenas como uma constante possibilidade que se busca realizar. Um coletivo, ou uma comunidade, é possível apenas na medida em que estamos juntos, ou seja, não formamos um só corpo. No que segue, vamos aprofundar esses dois aspectos: o perigo da *performance* de um corpo coletivo manter-se restrita a uma concepção imediata do sensível, e o perigo de construir esse corpo como um belo coletivo de corpos unidos na mesma coreografia.

Vamos primeiro refletir sobre o conceito de ações artísticas coletivas no contexto atual de uma sociedade onde o espetáculo econômico e político absorveu em seu interior todo tipo de interações sociais, transformando-as em vertentes de sua presença dominante. Depois vamos analisar, à luz da reflexão conceitual, o potencial dos corpos coletivos de colocar problemas que provoquem reflexão sobre a organização dos fundamentos políticos da sociedade. Como encontros sociais com certa espetacularidade, destacaremos nas manifestações coletivas os momentos em que a modulação do encontro com a alteridade torna-se o ponto chave para compreender seu potencial transgressor, bem como para avaliar a potência política da manifestação coletiva no espaço urbano. Como potência política, esse aspecto inclui a capacidade de assegurar a possibilidade desse encontro com o outro no interior do próprio corpo coletivo. Em outras palavras, criar um grupo que subverte a homogeneidade interna da massa, sem abrir mão de uma coerência em seu propósito – a modalidade de organização para a qual propusemos o nome de horda.

Questões acerca do corpo político coletivo no espaço urbano

Em seu livro *O desentendimento*, Jean-Jacques Rancière diferencia entre dois campos ou dispositivos: o policial e o político. Afirma o filósofo francês que

> Chamamos geralmente pelo nome de política o conjunto de processos pelos quais se operam a agregação e o consentimento das coletividades, a organização dos

> poderes, a distribuição dos lugares e funções e os sistemas de legitimação dessa distribuição. Proponho dar outro nome a essa distribuição e ao sistema de legitimações. Proponho chamá-la de *polícia* (Rancière, 1996: 41).

Contra o gesto afirmativo e homogeneizador que compreende o regime policial, o gesto político instaura a percepção de uma fenda na organização das relações sociais que constituem a comunidade. Essa fenda é produzida pelo confronto fundamental entre a lógica hierarquizante, naturalizante e homogeneizante do campo policial, e a lógica que reivindica a igualdade de todos os seres da comunidade. Nisso, ameaça deslocar os parâmetros e os eixos da organização social. Prossegue Rancière:

> Proponho agora reservar o nome de política a uma atividade bem determinada e antagônica à primeira: a que rompe a configuração sensível na qual se definem as parcelas e as partes ou sua ausência a partir de um pressuposto que por definição não tem cabimento por ali: a de uma parcela dos sem-parcela. [...] A atividade política é a que desloca um corpo do lugar que lhe era designado ou muda a destinação de um lugar; ela faz ver o que não cabia ser visto, faz ouvir um discurso ali onde só tinha lugar o barulho, faz ouvir como discurso o que só era ouvido como barulho (Rancière, 1996: 42).

Se a atividade política identifica um lugar, um olhar e uma escuta que desloca não só sensibilidades, mas também regulamentos e práticas sociais nas quais essas sensibilidades ganham inteligibilidade, podemos caracterizar sua forma conceitual como uma "totalidade marcada pela possibilidade de uma coexistência [de] opostos" de que fala Walter Benjamin (2011: 35). Nos casos aqui analisados, essa forma corresponde à oposição entre a lógica policial e lógica igualitária. Segundo Rancière,

> O que constitui o caráter político de uma ação não é seu objeto ou o lugar onde é exercida, mas unicamente sua forma, a que inscreve a averiguação da igualdade na instituição de um litígio, de uma comunidade que existe apenas pela divisão. [...] Para que uma coisa seja política, é

Perspectivas políticas de la escena latinoamericana

preciso que suscite o encontro entre a lógica policial e a lógica igualitária, a qual nunca é pré-constituída (Rancière, 1996: 44).

Tal definição carrega em si várias vantagens para nosso interesse em analisar esteticamente um corpo coletivo no espaço urbano, em particular no que definimos como espaço público-privado de ostentação capitalista: o *shopping center*. Ela atende à exigência propriamente artística de avaliar uma ação política não por seu conteúdo ou sua temática, mas pelo "como", pela forma com que a ação instala o tema e, por meio deste, o confronto ou conflito social que exige uma reorganização (geográfica, conceitual, econômica etc.) da divisão do bem comum. Ela permite entender também que a forma de estar-junto, de compartilhar um espaço comum, aparece já no tema escolhido, ou seja, não exclui a escolha do assunto da *performance* coletiva. De fato, essa definição permite uma leitura formal, ou poética, da construção de uma ação política, sem impedir que se perceba uma escala de intensidade nessas ações ou situações: quanto mais (in)tenso e conflituoso o encontro, mais fortemente político ele se manifestará.

O ponto chave na colocação de Rancière é a instalação de um litígio: evidenciar a existência de um conflito social agônico. Por isso, o encontro que se deve provocar não é um encontro temático qualquer. Tampouco pode ser um encontro apenas marcado por percepções sensoriais, mas precisa evidenciar nessas percepções a presença e o impacto de um referencial social. Nisso consiste sua força simbólica.

A fim de evitar uma ideia vaga para a ação ou coisa que envolve necessariamente a transgressão—o rompimento com a organização do *status quo*—chamamos atenção ao modo como Homi K. Bhabha constrói o termo "encontro":

> Quando a visibilidade histórica já se apagou, quando o presente do indicativo do testemunho perde o poder de capturar, aí os deslocamentos da memória e as indireções da arte nos oferecem a imagem de nossa sobrevivência psíquica. Viver no mundo estranho, encontrar suas ambivalências e ambiguidades encenadas na casa da ficção, ou encontrar sua separação e divisão representadas na obra de arte, é também afirmar um profundo desejo de

solidariedade social: "Estou buscando o encontro... quero o encontro... quero o encontro" (Bhabha, 2001: 42).

Sem reivindicar um posicionamento político partidário, Bhabha nos alerta ao fato de que as práticas artísticas, para ter significado para nós enquanto leitores humanos, precisam realizar um tipo de mediação simbólica da situação atual vivida. O encontro a ser criado é tanto a abertura de um litígio quanto a manifestação de um desejo de solidariedade social.

Esse encontro não existe nem fora da escolha do tema nem fora da organização formal da *performance*. A mediação faz com que a forma da *performance* seja legível como manifestação dessa dupla dimensão do encontro. Nessa perspectiva, *flashmobs* que fazem os participantes dançarem num *shopping center* por um tempo determinado possuem menos potencial político do que flashmobs que confundem, no interior de uma loja, vendedores e potenciais compradores ou ladrões. Esses últimos, por sua vez, apresentam menor potencial político do que os rolezinhos nos quais os jovens da periferia se colocam em pé de igualdade[49], mesmo que seja na condição de consumidores, com os representantes da classe média burguesa.

Rancière, em sua discussão sobre a *polis* grega em Aristoteles e Platão, aponta para o espaço social discursivo que assegura e desafia o *status quo* de uma comunidade ou sociedade. Esse espaço discursivo se organiza em hierarquias binárias, sobretudo a hierarquia conflituosa entre ricos e pobres. Político seria, então, o gesto ou a ação que coloca em evidência crítica as questões sobre como se funda o espaço comum e sobre como se justifica sua divisão em camadas altas e baixas- ou em espaço central e espaço marginal. Pensamos que a função política de uma ação artística, ao revelar e problematizar essas divisões, justificativas e consequências, perturba o *status quo*: ela transgride, simbolicamente ou enquanto prática social, as normas e partições estabelecidas e, desse modo, provoca rupturas com o hábito perceptivo, comportamental e inclusive legal de organizar o espaço comum.

De fato, ações simbólicas - como o são as ações artísticas – encontram seu potencial político exatamente neste gesto duplo de, por um

---

[49] "Igualdade" no sentido do que Rancière (2009, p. 36) entende como "potência da linguagem. Tudo está em pé de igualdade, tudo é igualmente importante, igualmente significativo."

lado, produzir um momento de erupção da tensão do litígio do qual fala Rancière e, por outro, o desejo de solidariedade que aponta Bhabha. Para confrontar o regime policial com uma lógica que ostenta a pretensão de ser igualitária pelos marginalizados em relação aos dominantes, as *performances* precisam introduzir em sua própria lógica formal de produção e apresentação esse gesto duplo.

Que litígio ou que desejo de solidariedade nos apresentam as coreografias homogeneizadas do *flashmob*? Que proposta de comunidade se evidencia nelas?

Ao analisar as imagens de *flashmobs* com suas coreografias de indivíduos que se submetem a uma coreografia homogeneizada, percebemos imagens de diversos corpos que se movimentam de repente "*como que* dentro de um só corpo" (Canetti, 1995: 12); ou seja, eles realizam embrionariamente o comportamento da massa. Todavia, enquanto massa, esses corpos realizam uma ideia de comunidade que cai na armadilha totalitária ao sucumbir ao desejo regressivo de formar um corpo social sem litígio. Ao tentar realizar a comunidade pura, eles destroem a possibilidade de comunidade, por purificar o coletivo das vozes dissonantes e possivelmente destoantes.[50] O *flashmob* nos apresenta uma ideia estetizada de uma comunidade que reprime sua condição política inerente.

Em oposição a essa imagem, encontramos a organização do coletivo dos jovens marginalizados entrando no *shopping*, que se assemelha mais a um bando de pessoas, ou melhor a uma horda bárbara.[51] Entretanto, é exatamente essa horda que reivindica tanto a igualdade com o outro externo quanto configura uma igualdade na diversidade interna. Em sua coerência heterogênea, ela nos apresenta uma imagem dessa característica da comunidade política de que fala Nancy (2000), mas que se apresenta também nas reflexões de Rancière sobre o político de sociedade enquanto

---

[50] Neste momento, nossas reflexões sobre o coletivo e a comunidade são informadas pelas explanações pós-metafísicas de Jean-Luc Nancy (2000) sobre a comunidade, a existência humana enquanto um "*Being singular plural*" (Ser singular plural), como diz o título de seu livro homônimo.

[51] O Dicionário Houaiss nos apresenta a seguinte definição e etimologia da palavra: "1. tribo de tártaros ou de outros nômades, 2. bando indisciplinado, malfazejo, que provoca desordem, brigas etc., 3. Derivação: por extensão de sentido. grupo numeroso de pessoas; multidão. A palavra é oriunda do francês *horde* (1559) 'tribo errante, entre os tártaros'; (1767) 'tropa de homens desordeiros'; (1769) 'qualquer multidão'; emprt. do tártaro *orda* 'acampamento militar'; f.hist. 1651 *horda*, 1651 *orda*"

confronto inerente entre a lógica policial e a lógica igualitária: o coletivo é realizado apenas na medida em que não é realizado enquanto comunidade homogeneizada. A comunidade é (e não pode ser mais) a percepção do "com" enquanto um estar-juntos no mesmo espaço, no mesmo tempo e no mesmo conflito. Os jovens realizam essa comunidade no interior de sua horda e a requerem como realidade para o convívio social com aqueles que pertencem a outra classe social. Nessa horda encontra-se incorporada a comunidade política por vir.

Considerações sem final... ainda

É nesse ponto que os *flashmobs* falham e revelam seu caráter servil à lógica policial: eles querem se colocar no plano do político, mas parecem conciliados com a intenção policial de fortalecer e engessar os dispositivos simbólicos do poder. Os jovens dos rolezinhos, ao contrário, desafiam o poder tal como é estabelecido, transgredindo o lugar que lhes conferiu a divisão social.

Perceber novamente o litígio que está na base do sistema policial e torná-lo produtivo, desestabilizador e transformador, eis o ato que desafia a lógica policial e instaura a lógica política. Por isso, o surgimento do litígio na consciência do observador precisa ser forte como o grande choque de que fala Benjamin (1989), em oposição aos pequenos choques geradores de instabilidade, que constroem a vida moderna das grandes cidades e que apenas fazem com que o sujeito se adapte e aprenda até mesmo a desfrutar a miséria que se expressa na rasura e na irrelevância da vivência efêmera. Nesse sentido, o *flashmob* não pertence à arte que nos prepara para "sobreviver à cultura" (Benjamin, 1987: 119): ao contrário, constitui-se como mera expressão de nossa cultura —por mais formalizada e extracotidiana que possa parecer— pois não abre o campo político como fronteira entre a lógica policial e a lógica do dissenso, como tensão entre pertencimento e exclusão.

Enquanto *flashmobs* enfeitam a pobre realidade conduzida pela lógica policial e se enfileiram, nesse sentido, a serviço do consumo, rolezinhos nos colocam face a face com a pobreza real da classe que não pode aparecer, mas circunda os *shopping centers*. Sua imagem de corpo coletivo outro, de horda periférica e predominantemente negra adentrando estes "locais de cultura" (Bhabha, 2001)—mas, de cultura do consumo—

com sua "aparição única de uma coisa distante, por mais perto que ela esteja" (Benjamin, 1987: 170) ameaça empobrecer nossa realidade com sua auratização. Mas, talvez possa mais do que isso: talvez possa enriquecê-la com a ostentação de sua barbárie.

Referências

Benjamin, Walter. *Charles Baudelaire: um lírico no auge do capitalismo* (Obras escolhidas III). Tradução de José Carlos Martins Barbosa e Hermerson Alves Baptista. São Paulo: Brasiliense, 1989.

---. *Magia e técnica, arte e política* (Obras escolhidas I). Tradução de Sérgio Paulo Rouanet. São Paulo: Brasiliense, 1987.

---. *O anjo da história*. Tradução de João Barrento. Belo Horizonte: Autêntica, 2012.

---. *Origem do drama trágico alemão*. Tradução de João Barrento. Belo Horizonte: Autêntica, 2011.

Bhabha, Homi K. *O local da cultura*. Tradução de Myriam Ávila, Eliana Lourenço de Lima Reis e Gláucia Renate Gonçalves. Belo Horizonte: Editora UFMG, 2001.

Brum, Eliane. *Os novos "vândalos do Brasil"*. El País Brasil *online*, portado em 23/12/2013, às 12h51m. Disponível em: <http://brasil.elpais.com/brasil/2013/12/23/opinion/1387799473_348730.html>

Canetti, Elias. *Massa e poder*. Tradução de Sérgio Teilaroli. São Paulo: Companhia das Letras, 1995.

Cidades rebeldes: as jornadas de junho no blog da Boitempo. Disponível em: <https://blogdaboitempo.com.br/jornadas-de-junho/>

Harvey, David, Maricato, Ermínia e outros. *Cidades rebeldes: Passe Livre e as manifestações que tomaram conta das ruas do Brasil*. São Paulo: Boitempo, 2013.

Houaiss, Antônio. *Dicionário Houaiss da língua portuguesa*. Rio de Janeiro: Objetiva, 2009.

Nancy, Jean-Luc. *Being singular plural*. Tradução de Robert Richardson e Anne E. O'Bryne. Stanford: Stanford University Press, 2000.

Jovens se organizam pelo Facebook e provocam tumulto em shopping da capital. In: Estado de Minas, 15 de agosto de 2013. Disponível em: <http://www.em.com.br/app/noticia/gerais/2013/08/15/inter

na_gerais,435646/jovens-se-organizam-pelo-facebook-e-provocam-tumulto-em-shopping-da-capital.shtml.>

Perniola, Mario. *Do sentir*. Tradução de Antônio Guerreiro. Lisboa: Editorial Presença, 1993.

Pereira, Alexandre Barbosa. "Rolezinho no shopping: aproximação etnográfica e política". *Pensata* – Revista dos Alunos de Pós-Graduação em Ciências Sociais da Unifesp, volume 3, número 2, ano 4, (maio de 2014): 8-16. Disponível em: <https://www.researchgate.net/publication/271197338_Rolezinho_no_shopping_aproximacao_etnografica_e_politica>

Rancière, Jacques. *A partilha do sensível: estética e política*. Tradução de Monica Costa Netto. São Paulo: EXO Experimental/Editora 34, 2005.

---. *O desentendimento*. Tradução de Ângela Leite Lopes. São Paulo: Editora 34, 1996.

---. *O inconsciente estético*. Tradução de Monica Costa Netto. São Paulo: Editora 34, 2009.

Wasik, Bill. *My Crowd. Or Phase 5: a report from the inventor of the flash mob*. Harpers Magazine, (2006): 56-66. Disponível em: <http://raley.english.ucsb.edu/wp-content2/uploads/Wausik_Harpers.pdf.>

III-Teoría y testimonios desde la dirección,
la actuación y la investigación:
Brasil, Chile y Ecuador

Perspectivas políticas de la escena latinoamericana

Los desafíos del testimonio y la experiencia

Karina Wainschenker
Universidad de Buenos Aires

Un recorrido por el proceso de creación de *App/Recuerdos*, proyecto que actualmente realiza el colectivo chileno Sonido Ciudad en conjunto con el grupo alemán Rimini Protokoll, sirve a Mauricio Barría Jara para abordar una exhaustiva reflexión en torno a la relación entre historia y memoria política.

App/Recuerdos consiste en un audio-recorrido por el centro de Santiago durante el cual el transeúnte escuchará relatos de diferentes personas de eventos ocurridos en la década de los 70 y 80 en Chile. Al haber sido parte del proceso creativo, el autor cumple un doble rol como narrador y como investigador que se sumerge en las profundidades de la complejidad teórica que gira en torno a una experiencia de estas características. Todo esto significó una serie de desafíos sobre los que Barría Jara reflexiona de manera constante sin pasar por alto ningún detalle de manera superficial.

Ya en el mismo relato del proceso creativo, Barría Jara afronta las dificultades que supone reproducir una experiencia alemana en terruño latinoamericano, más específicamente chileno. Entre ellas el autor apunta la falta de archivos desclasificados de las policías secretas que operaron bajo la dictadura (Dina, CNI, Diconcar, etcétera), la vigencia de estas estructuras de Inteligencia "que mantienen redes de influencia y de protección en el momento de encubrir pruebas y de mantener en el más absoluto secreto el destino de los cuerpos de los DDDD", y el hecho de que "el trauma de la violencia represiva sigue latente y se manifiesta por medio del miedo a despertar antiguos rencores o su acción reactiva de apropiar una determinada memoria oficializada de ese trauma".

La selección de relatos fue otro de los desafíos que dieron lugar a lo que Barría Jara nombra (otra opción: denomina) *dramaturgia topográfica*: la memoria de los espacios que se van transformando en el tiempo, cuya significación transmuta de generación en generación, que se rescata a través de la voz viva de un relato que hizo hincapié no tanto en su aspecto narrativo sino en el dramático, es decir, en la *acción*.

La reflexión teórica se ve inmersa en una trama que debe retrotraerse, en principio, al Teatro documental y al Teatro político. Pero este es solo el punto de partida, ya que Barría Jara se dedica luego a revisar y reflexionar en torno a las ideas de *testimonio*, *documento* y *experiencia* de aquellos relatos (¿re?) constructores de un pasado que, en palabras del autor, "es hoy objeto de litigio en un campo social en permanente transformación".

La relevancia de estos conceptos para poder comprender la operación que se hace desde la experiencia de *App/Recuerdos* es fundamental y sirve para desembocar en unas reflexiones que revisten incluso un carácter social y antropológico: el lugar del relato, del mito, en la conformación de la comunidad, del ser social.

Asimismo, el rescate de lo sensible y las conclusiones finales que tienen la sagacidad de combinar tanto la participación en el proyecto como su posterior revisión desde distintas perspectivas disciplinares, nos proponen transitar junto con el autor, una montaña rusa de desafíos prácticos y teóricos, a la hora de reflexionar o construir proyectos sobre la memoria de un pasado que es y está presente.

Recuerdos en tránsito (*App/Recuerdos*). La recuperación política de la experiencia

Mauricio Barría Jara
Universidad de Chile

El propósito de la siguiente intervención es limitado. No pretende discutir a cabalidad las categorías que se expondrán. Se tratará más bien, por una parte, de describir los objetivos y los procedimientos del proyecto, para luego, invitar a una reflexión sobre los mismos que permita descubrir sus singularidades y aporte específicos. Para esto me serviré de algunas categorías tradicionales de este tipo de obras que trabajan sobre la relación entre Historia y memoria, tales como documento, testimonio y experiencia.

El origen del proyecto

El año 2015 el Instituto Goethe de Santiago me invita a participar en un proyecto sobre memorias que se llevaría a cabo por el reconocido colectivo alemán Rimini Protokoll en la ciudad de Santiago. Fue así que en enero de ese año y en el contexto de la presentación de la obra *Santiago Remote* realizada por ellos mismos durante el Festival Santiago a Mil (Fitam), me reuní con Stefan Kaegi a discutir sobre la posibilidad de tal iniciativa. El antecedente era un trabajo anterior de ellos llamado *50 aktenkilometer (50 kilómetros de actas)* realizado en la ciudad de Berlín y que consistía en un audiorecorrido por el centro de la ciudad de Berlín a partir de los archivos desclasificados de la Stasi. En un primer momento la idea de Kaegi era más o menos replicar lo mismo, sin embargo, desde un primer instante vimos la imposibilidad de tal cosa. En primer lugar, porque en nuestro país no existen archivos desclasificados de las policías secretas que operaron bajo la dictadura (Dina, CNI, Diconcar, etcétera), a pesar de que existen registros de algunos de sus procedimientos, y de que lejos de estar inoperativas como en el caso alemán, lo cierto es que estas estructuras de Inteligencia siguen activas manteniendo redes de influencia y de protección en el momento de encubrir pruebas y de mantener en el más absoluto secreto el destino de los cuerpos de los DDDD, por ejemplo. En segundo lugar, en Chile, a pesar de que se pueda decir lo contrario, el trauma de la violencia represiva sigue latente y se manifiesta por medio del miedo a despertar antiguos rencores o su acción reactiva de apropiarse de una determinada memoria oficializada de ese trauma, memoria que es administrada en parte hoy por los lugares de memoria y organizaciones afines que miran con sospecha cualquier otra forma de reconstituir el pasado. Esto hacía complejo llevar a cabo un proyecto de este tipo, especialmente si de lo que se trataba era de hablarles a aquellas generaciones que no habían nacido bajo dictadura, es decir, a todos lo que hoy tienen veinte, veinticinco años o menos (Imagen 1). Sin duda, la propuesta tampoco encerraba en sí misma una novedad y era necesario pensar cómo se vincularía con los serios intentos de recuperación de la memoria oral llevados a cabo, principalmente, por estos sitios de memoria, como villa Grimaldi, en sus colecciones de testimonios de sobrevivientes, o Londres 38, a lo que se suman las iniciativas de índole estatal de reparación como fueron las comisiones Rettig y Valech.

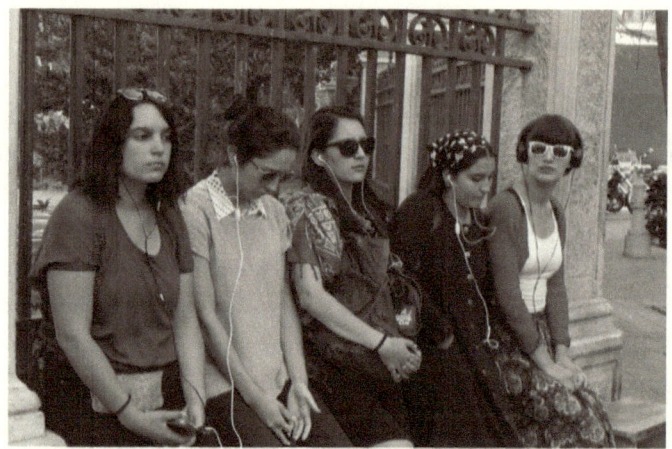

Imagen 1. *App/Recuerdos.* **Foto: Verónica Troncoso**

La pregunta que inmediatamente surgió en el grupo de artistas que armaría la investigación era sobre el sentido de un trabajo como este hoy, más allá del eslogan de que nunca es suficiente insistir en el no olvido o que nunca nada será suficiente para reparar la violencia ejercida sobre el

Perspectivas políticas de la escena latinoamericana

cuerpo personal y social de una parte de nuestro país. Había que pensar en esa insistencia. En qué es aquello que insiste, qué significa que algo insista.

El proyecto *App/Recuerdos* consiste básicamente en la construcción de un repertorio de relatos de personas que cuentan algo que les haya pasado entre 1970 y 1989. Se trata de indagar en aspectos más cotidianos, aunque vinculados con el período histórico. Así los relatos tienen que ver, de manera directa o indirecta, sobre los acontecimientos históricos que marcaron nuestras vidas. Esta idea de que la historia marca la vida, impronta nuestros cuerpos, de que la historia en definitiva se hace experiencia en nosotros. Esta es la gran hipótesis de la obra. Pensamos entonces, que habría que buscar historias que tuviesen una particularidad antes que un carácter de representatividad, que hablasen de dimensiones más cotidianas o aspectos menos mencionados en los habituales testimonios de memoria. Buscar además que estos relatos fuesen contados en directo, de alguna manera *in real time*, con lo que adquirirían una condición fuertemente performativa de presente; que pusieran al auditor en un presente de la escucha. Finalmente, estas historias debían situarse en un lugar específico de la ciudad, es decir, hablar de cosas que pasaron en un antes temporal, pero situando al escucha en el presente de un lugar. El sitio específico adquiere así, en cierto modo, la condición de contenedor escenográfico; aunque sólo relativamente, puesto que, producto de la neoliberalización del mercado inmobiliario, nuestra ciudad ha sufrido un cambio radical en estos últimos veinte años, por lo que muchos de los lugares descritos en los relatos hoy ya no existen. Esquinas céntricas donde alguna vez señoreó una tienda como Los Gobelinos, originariamente espacio selecto de encuentro y consumo de las clases altas, donde hoy permanece el edificio en el que se asienta otra tienda Hites, que representa un imaginario ligado a lo moderno, al consumo globalizado, a la relación de las clases medias con el mundo. O el lugar donde estaba la cárcel por donde pasaron la mayor parte de los presos políticos que hoy es un centro financiero donde una sucursal del banco Santander aplasta la memoria de ese lugar. Imaginamos entonces la ciudad como una superficie epidérmica en la cual habrían quedado registrados los rasguños y rasmilladuras, los moretones y desgarros que conformaron esta realidad, y que los procesos políticos recientes han tendido a borrar o a maquillar. Una especie de piel que esconde las huellas de esta historia, que estos relatos debieran volver a hacer presente, como una huella sónica, la memoria urbana de la ciudad. Memoria que es hoy nuestro presente.

Técnicamente *App/Recuerdos* es un audiorecorrido compuesto por esa serie de archivos sonoros de relatos que se descargan por medio de una aplicación que funciona por GPS al teléfono o Ipod del transeúnte. Cada persona portará un mapa virtual de una determinada zona del centro de Santiago en la que aparecerán graficados puntos. Al llegar al punto se descarga el archivo. El conjunto de los puntos construye una dramaturgia topográfica, que se sucede más como un flujo de intensidades que como un relato unitario y orgánico. En efecto, no existe un recorrido determinado, cada usuario armará el trayecto como le parezca (Imagen 2). La obra contará con cerca de 80 archivos de relato y unos 20 o 25 archivos sonoros de índoles diversas: archivos radiales, bandas sonoras, música, etc.

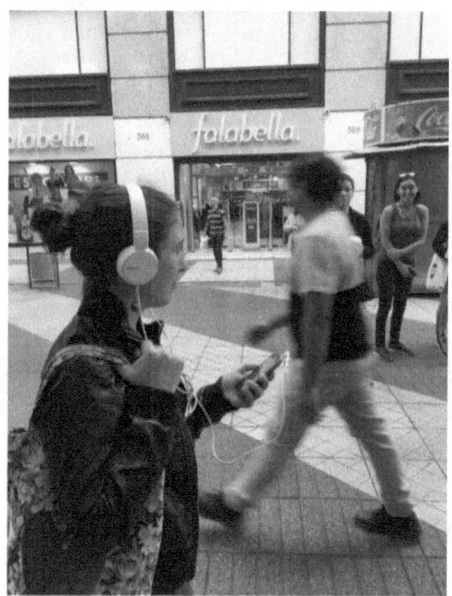

Imagen 2. *App/Recuerdos*. Foto Verónica Troncoso

El trabajo que expondré, tanto por su sentido como por sus procedimientos, respondería a una forma de arte o teatro documental. Esto porque el horizonte en el que se proyecta tiene que ver, por una parte, con la recuperación de un sentido histórico de la experiencia humana y, por otra, porque aspira directa o indirectamente a legitimar o validar aquello desde la presencia de un *real* (antes que de una ficción). Pero lo documental, así como la noción misma de documento ha variado dramáticamente a lo largo del siglo XX, lo que en sus inicios se entendió por tal no es lo mismo que hoy, principalmente porque la noción de Historia que sustentaba uno u otro modelo es lo que se ha modificado. Por eso debiéramos hablar de un *devenir documental* en el teatro contemporáneo antes que de una recuperación del Teatro Documental, categoría acuñada estrictamente por Piscator y Weiss. Por otro lado, no nos referiremos a obras que trabajen específicamente lo documental como su medio articulador, pues hay un sinnúmero de usos de este recurso hoy en el arte en general. En muchos casos lo documental es apenas una referencia o contribuye a intensificar un instante de un relato ficcional, incluso en muchos casos éste interactúa de igual a igual con el texto ficcional constituyendo una genuina alegoría (de Mann, 1990) que viene a tensionar capas textuales para amplificar lo inabarcable que pueden ser, a veces, determinadas situaciones de la vida de las personas y las sociedades[52].

Lo que vamos a revisar a continuación son entonces un par de nociones en el que ha devenido lo documental. Partiremos por revisar la idea de teatro propiamente documental y la noción de documento e historia asociada a él. Luego la noción de testimonio y su vínculo con una nueva historiografía, para finalmente intentar, por medio de la comparación con las primeras, proponer un tercer modo de este devenir que a mi juicio es el que operaría en el proyecto que he descrito.

Documento y la escena documental

El uso de lo documental como articulador de la dramaturgia de una puesta en escena proviene originalmente del *Teatro Político* de Erwin Piscator. La aparición del concepto de "Teatro político" estuvo asociado a la emergencia de los procesos revolucionarios que activaron hacia fines del siglo XIX una singular conciencia sobre la historicidad de la condición humana. Aunque había sido el pensamiento burgués ilustrado el que había abierto el problema durante el siglo anterior, no va ser sino hasta Marx que

---

[52] Un interesante ejemplo de aquello lo encontramos en la obra de Carlos Cerda *Lo que está en el aire* montada por ICTUS en 1986. En ella Cerda incorpora en voz de un personaje el relato testimonial real de una mujer que sufrió secuestro y tortura. Otro caso es cuando la dramaturgia ha sido elaborada desde una investigación previa y los textos se basan en testimonios, pero éstos son modificados ficcionalmente. *Tres Marías y un rosa* de Benavente es un buen ejemplo de ello.

esta condición histórica será comprendida como un devenir material y no como una hipóstasis temporal a la que estaría suscrita la humanidad en su totalidad. El pensamiento marxista descubre esta dimensión de concretitud radical de la historia al asociarla al devenir de las relaciones de producción. Es por ello que para Piscator un teatro político tenía como misión primordial producir ante todo conciencia, no tanto sobre la situación de explotación, sino sobre esta radical historicidad en la que los sujetos, en cuanto sujetos sociales y no sólo individuos, se debatían para producir su existencia. Sostenía Piscator que "Elevando lo escénico a lo histórico" (2001: 202), el teatro político se distanciaba de formas militantes y doctrinarias propias del naturalismo burgués y se proyectaba como una epistemología artística, como un medio de y para el conocimiento de esta historicidad, requisito para la realización de un teatro *revolucionario*. De lo que se trataba no era tan sólo propagar una determinada concepción de la vida, sino de *probar* que esa concepción sería la válida para ese tiempo, y el modo de hacerlo era penetrando científicamente en el asunto (112). Este ingreso científico implicaba exceder teatralmente tanto la acción como al personaje individual para confrontarlos con las grandes fuerzas de la historia, de tal manera que lo que saliera subrayado fuera el asunto por sobre el individuo y los sucesos sobre los sujetos. El procedimiento con el que experimentó Piscator para conseguir tal cosa fue la utilización del cine y la fotografía como documentos de la realidad. Independientemente de que no teorizase de manera explícita sobre el recurso, para Piscator, el documento respondía a una concepción tradicional de la Historia, para la que éste constituía el elemento probatorio capital y definitorio: no hay historia sin documentos, se enseñaba a inicios del siglo XX. En palabras de Le Goff:

> El documento que, para la escuela histórica positivista de fines del siglo XIX y de principios del XX, será el fundamento del hecho histórico, si bien es el resultado de una elección, de una decisión del historiador, parece presentarse de por sí como prueba histórica. Parece poseer una objetividad que se contrapone a la intencionalidad del monumento. Por lo demás, se afirma esencialmente como un testimonio escrito (1991: 231).

Perspectivas políticas de la escena latinoamericana

El término "documento" deriva del latín *documentum* que proviene, a su vez, de *docere*, "enseñar". De ahí que su significado esté estrechamente asociado a la idea de prueba que demuestra y enseña la veracidad de un hecho histórico. Sin embargo, ya en la década de los 30 del siglo XX, la Escuela francesa de los Anales había generado una ampliación de la noción al considerar "documento" a una variedad de testimonios más allá de los escritos. Para Le Goff está auténtica *revolución documental* (232) implicará también una profunda transformación de los estudios históricos, pues relevará la importancia de la memoria colectiva como fuente de la historia:

> El interés de la memoria colectiva y de la historia ya no se cristaliza exclusivamente sobre los grandes hombres, los acontecimientos, la historia que transcurre de prisa, la historia política, diplomática, militar. Esta ahora se ocupa de todos los hombres, comporta una nueva jerarquía más o menos supuesta de documentos, coloca por ejemplo en primer plano para la historia moderna el registro parroquial que conserva para la memoria a todos los hombres (232).

Es sobre esta concepción de documento ampliado que trabajará de modo intuitivo Piscator, pero también el inventor del término "Teatro Documento", el alemán Peter Weiss (1976), tal como lo enuncia en el siguiente manifiesto:

> El Teatro-Documento es un teatro de información. Expedientes, actas, cartas, cuadros estadísticos, partes de la bolsa, balances de empresas bancarias y de sociedades industriales, declaraciones gubernamentales, alocuciones, entrevistas, manifestaciones de personalidades conocidas, reportajes periodísticos y radiofónicos, fotografías, documentales cinematográficos y otros testimonios del presente constituyen la base de la representación. El teatro-documento renuncia a toda invención, se sirve de material auténtico y lo da desde el escenario sin variar su contenido elaborándolo en la forma (99).

Aquí el punto crítico no radica en una cuestión de formatos o de variedad de formatos, sino en el supuesto antes indicado por Le Goff. El documento para ser tal se supone objetivo, al tiempo que se objetiviza el suceso histórico. El documento debe trascender a la persona, a la evidencia de la experiencia individual, colocarse por sobre ésta, es no subjetivo. De este modo el documento a la larga pasó a ser el dispositivo del discurso dominante, y por consiguiente, desde ya, borraba las dimensiones de lo cotidiano, lo pequeño, lo marginal. Establecía como importantes determinadas condiciones factuales: lo institucional tanto político como social.

El cuestionamiento más fuerte a este modo de hacer la historia fue llevado a cabo en la década de los '70 y '80 por la llamada Nueva historiografía (White, 1992; Le Goff. 1991; Ricoeur, 2000; De Certeau, 1999), que pusieron en un primer plano la cuestión del relato y la memoria.

No obstante, esta polémica encuentra uno de sus lugares inaugurales en los trabajos realizados por Michel Foucault a finales de los '50 sobre la institución psiquiátrica y el régimen carcelario. Foucault abre lo que posteriormente se denominará la "historia de las mentalidades". *Genealogía* será el concepto que describe este nuevo estado de la disciplina. Una genealogía, nos señala Foucault (1991), consiste en una interrogación por el origen, pero no entendido como punto fundacional al cual habría que retornar, como una esencia o una verdad perdida. A diferencia de la historia que en su sentido moderno piensa el origen como teleología y, por tanto, los diversos acontecimientos como piezas que van engranándose necesariamente en función de su finalidad predeterminada, la genealogía pone su interés en la singularidad de los sucesos, "en aquello que pasa desapercibido por no tener nada de historia—los sentimientos, el amor, la conciencia, los instintos—captar su retorno, pero en absoluto para trazar la curva lenta de una evolución, sino para reencontrar las diferentes escenas en las que han jugado diferentes papeles; definir incluso el punto de su ausencia, el momento en el que no han tenido lugar" (7).

A la genealogía le interesa la historia desde sus discontinuidades; no se trata de reconstruir las raíces de una identidad categórica, la de un autor o la de un receptor modelo, no se trata de buscar alguna unidad de la que provendrían formas canónicas, "ismos", o tendencias. Importa, por el contrario, apuntar a la historia desde "sus intensidades, sus debilidades, sus furores secretos, sus grandes agitaciones febriles y sus síncopes" (12), —lo que Foucault denomina— "el cuerpo mismo del devenir" (12), apuntar a eso que llamábamos, líneas atrás, insistencia-del-origen. Por ello finalmente, es el cuerpo aquí el sujeto de la historia: "El cuerpo: superficie de inscripción de los sucesos [...]. La genealogía, como el análisis de la procedencia, se encuentra por tanto en la articulación del cuerpo y de la historia. Debe mostrar al cuerpo impregnado de historia, y a la historia como destructor del cuerpo" (14-15).

    El cuerpo para Foucault no es sencillamente una superficie pasiva de inscripción. El cuerpo se transforma, experimenta encarnadamente la fuerza de ley del orden histórico. Por lo mismo el cuerpo se constituye en función especular con la subjetividad, como un estadio del espejo. El sujeto se reconoce en esta reforma del cuerpo, en la ley inscrita incorporada radicalmente sobre la carne. Es una otredad desde donde puedo evidenciar mi propia constitución. Así también la genealogía apunta a la singularidad de los sucesos desde donde se evidencia la singularidad de los sujetos. Este acento de Foucault me parece central y sobre él volveremos más adelante para diferenciar el testimonio de la experiencia, tal cual la queremos entender. La lectura foucaultiana de la historia será, entonces, uno de los antecedentes de esta nueva historiografía que viene a cuestionar los postulados de una disciplina aún anclada en una concepción cientificista y archivística. En contra de aquello se postulará la revalorización de la vida cotidiana, de los eventos marginales y de la vida de los actores subalternos de la historia. En este contexto el concepto de documento se desplazará hacia el de testimonio.

Testimonio y escena testimonial

    La noción de testimonio ha sido ampliamente debatida en los últimos años, principalmente en el campo de la literatura y los estudios culturales y sociales latinoamericanos. En términos generales podemos entender por testimonio un relato en primera persona, que valoriza la subjetividad del testigo con toda su carga emotiva e individual. Su rendimiento político ha tendido a asociarse al hecho de que permite que el habla de los sujetos subalternos salga a la superficie, otorgándole valor y la condición de un antecedente histórico. Para muchos el testimonio puede ser pensado como una forma alternativa de narración histórica que se contrapone a la narrativa del discurso historiográfico oficial del poder, tanto por los hechos que testifica, como por la consideración al carácter subjetivo y emocional que supone la retórica de su enunciación. Al testimonio, además, a diferencia del discurso histórico tradicional, le importa la pluralidad de voces, pone su acento en lo polifónico antes que en lo monologal (Achugar, cit. en Blair, 2008: 86). El testimonio, la mayoría de las veces, es también una denuncia por su atención al otro y a la "historia otra": denuncia los excesos del poder, denuncia la marginación, denuncia el silencio oficial. (87); [...] como registro de la voz del otro (87). Para Elizabeth Jelin (2002), por su parte, el testimonio se relaciona con una forma subjetiva de la historia basada en la experiencia que tuvo lugar en la memoria. Para la investigadora social el problema de la memoria constituiría hoy un lugar ineludible para una historiografía que quisiera pensarse problemáticamente. No sólo porque pone en tensión los lugares de enunciación de los discursos oficiales o valida los aspectos emocionales y afectivos como componentes de su narratividad sino, por sobre todo, porque la memoria viene a hacer visible la historicidad misma de los discursos históricos, en cuanto que: "Los cambios en escenarios políticos, la entrada de nuevos actores sociales y las mudanzas en las sensibilidades sociales inevitablemente implican transformaciones de los sentidos del pasado (69). Por lo que

> La significación de los acontecimientos del pasado no se establece de una vez para siempre, para mantenerse constantes e inmutables. Tampoco existe una linealidad clara y directa entre la relevancia de un acontecimiento y el pasado del tiempo cronológico, en el sentido de que a medida que pasa el tiempo el acontecimiento va cayendo en el olvido histórico, para ser reemplazado por otros eventos más cercanos (70).

El pasado es hoy objeto de litigio en un campo social en permanente transformación, en el que los diversos actores ingresan con sus sensibilidades particulares a seleccionar y enfatizar determinados sucesos y perspectivas en desmedro de otros: en otras palabras, habitamos en la emergencia de nuevas subjetividades que reclaman sus espacios de legitimidad. Ante esta emergencia, Jelin llama a "historizar la memoria", pues este poder diseminador que para muchos autores comportaría lo testimonial, entra en contradicción cuando queremos asignarle una función de verdad. La misma Jelin plantea que "la memoria, como el proceso de recordar, ordenar e interpretar subjetividades humanas comporta un problema cuando pensamos en la verificabilidad de los datos y por consiguiente la autenticidad de los relatos, ya que pueden cometerse errores al momento de realizar las asociaciones que permiten el recuerdo y la transmisión de éste" (64).

Pero esta demanda que se cierne sobre el testimonio no viene dada solamente por su condición de potencial material histórico, sino que le es consustancial, en la medida que el testimonio se ha pensado desde el modelo jurídico del testigo. Para Ricoeur (2008) todo testimonio considera dos elementos que se articulan. Por un lado, "la aserción de la realidad factual del acontecimiento relatado" (211), por otro la "certificación o autenticación de la declaración por la experiencia de su autor" (211) lo que él llama su *presunta fiabilidad*. Esta condición marca el carácter de autoreferencialidad en la que consiste el testimonio; sin embargo, esta "autodesignación se inscribe en un intercambio que instaura una situación dialogal" (212), que reclama del que escucha su fianza sobre lo expresado. Por ello, el testigo, nos dice Ricoeur, "testimonia ante alguien la realidad de una escena a la que dice haber asistido y con ello pide ser creído" (212). Es decir, el testimonio implica una intencionalidad perlocutiva en su propio acontecer enunciativo: reconstituye una escena constituyendo otra con la que desea influir en el auditor con el fin de que éste tome partido sobre el mismo. El discurso testimonial tendría entonces un fin pragmático, una pretensión de intervenir sobre la realidad. Tal vez el problema viene dado por eso que algunos autores han llamado la urgencia del texto testimonial, toda vez que el testimonio es convocado precisamente cuando los discursos oficiales no pueden o no quieren dar cuenta de la emergencia de un trauma o simplemente no pueden hacerse cargo de un determinado punto de vista de un acontecimiento. Ahí entonces, ante la urgencia es que el testimonio es conminado a comparecer para certificar la ocurrencia efectiva de lo sucedido. El testimonio se convierte así en medio probatorio de una realidad existente afuera del relato mismo, una garantía de certeza de un hecho exterior al relato; entonces empieza a operar ahí una exigencia de verdad que necesariamente convierte al testimonio en objeto de archivo y lo atrapa en la lógica del documento. Esta exigencia, finalmente, obliga a desplazar lo subjetivo a lo colectivo. Para Beverly (2010), por ejemplo, la testificación del testigo está primordialmente interesada por la representatividad de un grupo o una comunidad (89); de alguna manera, el testimoniante pretende encarnar una especie de yo-social. El yo-personal se convierte, así, en un representante de los sin voz; a pesar de la primera persona de su relato, deviene una muestra documental.

El testimonio termina por asimilarse a (o ser asimilado por) la lógica del archivo —en el sentido que Derrida (1996) cuestiona este procedimiento— y, de este modo, a veces, convertido sin más en un documento, pero de otra oficialidad, de la oficialidad de la víctima o la del derrotado o la del sujeto subalterno, en el que la fuerza se ley se cumple tal cual, solo que en un sentido inverso. Al respecto resulta clarificador lo que plantea la historiadora Joan Scott sobre lo limitante que ha sido para los llamados historiadores de la diferencia, recurrir a estas estrategias de documentar las experiencias de otros:

> Es precisamente este tipo de apelación a la experiencia como evidencia incontrovertible y como punto originario de la explicación, como los fundamentos en los que se basa el análisis, el que le quita fuerza al impulso crítico de la historia de la diferencia. Al mantenerse dentro del marco epistemológico de la historia ortodoxa, estos estudios pierden la posibilidad de examinar esas suposiciones y prácticas que, en primer lugar, excluyeron considerar la diferencia. Toman como evidentes las identidades de aquellos cuya experiencia está siendo documentada, y de este modo naturalizan su diferencia. Ubican la resistencia fuera de su construcción discursiva, y hacen real a la agencia como un atributo inherente de los individuos, descontextualizándola (1992: 47-48).

En efecto, la crítica de Scott se asienta en el hecho que la experiencia es también una construcción y no simplemente el relato automático de lo vivenciado. La experiencia se construye, eso significa en sentido estricto que es una narración y por ende es inseparable de sus ser-relato. La verdad o no verdad no radica entonces en una referencia a algo afuera-del-relato, sino que sucede en la estructura discursiva misma. El marco epistemológico ortodoxo, como lo llama Scott, supondría el testimonio como prueba de una existencia afuera y eso es lo naturalizante de la diferencia, como si la diferencia fuese una ocurrencia objetiva y no desde siempre también una construcción discursiva, una representación. Así, entonces, mientras el testimonio comparezca dentro de una determinada concepción de la historia como disciplina normalizada, por mucho que la historiografía contemporánea haya abandonado el paradigma teleológico, por mucho que prime la idea de que no hay una sola verdad, sino que la verdad histórica es diversa, el hecho de pensar el testimonio como medio de prueba tensiona sus posibilidades críticas, pero no las disuelve necesariamente.

De la singularidad del sujeto a la singularidad del suceso: el descalce dramático de lo testimonial

Algo comienza a develarse en estas breves digresiones conceptuales. Que el documento y el testimonio responden a sendas tendencias historiográficas que oscilan entre un objetivismo positivista y un subjetivismo constructivista, según las denomina Jelin (2002). Entiendo que esta clasificación resulte en extremo reduccionista, pero nos permite pensar la posibilidad de un entremedio o un lugar intersticial en el que lo que se particularice ya no sea el sujeto enunciador, si no más bien el suceso mismo. Qué duda cabe que, desde un punto de vista fáctico, lo particular de un relato deriva primigeniamente del individuo que cuenta, es la individualidad personal la que se juega como garante de la singularidad, aun cuando aquello haya sido vivido por muchos. Pero si de lo que se trata acá es de memoria colectiva, aquello que imaginamos estaría más cerca del mito que del testimonio o del documento en un sentido estricto. Recordemos lo que señala Nancy sobre el mito: "hay hombres reunidos y alguien les narra un relato. No se sabe todavía si estos hombres reunidos forman una asamblea, si son una horda o una tribu. Pero decimos que son "hermanos", porque están reunidos, y porque escuchan el mismo relato" (2000: 81). Es en torno a un mito que se reúne una comunidad. Lo común, el ser común de la comunidad consiste en este compartir un relato: escena en la que un hombre narra a otros algo y esos otros reviven con cada frase el acontecimiento fundacional por el que la comunidad llegó a ser tal. La comunidad sucede en el ritual o en la perfomatividad de ese relatar. No hay comunidad como cosa fija, la hay cada vez que compartimos lo común: el relato del mito. Pues, ¿qué es lo común sino las historias que circulan de boca en boca y que configuran, antes que una identidad descriptible, una sensación de pertenencia, un espacio común compartido o una "estructura de sentimientos" en el decir de Raymond Williams? ¿Qué se comparte y reparte, sino esas historias? Es ése el asunto del tan conocido texto de Benjamin *El Narrador* (2008), en el que nos ofrece una historia afectiva del relato oral que él contrapone a la novela y en general a la narración escrita, reproducida técnicamente por medio de la imprenta.

La necesidad de volver a la comunidad es entonces la necesidad de volver a la experiencia entendida como ese paulatino tramado de historias singulares y esencialmente inconclusas que conforman humanidad. Por eso mismo, la comunidad no es algo realizable, es aquello siempre por realizar, lo que está siempre por venir. Volver a la comunidad, volver a la experiencia, es recuperar el deseo o el relato del deseo como posibilidad de una otra humanidad. El deseo, como la potencia, encuentra en la capacidad de ficcionar su modo de ser más auténtico. Lo que se recupera en el mito no es pues un determinado contenido, la verdad de una sabiduría perdida y atávica o la fórmula de una religazón con un determinado sentido de lo sagrado. En el mito, como lo afirma Nancy, se halla lo que finalmente reúne en la comunión de los individuos la posibilidad de una transformación de la realidad: "En efecto, el pensar mítico (...) no es otra cosa que el pensamiento de una ficción fundadora, o de una fundación por una ficción" (Nancy, 2000: 96).

Pero la comunidad en el mito implica también una relación con el tiempo. Para Benjamin experiencia y memoria se encuentran estrechamente ligadas. Pero la manera en que Benjamin concibe la memoria la liga profundamente a la percepción sensorial y a la particularidad estética de los fenómenos. Al respecto Mario Molano (2014) propone que:

> el desarrollo del concepto benjaminiano de experiencia, tan cargado de matices, corre al menos en tres direcciones simultáneamente: a) hacia la recuperación de la riqueza misma de lo sensorial, su capacidad expresiva y la vinculación emotiva que allí parece superar los límites de la relación sujeto/objeto; b) hacia el potencial mnémico y cognitivo de la experiencia que abre la posibilidad de crear formas de memoria y conocimiento integrativas y no restrictivas, a través de las cuales los individuos construyen sentido de mundo en diálogo crítico con las tradiciones y los distintos ámbitos del conocimiento; y c) hacia la reflexión histórico-crítica de las formas de experiencia acumuladas históricamente y las relaciones conflictivas de poder que se han desarrollado entre ellas (175-176).

De lo que se trata, entonces, es de una memoria del detalle, una memoria de las pequeñas cosas, de las imágenes fugaces que registra un paseante, en oposición a una memoria de lo general y de lo supuestamente relevante, siempre muy poco concreta. El punto es que, a través de esta focalización en lo particular, en lo efímero o lo intempestivo, es que logramos, por medio del relato, construir un nexo entre la actualidad y la tradición. La experiencia es un modo de relacionarse con la temporalidad y, por ende, con la historia. La clásica referencia al ángel de la historia (el *Ángelus Novus*), que mientras su cuerpo y alas se proyectan hacia el futuro su cabeza se vuelve con los ojos bien abiertos hacia las ruinas del pasado, nos brinda una pista definitiva: "Donde a nosotros se nos manifiesta una cadena de datos, él ve una catástrofe única que amontona incansablemente ruina sobre ruina, arrojándolas a sus pies. Bien quisiera él detenerse, despertar a los muertos y recomponer lo despedazado" (Benjamin, 1989: 183). El pasado para Benjamin no es algo simplemente asible por una suerte de empatía que podamos sentir por la acumulación de datos que configuran un conjunto discreto y completo. Por el contrario, el pasado se nos presenta como un paisaje de ruinas, de fragmentos inconexos, que solo advienen a una unidad transitoria y siempre provisional (precaria) en el instante del ahora: "Esa recuperación [...] solamente puede lograrla la memoria, pero no aquella que recuerda y repite intencionalmente, sino aquella que, en un breve instante de destello, ilumina el sentido mismo del acontecimiento pasado para hacerlo incidente en el presente" (Rosas, 1999: 180).

La historia es indefectiblemente discontinua y, por lo tanto, debe ser construida, ni siquiera reconstruida, pues no hay posibilidad de totalidad y organicidad alguna. Esta construcción, en efecto, no genera continuidad, se aparece más bien como un montaje inorgánico de piezas que se ensamblan a propósito de una imagen. El *ahora* no es una intuición trascendental, es una imagen o una fisonomía que experimento y que logra yuxtaponerse con otra imagen como un recuerdo de la infancia despertado por la visión de un antiguo juguete en un escaparate. Es pues un destello finito y de cierto modo intempestivo. Este modo de entender la historia y acceder al pasado desde la historia presente queda bien definido en su concepto de imagen dialéctica:

> No es que lo pasado arroje luz sobre lo presente, o lo presente sobre lo pasado, sino que imagen es aquello en donde lo que ha sido se une como un relámpago al ahora en una constelación. En otras palabras: imagen es la dia-

léctica en reposo. Pues mientras que la relación del presente con el pasado es puramente temporal, la de lo que ha sido con el ahora es dialéctica: de naturaleza figurativa, no temporal. (*Libro de los Pasajes*, 2005: 465, cit. en Molano, 2014: 170)

Para Benjamin el pasado y el ahora no son compartimentos de un tiempo cronológicamente medible, lineal y sucesivo: son unidades de experiencia humana vivida. El pasado y el ahora se yuxtaponen continuamente en la experiencia, como constelaciones de afinidades que se conectan precisamente en la correspondencia fisionómica de las cosas. Los detalles, los rasgos expresivos de los fenómenos se encuentran y se atraen como imanes, resultando de ello el destello de un recuerdo. Lo que nos permite volver a constituir una afinidad misteriosa y perdida en el tiempo cronológico. Una memoria incrustada en lo particular, en las fisionomías de las cosas vuelve la historia hacia los sucesos antes que a los sujetos. Son, pues, los sucesos, los realmente particulares: es ese recuerdo de infancia el que es singular y constituye posteriormente mi singularidad personal; soy lo que me ha pasado, pero lo que ha pasado es algo permanentemente reelaborado por un devenir de asociaciones que alumbran cada vez en el ahora de una vivencia, construyendo eso que Benjamin llamó propiamente *experiencia* y que solo es en el relato. De lo que se trata entonces es de hacer experiencia de la historia o de recuperar la historia como experiencia. En este sentido, las experiencias construyen al individuo tanto como el individuo construye experiencias (Scott, 2001). La condición de relato de algún modo marca un más allá del sujeto enunciante, pero no en términos de representatividad. Los relatos no representan a alguien o a un grupo. A la larga, como experiencia compartida, como historicidad experimentada constituyen a la comunidad y de esta manera, se autonomizan. Por eso plantea Scott que las experiencias nos forman a nosotros mismos, que nuestros relatos no son particulares en sí mismos, pues suponen la acumulación de una diversidad de relatos anteriores, suponen un repertorio antes que un archivo (Taylor, 2015). Ninguna historia es particular porque la narre un yo en primera persona, lo que hace particular una historia son las circunstancias involucradas, la situación, y eso es lo que habla más que de una memoria histórica, de una memoria dramatúrgica. La comunidad es el hacer experiencia de aquel suceso fundacional. Hacer experiencia entonces es diferente del acontecimiento mismo: es el modo de habérselas con él. La comunidad trata sobre la diferencia entre experiencia y acontecimiento, un entre en el que tiene lugar el tránsito al otro y la urgencia de la comunicación, en cuanto lo que junta es el relato. Es precisamente ese el material de todo narrador que, en palabras de Benjamin, "toma lo que narra de la experiencia; [de] la suya propia o la referida. Y la convierte a su vez en experiencia de aquellos que escuchan su historia" (Benjamin 2008: 65).

Una memoria dramática

Entonces, ¿sobre qué recursos se planteó *App/Recuerdos*? ¿Qué operación es la que desea poner en marcha? ¿Cómo operamos en esta obra?

1. Se trató de no testimoniar lo importante. Algunos regímenes del testimonio también han devenido oficiales. Hay una alteridad oficial, una retórica de la memoria y la violencia dictatorial y esta oficialidad no actúa necesariamente como opresora o inhibidora como el relato hegemónico del vencedor o del poder. Actúa de manera, como dice Beatriz Sarlo (2005), de capturar el presente en una imagen unidimensional. Por eso estábamos interesados en construir una memoria que diera cuenta de otras diferentes conformaciones a las que el régimen del testimonio sobre la dictadura nos tenía acostumbrados.

2. Buscar el punto dramático y no el eje narrativo. El foco está en lo que hizo más que en lo que vio. Lo que le pasó fue producto de una acción. El centro del relato es una acción, es decir, algo que hizo o hacía en ese tiempo, no sólo algo que le ocurrió ni menos que vio, el régimen del testimonio giraba así a régimen dramático del relato. Por lo mismo había que evitar comentarios, exposición de ideas o manifiestos de cualquier especie. No se trata de saber lo que piensa sobre la situación sino conocer lo que hizo en ese tiempo y en ese lugar y como aquello pudo tener consecuencia para el presente de él o en general de la época. Son contadas en primera persona como si hablasen directamente al auditor, es a él a quien cuentan. La primera persona se intensifica por una condición performativa que adquiere el relato. Algo quiero hacerle también al auditor, pero no el simple hecho de que me crea. Los relatos no se

enfocan en la veracidad de lo ocurrido, sino en un posible efecto: los relatos no simplemente informan, quieren generar un efecto en el auditor.

3. Había que contar como si contase por primera vez. Contar es un acto performativo *par excellence* finito e irrepetible, en cambio la lógica del testimonio se rige más por la repetición, la constancia. Mientras el testimonio es constancia en el tiempo, la experiencia es insistencia fugaz. Por ello buscábamos generar un *efecto* intempestivo en el relato de modo que el auditor sintiera esa complicidad, esa impresión de que me contaba a mí, en un encuentro aparentemente casual, había que producir presencia del relato, una memoria de la insistencia antes que una mera repetición de lo mismo.

4. Es habitual que el testimonio abandone su origen oral y sea estandarizado por medio del régimen de la letra. Se cuenta una cosa del mismo modo, se constituye una memoria colectiva a través de un procedimiento de prótesis de la oralidad. Se fija lo inestable, lo indecidible. El silencio se torna espacio vacío. La realidad coincide con su declaración. Por esto, insistir en lo cotidiano, en relatos que mostrasen el lugar menos épico de la lucha: la vida en clandestinidad, relatos de niños, vida nocturna en dictadura, relatos de defensores del golpe, gente de derecha, hitos de la época. Se trataba que pudieran convertir en relato propiamente ese recuerdo, que fuesen historias y no meras anécdotas o imágenes fragmentarias. A diferencia de la idea de memoria, el recuerdo tiene algo de intempestivo; pero nos propusimos que los testimonios contaran realmente historias, y no anécdotas o imágenes desarticuladas. Se trataba de hacer la grabación en los lugares donde ocurrió y por eso se intentaba que partieran contextualizando: "en ese tiempo esto era así, yo en ese tiempo hacia tal cosa y me pasó tal otra"

5. El objetivo del testimonio es darle voz al sujeto subalterno, se podría pensar que su foco se encuentra en el sujeto de la enunciación. En cambio, en este proyecto hay un centramiento en el relato mismo: en la experiencia. Y esto porque desaparece la individualidad y aparece la voz. La voz es un excedente. Suspender por un instante la persona del individuo, dejar aparecer la singularidad de

un timbre de voz, lo reconocible de un paisaje sonoro urbano y un relato: una voz sin rostro, sin embargo, un devenir sujeto de la historia misma en la singularidad del que relata, aunque lo que cuente sea una experiencia vivida por muchos. Tal vez, por lo mismo, *App/Recuerdos* nunca pretendió tener un objetivo historiográfico, y es eso desde ya lo que lo diferencia levemente de otros tipos de archivos sonoros semejantes. De lo individual-personal a la historicidad de los sujetos. Historias que no se confrontan con lo particular netamente privado, sino subjetividades que se confrontan a una dimensión de lo histórico.

6. Por eso mismo no hubo en este proyecto una pretensión de verdad o validación de verdad, eso lo aleja de un modo de entender el testimonio. No hay función de verdad en el sentido de una disciplina normalizada, buscamos, más bien, la yuxtaposición de imágenes que chocaran dentro de los recuerdos del mismo auditor. Él no se preguntará por la verdad, sino por el sentido dramático de los acontecimientos, esto es, sobre el carácter de huella performativa que ahí acontece en la escucha: en ese tiempo hice tal cosa, declaran los relatos, lo que interpela accionalmente al presente: ¿Qué haría yo enfrentado a tal situación? Abandonar una pretensión de verdad implica también el desplazarse del sujeto al relato mismo, del sujeto a la situación. No es el quien individual lo que interesa, no ponemos el énfasis en él, en que logremos identificarlo o reconocer un tipo, un carácter o un gestus social, lo que importa es lo que le ocurrió y secundariamente le ocurrió a él a propósito de que hizo algo.

7. Este descentramiento del sujeto respecto de la situación, del relato en tanto relato es lo que queremos denominar "experiencia". Son los relatos los que configuran las fisonomías de lo que ha sido y es ahora. No los datos contrastables, ni el imperio resistente de un testimonio. La experiencia es la forma de la mitante, y la experiencia tal cual la imaginaba Benjamin adquiere su poder precisamente de la oralidad (Imagen 3). Lo que en definitiva insiste es la voz, pero no aquella que tiene la extensión del ágora publica (el testimonio), la voz pequeña, discreta, susurrante como quien te cuenta un cuento al oído, como quien te habla al oído. La voz es lo que

insiste ante el oído que no parpadea. Recuerdos en tránsito no es una obra de una memoria resistente, antes es la insistencia de los recuerdos en su voz.

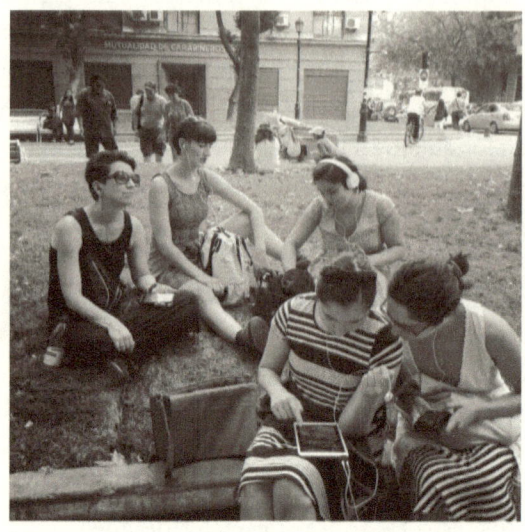

Imagen 3. *App/Recuerdos.* Foto: Verónica Troncoso.

Bibliografía

Benjamin, Walter. "Tesis de filosofía de la historia". En *Discursos interrumpidos I*. Madrid: Taurus, 1989.
---. *El Narrador*. Santiago: Metales Pesados, 2008.
Beverley, John. *Testimonio: sobre la política de la verdad*. México: Bonilla Artigas Editores, 2010.
Blair Trujillo, Elsa. "Los testimonios o las narrativas de la(s) memoria(s)". *Estudios Políticos No. 32*, Instituto de Estudios Políticos, Universidad de Antioquia, (2008): 83-113.
De Certeau, Michel. *La invención de lo cotidiano*. México: Universidad Iberoamericana/ITESO/Centro Francés de Estudios Mexicanos y Centroamericanos, 1999.
De Man, Paul. *Alegorías de la lectura: lenguaje figurado en Rousseau, Nietzsche, Rilke y Proust*. Barcelona: Lumen, 1990.

Derrida, Jacques. *Mal de archivo. Una impresión freudiana.* Madrid Trotta, 1996.

Foucault, Michel. *Nietzsche, la genealogía, la historia.* Valencia: Pretextos, 2001.

Jelin, Elizabeth. *Los trabajos de la memoria.* Madrid: Siglo XXI, 2002.

Le Goff, Jacques. *El orden de la memoria: el tiempo como imaginario.* Barcelona: Paidós, 1991.

Molano, Mario Alejandro. "Walter Benjamin: historia, experiencia y modernidad". *Ideas y Valores* Vol. LXIII, n° 154, (2014): 165-190.

Nancy, Jean-Luc. *La comunidad inoperante.* Santiago: Arcis-LOM, 2000.

Piscator, Erwin. *Teatro político.* Hondarribia: Hiru, 2001.

Ricoeur, Paul. *La memoria, la historia, el olvido.* Buenos Aires: Fondo de Cultura Económica, 2008.

Rosas, Omar. "Walter Benjamin: historia de la experiencia y experiencia de la historia". *Argumentos 35/36*, (1999):169-185.

Sarlo, Beatriz. *Tiempo pasado: cultura de la memoria y primera persona.* Buenos Aires: Siglo XXI Editores, 2005.

Scott, Joan. "Experiencia". *La ventana* No. 13, (2001): 42-73. Disponible en: <revistascientificas.udg.mx/index.php/LV/article/download/551/574>

Taylor, Diana. *El archivo y repertorio. La memoria cultural performática en las américas.* Santiago: Ediciones Universidad Alberto Hurtado, 2015.

Weiss, Peter. "Notas sobre el Teatro Documento". En: *Escritos Políticos.* Barcelona: Editorial Lumen, 1976. 97-110.

White, Hayden. *El contenido de la forma. Narrativa, discurso y representación histórica.* Barcelona: Paidós, 1992.

El trabajo en grupo como dispositivo político-teatral

Bettina Girotti
CONICET-UBA

Nos interesa comenzar llamando la atención sobre la producción de conocimiento desde un territorio contaminado como lo hace el artista-investigador, ya que es este el terreno en el cual podemos enmarcar la propuesta de Santiago Roldós, actor, dramaturgo y director, y al mismo tiempo, docente e investigador. Esta instancia productiva híbrida, de hecho, emergió durante el simposio, cuando la lectura devino una suerte de conferencia performática: así, su experiencia artística se nos hizo visible no sólo como "objeto" (por ser integrante del caso testigo abordado, como veremos) sino también como "forma".

En *El teatro de grupo como disidencia: el caso de Muégano,* Roldós se encarga, a lo largo de cinco puntos, de revisar su propia praxis artística y, particularmente, el trabajo desarrollado con Muégano Teatro, colectivo fundado en los 2000. Aunque contradictorios a primera vista, título y subtítulo nos exigen atender a lo grupal: de un lado, "disentir", es decir, separarse del colectivo de pertenencia, y, de otro, la reivindicación del trabajo en grupo.

El autor reconstruye sintéticamente la experiencia de Muégano, nombre que toman de un dulce mexicano hecho con pequeños cuadrados de harina cubiertos con caramelo o miel y pegados unos con otros. Al igual que el dulce, el grupo resulta un aglutinador, funciona como un espacio sincrético en el cual los recorridos de cada uno de sus miembros confluyen, pero el efecto que consigue supera al que podríamos esperar si cada uno operase de forma independiente: existe en esa acción conjunta, un "efecto extra".

Para definir la particularidad de Muégano, Roldós insiste en las coordenadas espaciotemporales de su fundación y en su posterior anclaje, presentándonos la ciudad (Madrid primero y Guayaquil después) como soporte y como condicionante de su propuesta teatral. Los aspectos sociales, políticos y económicos, así como los geográficos continuamente están dando forma a los cuerpos; es que el cuerpo es un espacio de intercambio y de conflicto. Como formación dinámica y flexible, el grupo de teatro es capaz de acomodarse pero también de sufrir: "un grupo está hecho para desintegrarse mañana mismo", afirmará el autor recuperando la voz de su compañera, y es por ello que el grupo es el lugar por excelencia de lo precario.

Muégano elige insertarse en aquella "tradición" inaugurada por el teatro universitario de los '60 y '70, resaltando la decisión política de "construir un grupo" cuando el consejo de los maestros fue justamente el opuesto, "no hacer grupo". En una época construida sobre el valor de lo individual, el teatro de grupo deviene entonces en un teatro político por su forma de producción. La naturaleza política de Muégano no descansa simplemente en la selección de determinada obra o determinada estética teatral, sino en la opción por funcionar colectivamente. El teatro de grupo, diagnostica Roldós, supone una "forma algo degenerada y anarquista de militar y no militar políticamente".

Ética y estética se confunden y es por ello que la pasión por el coro y ese brechtianismo latinoamericano y, paradójicamente, antibrechtiano tiene como correlato la elección del trabajo en grupo como dispositivo político-teatral. La escena es, entonces, entendida como un espacio de producción de conocimiento, pero también como una forma de activismo social y político.

El teatro de grupo como disidencia: el caso de Muégano

Santiago Roldós
Muégano Teatro - Ecuador

1

¿Por dónde empezar?

Este texto es una derivación, bastante corregida y aumentada, de la ponencia que presenté en el marco del Seminario Teatro y Política realizado en julio de 2016 en el Memorial Haroldo Conti.

Siempre me resulta más difícil hablar de teatro que hacerlo, quizás porque la ficción, mejor dicho: el juego, me brinda una libertad que difícilmente encuentro en otro lugar. El teatro es un hábitat peculiar, en él la realidad se arma y desarma constantemente, según unas leyes que están ahí para ser subvertidas. Siento que a mi alcance sólo está reivindicar ese sitio, ese espacio por excelencia de lo precario al que nosotras llamamos grupo de teatro.

Agradezco a la Universidad de las Artes del Ecuador, por auspiciar mi viaje, así como al Grupo de Estudios organizador y al Instituto de Investigaciones Gino Germani de la UBA al cual se encuentra adscrito, por su amable invitación. Singularizo mi gratitud a Lola Proaño, mi querida compatriota, una palabra problemática que, sin embargo, logra aludir a una tan incierta como inevitable pertenencia compartida, colmada, como toda identidad- de interrogantes, huecos y conflictos.

Según Samuel Johnson, citado por Stanley Kubrik y Kirk Douglas en *Senderos de Gloria*, el patriotismo suele ser el último refugio de los canallas. Pero el amor a la patria también puede ser el último subterfugio de esa extrema soledad a la que llamamos dignidad, una herencia tan viscosa como movilizadora.

En *La muerte de Jaime Roldós*[53] aparecen las últimas palabras pronunciadas en público por mi padre: "Por siempre y hasta siempre, viva la patria", poco antes de abordar el avión donde moriría junto a mi madre y el

---

[53] Documental dirigido por Manolo Sarmiento y Lisandra Rivera, Ecuador, 2013, ganador entre otros reconocimientos del Coral del Festival de La Habana 2014 y del Premio de la Fundación Nuevo Periodismo García Márquez.

resto de su comitiva, en 1981, en circunstancias hasta hoy no aclaradas, siendo Presidente Constitucional del Ecuador.

Lo que terminó siendo su epitafio fue un desafío enunciado desde la enorme fragilidad de un gobierno acorralado al interior y al exterior de sus fronteras, en el contexto de su enfrentamiento y liderazgo contra la Operación Cóndor y las dictaduras que asolaban América Latina.

Un poco en la línea de Allende, mi padre y mi madre, su camarada, Martha Bucaram, fueron unos fervientes demócratas inmolados en la hoguera sacrificial de sus convicciones, por la ignominia de una geopolítica protectora de un sistema perverso.

Por eso me asombra y conmueve haber estado pensando el teatro y la política precisamente en este memorial, rescatado del terror que mi padre y mi madre contribuyeron a combatir. Cuando aún albergaba a la tristemente célebre Escuela Mecánica de la Armada, la dictadura argentina condecoró aquí al Jefe del Comando Conjunto de las Fuerzas Armadas del Ecuador, el Almirante Raúl Sorrosa, casi al mismo tiempo en que el gobierno de mi padre impulsaba sanciones contra Videla y toda la Junta Militar en la OEA.

El ejército argentino preservó las imágenes de la velada en honor al Almirante Raúl Sorroza, el Pinochet de mi padre, efectuada uno y dos pisos arriba de los sótanos donde torturaban a las y los subversivos y presos políticos cuya integridad mi padre defendía. Entiendo que ellas y ellos (también) eran la patria a la que él se refería.

El que 35 años después yo esté aquí, reivindicando esta forma algo degenerada y anarquista de militar y no militar políticamente que supone hacer teatro de grupo, me recuerda una frase de *Karaoke Orquesta Vacía*, primer abordaje consciente en Muégano de mis espectros: "¿Ves cómo viajar no tiene sentido? Vayas a donde vayas no puedes escapar de ti mismo".

Siempre percibí ese fragmento y la obra entera en clave de tragedia, pero una vez que mi quehacer me ha traído a este lugar del crimen, convertido en lugar de la memoria, la reparación y la justicia, pienso en la forma en la que el teatro ensaya, presiente o anticipa la vida.

Creo que el teatro contiene un gesto fundacional de escape, seguramente porque así llegué yo a él, huyendo no tanto de un cierto sentido general de la política, sino específicamente de un supuesto destino: asumir el cetro de un legado trunco.

Pero el teatro también me parece un búmeran, un juguete cerca de la violencia, capaz de devolverte, más allá de sus artefactos técnicos, pero gracias a sus consecuencias éticas y estéticas, la posibilidad de reescribir tu historia y asumir tu herencia en tus propios términos. (Imagen 1).

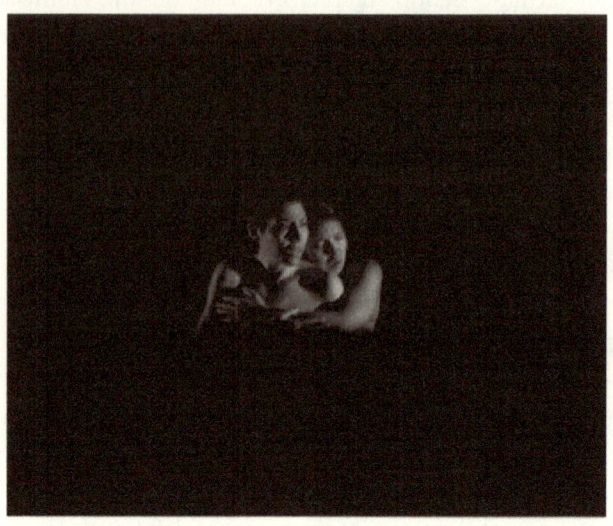

Imagen 1. Pilar Aranda y Marcia Cevallos en la escena final de *Karaoke Orquesta Vacía*. Archivo Muégano Teatro

2.

Juguete cerca de la violencia es el título de uno de nuestros primeros trabajos, dicho sintética y equívocamente, "brechtianos".

Aparte de que los materiales del collage procedían sobre todo de la época didáctica de Brecht, en gesto disidente de optar por su teatralidad menos digerida por los teatros oficiales y comerciales, su creación supuso una inmersión en subversiones dramáticas y teatrales que pasarían a constituir principios fundamentales de nuestra dramaturgia propia.

La suspensión, el descentramiento, el extrañamiento, el abordaje de lo trágico a través de lo épico, la farsa y la comedia, la función didáctica del teatro, en absoluto dirigida a evangelizar a un foro supuestamente analfabeto, sino a producir un acontecimiento autocrítico, relativo a la actuación como tensión performática entre el representar y el presentar.

Si no hubiéramos descubierto a Brecht, tendríamos que haberlo inventado. Nuestra reticencia a definirnos sin ambages como "brechtianos" obedece a que tal definición sería paradójicamente anti brechtiana, y a que

Perspectivas políticas de la escena latinoamericana

nuestro brechtianismo sería, en todo caso, típicamente latinoamericano, antropofágico: nos tragamos a Brecht como lo entendemos, y lo vomitamos como lo necesitamos, al punto de que cuando decimos "Brecht" también estamos diciendo Meyerhold, Derrida, Malayerba, etc.

Desde que lo descubrimos, a través del taller autodidacta constituyente de Muégano, no se nos presentó como un autor en el autoritario sentido clásico de propietario de una obra irrepetible, sino como un (también clásico) continente de ruptura y fecundidad, un espacio donde poder proyectar nuestras inquietudes y hacernos preguntas en los límites y puentes con otros y otras artistas y pensadoras heterodoxas.

"Brecht" (Meyerhold, Derrida, Malayerba, etc.) incluso nos terminaría trayendo de vuelta a América Latina, específicamente a la Guayaquil, Ecuador, a la que yo había jurado nunca más volver. Pero eso lo desarrollaré más adelante.

Fundamos Muégano en el año 2000 en Madrid, durante una diáspora donde coincidimos con compañerxs de Argentina, México y la propia España provenientes de diversos tipos de extravíos y exilios no sólo políticos—en su acepción más convencional—sino también teatrales.

Desde Foucault sabemos que el poder y el amo no habitan exclusivamente en compartimentos estancos de representación popular oficial, ni en los aún más poderosos consejos directivos de las corporaciones transnacionales que gobiernan el mundo desde las sombras, como en las películas de David Lynch.

La tensión que se vive en algunos países del Cono Sur, entre presente democrático y memoria del régimen dictatorial, no es tan sencilla de expresar en el caso de México, sobre todo del México que abrazó al neoliberalismo, justo en los años de la prehistoria de Muégano Teatro, forjado en centros de arte dramático, núcleos y foros de teatro contemporáneo del entonces Distrito Federal.

Todos esos espacios eran descendientes directos de los remezones del llamado teatro universitario de los '60 y los '70, pero a finales de los '80 e inicios de los '90, en plena entrada de México al TLC (Tratado de Libre Comercio de Norteamérica) que cambiaría para peor su historia, ya tenían una impronta conservadora.

La mayoría de nuestras profesoras y profesores nos instaban enfáticamente a no hacer grupo, y a asumir la condición de actor y actriz como la de un maratonista capaz de hacer "lo que se le pidiera", bajo una dirección entendida como el reino de un patriarca y una dramaturgia exclusivamente literaria, por lo general naturalista, sicologista y divorciada del cuerpo y el escenario, a los cuales pretendía en todo caso subsumir. Todo ello, supuestamente, en aras de recuperar a un público identificado con la taquilla y la pantalla.

Una escuela adecuada a los intereses del PRI-Gobierno-Estado, inclusive en su faceta paternalista de promotor de espacios supuestamente "críticos" que contribuyeran, también vía la cooptación de artistas e intelectuales, al simulacro de democracia de aquella dictadura perfecta, funcional a la ética y la estética de la televisión privada, con Televisa como máxima exponente de la corrupción de la imaginación y el culto a un *star system* que, ya entonces, jugaba un rol protagónico en la explotación, la enajenación y el control de la población.

Diríamos que gran parte de nuestro devenir ha estado signado por hacer todo lo contrario a las prácticas y retóricas de nuestra formación inicial, si no fuera porque en esa misma Ciudad de México se produjo, años antes, una influencia que se potenciaría después: la del grupo de teatro amateur adscrito al Sindicato de Trabajadores de la Secretaría de Salud Pública al que nuestra directora, Pilar Aranda, perteneció en la adolescencia.

Dirigido por un creador tan inusualmente cercano a la creación colectiva y al teatro de grupo latinoamericano, como marginal al sistema de estrellato del pretendido "teatro de búsqueda" de la Ciudad de México, en dicho grupo Pilar realizó lecturas no instrumentales de Artaud, Grotowski y Barba, entre otros.

Entre sus 15 y 18 años, Pilar no iba a asimilar por completo toda esa información, pero sus perspectivas sembraron en ella la incomodidad permanente que sentiría después en la escuela mexicana "profesional" (clasista, racista y sexista), frente al secuestro interesado e institucionalizado de toda tradición de ruptura.

Paradigma de lo anterior: como en la mayoría de los países donde se afianzaron las lógicas del espectáculo, intensificadas hoy por las cuestionables industrias culturales, también en México el legado de Stanislavski fue ejemplarmente reducido y mutilado, desde los teatros del fordismo hasta los del neoliberalismo, a mero recetario y taller mecánico sentimental.

Lo anterior nos sitúa de una manera singular ante el problema de la crisis de representación en el teatro, no porque desconfiemos de los dispositivos que buscan cimbrarla y problematizar la mímesis, sino porque en su lugar muchas veces se impone una cotidianidad neo naturalista.

Perspectivas políticas de la escena latinoamericana

Cuando los cuerpos de las y los creadores o artistas, llamados al centro del foco por y para ser quienes son, sin máscara ni transformación, ocupan el escenario sin energía ni fricción, como si el entrenamiento, la extra cotidianidad y las preguntas sobre la posibilidad del cambio contenidas en la actuación fuesen malas palabras o prácticas vergonzantes. Estamos ante una crisis mayor.

3

El bagaje disidente de Pilar fue lo que se activó cuando ella propuso la fundación de Muégano en medio de nuestro extravío madrileño, ante la demanda del sistema de circulación de espectáculos del llamado "teatro alternativo" español, al que pertenecimos y bromeamos con afecto, pues quienes se insertaban en él parecían hacerlo, mayoritariamente, porque no les quedaba "otra alternativa". Como si en lugar de una elección se tratara de una sala de espera.

Pero la España de Aznar (y por extensión: la Europa ya atiborrada de cadáveres en sus costas) fue un perfecto no lugar para asumir nuestras inquietudes, brindándonos una distancia que jamás entendimos como búsqueda de frialdad emocional, sino de perspectiva y amplitud topográfica. La distancia puede ser una especie sucedánea de la libertad efectivamente inexistente.

Uno de los trabajos más emocionantes de Muégano, crucial en la forja de nuestra decisión de proyectar nuestro quehacer desde Guayaquil, fue hecho por encargo de otro grupo amateur, perteneciente a la Asociación Rumiñahui de Inmigrantes Ecuatorianos en España.

Enmarcada en su necesidad de un taller de fines de semana que los congregara de manera divertida, al tiempo de brindarles herramientas para problematizar su situación y articular sus demandas, produjimos *Palabras contra el silencio*, experiencia nacida de una documentación poética a mi cargo de las sesiones de trabajo dirigidas por Pilar.

Ella proponía a lxs talleristas (en su mayoría sin experiencia artística o teatral, rondando en promedio los 40 años, y dedicadxs en Madrid al servicio doméstico, la construcción y la hostelería) entrar en contacto con su propio cuerpo, y a activar su imaginación a través de juegos teatrales que incentivaban la colectividad.

El resultado fue sumamente inusual, y no desprovisto de tensión con algunos de los actores amateurs que no acababan de ver en la obra una muestra fehaciente de identidad ecuatoriana. Un compañero convencido de que España era el país subdesarrollado y Ecuador una potencia, inspiró un personaje conmovedor, llamado El hombre que duda del techo.

Años después, cuando vimos por primera vez una obra de La Carnicería Teatro, de Rodrigo García, nos pareció que habíamos hecho algo muy similar, sólo que con la clase trabajadora y menos expectativas estéticas que éticas.

A nuestro juicio, la pregunta básica de la crisis anti aristotélica puede enunciarse así: ¿cómo dar cuenta de la violencia sin reproducirla?

De esta época también conservamos el hallazgo de nuestra pasión por el coro, arcaica institución teatral que hoy relacionamos con la posmoderna figura de la "fisura", en tanto instancia media entre la creación y la recepción; así como la intuición brechtiana de la micro política, a través de la imagen demoledora de la dimensión más pequeña, enunciada como parábola en su *Ópera didáctica de Baden sobre el acuerdo*.

Para Brecht el propósito del teatro era el mismo de la democracia: dividir. Y Santiago García formuló así la tensión creativa en la que un grupo se divierte: el grupo no es más importante que ninguno de sus integrantes, y ninguno de sus integrantes es más importante que el grupo.

4

Una vez politizado, no en sentido partidista, sino morfológico, nos pareció que nuestro teatro tendría más sentido y potencia en un enclave conflictivo, problemático y personal.

Guayaquil es una estratégica ciudad puerto del norte sudamericano. En la colonia fue frecuentemente invadida y devastada por los piratas, algunos de los cuales se quedaban a vivir en ella después de atracarla. En 1822 acogió un ríspido encuentro entre los próceres Bolívar y San Martín, disputándosela para sus respectivos proyectos poscoloniales, mientras el poeta y caudillo local, José Joaquín de Olmedo, la inundaba con pancartas que proclamaban "Por Guayaquil Independiente". El desenlace es cono-cido: ganaron Bolívar y la Gran Colombia, desintegrada ocho años después.

Su singular culto al cemento y al artificio parece provenir de la traumática huella que dejaron los varios incendios que a lo largo de los siglos la destruyeron, al menos en una ocasión casi por completo. Su capacidad de reconstitución forjó su relato predilecto de urbe industriosa de cara al futuro, y cierto desprecio (o incapacidad) a la memoria, sobre todo a la memoria crítica.

Capital agroeconómica de la costa ecuatoriana, siempre en disputa contra Quito, la capital política a la cual tacha de excesivamente burocrática, su referencia por antonomasia es Miami y, junto a Panamá y Santa Cruz de la Sierra, probablemente ofrezca una de las más fieles concretizaciones de las ciudades de plástico descritas por Rubén Blades en su canción.

Mientras su poder económico fue un imán durante todo el siglo XX para la migración interna de los campesinos del Ecuador, la burguesía y la pequeña burguesía criolla siempre han querido largarse de la ciudad. Su intensa actividad comercial atrajo sucesivas oleadas de inmigrantes, principalmente italianos, catalanes y sirio libaneses, esta última una de las colonias más fuertes, hoy desplazada por la proveniente de China y otras naciones del Lejano Oriente.

Cuna del socialismo, el sindicalismo y el populismo en Ecuador, a partir de la segunda mitad del siglo XX la burguesía local abdicó del arte y la cultura. Durante varias generaciones, si querías ser artista, tenías que marcharte. Por supuesto hubo quienes resistieron, a fuerza de amargarse, enajenarse o edificar trincheras.

Una de esas tentativas de resistencia o actuación en otro sentido fue la protagonizada por Artefactoría, un grupo de jóvenes artistas visuales que a inicios de los '80 cuestionó el canon realista socialista y figurativo todavía imperante en Ecuador. Su referencia a Andy Warhol quiso ser menos un homenaje o asunción del programa del pop art que un gesto que apelaba a un sentido del humor completamente ausente del severo arte plástico hegemónico, fundamentalmente pictórico y andino.

La Artefactoría, y esto resulta evidente lustros y décadas después de sus balbuceos, experimentos logrados y legados, supuso también un descentramiento geográfico de la Sierra hacia la Costa, y de Quito a Guayaquil, justo en los momentos en que las clases herederas de la plusvalía agro exportadora disputaban con sectores emergentes del comercio mercantil cuál de ellos terminaría de socavar, en la dimensión macro política, el pasado liberal-socialista-popular de la llamada Perla del Pacífico. La Artefactoría fue una anomalía de la transformación de Guayaquil en capital simbólica del conservadurismo reaccionario del Ecuador.

Cuando lxs directorxs de Muégano decidimos mudar al grupo a esta supuesta aridez, algunos de sus integrantes acababan de impulsar la creación de un Instituto Superior de Artes (ITAE), nuevo gesto de quiebre de la tradición: intentar transmitir a las nuevas generaciones una formación de la que ellos mismos habían carecido.

"La tabaquería" de Pessoa, en la versión musical de Liliana Felipe, fue el material de nuestro primer ejercicio escénico en Guayaquil, con el Laboratorio de Teatro Independiente del ITAE que nosotrxs mismxs fundamos dentro de ese Instituto, y que fue la sede de Muégano durante casi ocho años.

Una época en la que nuestra creatividad se volcó y concentró en crear algo por lo cual no habíamos cursado: una academia universitaria formal, en un ambiente de enorme hostilidad, llamativamente protagoni-zado por una izquierda reaccionaria y conservadora cuyos dudosos privilegios sentía amenazados.

Invertimos gran parte de nuestra energía en defender la existencia de un proyecto ajeno que sin embargo percibimos como absolutamente nuestro, y que otra vez paradójicamente terminaría por comenzar a irse a pique de verdad en el momento de su institucionalización en los términos del Estado que lo salvó, intervino, ocupó y finalmente extinguió.

"No soy nada, nunca seré nada, no puedo querer ser nada. Esto aparte, hay en mí todos los sueños del mundo", rezaban los primeros y premonitorios versos pronunciados en público por nuestras estudiantes.

Es curioso pensar que hoy, al escribir este texto que no sabía cómo empezar, dos integrantes de esa generación fundacional, cuyo segundo ejercicio escénico se tituló *Señales de tránsito,* fruto de un proceso similar al seguido con la Asociación Rumiñahui, en su caso alrededor de los afectos y desafectos de nuestra problemática Guayaquil, terminaran siendo miembros de Muégano.

Una de ellas acaba de volver al grupo, luego de varios años de haber salido en crisis de él; y la otra está a punto de marcharse, refrendando la opción de ciertas subjetividades disidentes de la hegemonía conservadora (racista, clasista y sexista) de nuestra ciudad. Aunque la paradoja de sembrar en un contexto donde la gente más sensible sigue terminando por tener ansias de irse, esta última e inminente marcha se está produciendo de un modo, digamos, ejemplar, quiero decir: colmada de cuidado, afecto y compromiso, una palabra hoy tan devaluada como necesaria.

"Un grupo está hecho para desintegrarse mañana mismo", nos dijo en una ocasión Charo Francés. Pienso que se refería a algo relativo a la famosa crítica del cineasta Raúl Ruiz a la contemporaneidad, en donde nos llenamos de cosas y ocupaciones para intentar que la muerte nos agarre distraídos, nos sobrevenga por sorpresa.

A Charo también le preguntamos un día, mientras hacíamos *La edad de la ciruela*, cómo asumir la actuación en una obra construida a partir de tensiones entre un presente hipotético y un pasado igualmente brumoso, pero que se materializaba a través de una noción muy contundente del personaje. Para ella era fundamental, ante estas poéticas, no sumergirse del todo, no zambullirse por completo, sino hasta un nivel de calado del cual se pudiera siempre emerger, para luego volver a sumergirse, y así sucesivamente. Esta interrupción permanente supone también un compro-miso muy fuerte, una producción material de parodia, autocrítica y deliberación, una pregunta no tanto por el teatro político como de lo político del teatro.

5

Abordar en este seminario de Teatro y Política el caso Muégano en particular, y el teatro de grupo en general, ha tenido por objeto repensar la vieja opción vital de la disciplina e indisciplina propia de una cierta disidencia colectiva que se expresa o deriva en el teatro y que, al menos en América Latina, seguramente en otras latitudes también, se ha confundido o asemejado a una militancia política.

Y ello no necesaria o exclusivamente por los temas que aborda, sino por las formas (de producción) en las que alimenta la utopía, ya no digamos de un gran relato igualitario, sino de las tentativas de hacer manada, comunidad, muégano (forma coloquial con la que se designa en México a la gente que "anda" en grupo), incluso pareja, la dimensión más pequeña de la grupalidad.

En un pequeño giro a la dramaturgia de la memoria diseminada por Arístides Vargas, a partir de cuya exploración y ejercicio se comenzó a liberar mi escritura, muchas veces la de Muégano se concretiza como una dramaturgia de la infancia, ámbito de la precariedad radical y la derrota del imperio del poder sobre los afectos (Imagen 2). Muégano suele proponer rompecabezas que interpelan, auto critican, ponen en ridículo o fricción relatos y utopías entrañables que nos atraviesan, movilizan y maniatan.

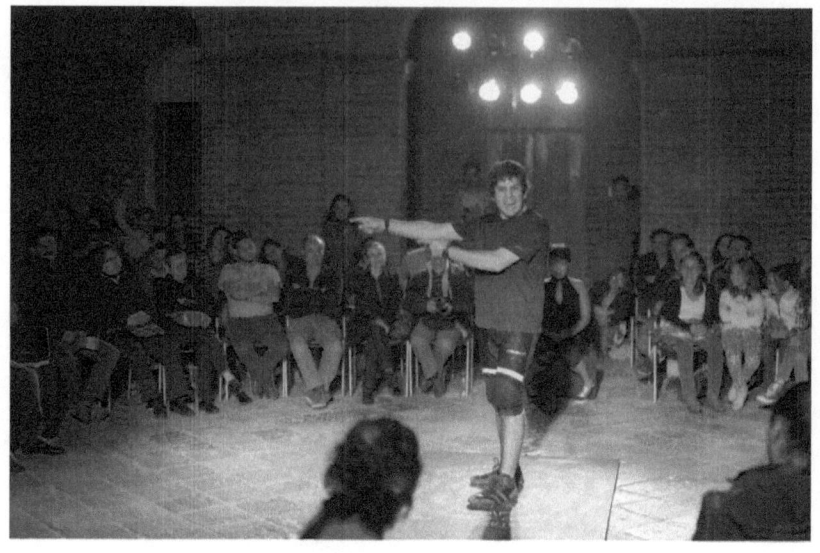

Imagen 2. *Pequeño ensayo sobre la soledad*,
en el Centro de Arte Contemporáneo de Quito.
Archivo Muégano Teatro

En ese juego ponemos permanentemente en tensión lo hierático y lo bufonesco, la presentación y la representación, en escenarios normalmente presentados como simulacros, y una actuación que se auto denuncia como artificio, signos de la vulnerabilidad de algunas de nuestras pequeñas grandes empresas, idea que dio título a la obra que creamos para UmaMinga Grupo Teatral de Argentina, entre 2014 y 2015.

(Fragmento de *Pequeño ensayo sobre la soledad*, obra presentada en el Encuentro Latinoamericano de Teatro Independiente, ELTI 2014, de Buenos Aires. Ver Imagen 3.)

>   **HIJO**: Hola papá.
>   **PAPÁ**: Hola, hijo.
>   **HIJO**: ¿Cuándo volviste?
>   **PAPÁ**: ¿No me sentiste llegar?

Perspectivas políticas de la escena latinoamericana

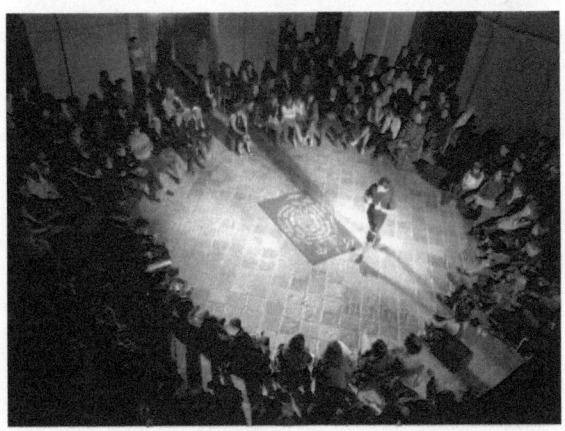

Imagen 3. *Pequeño ensayo sobre la soledad*, en el Centro de Arte Contemporáneo de Quito. Archivo Muégano Teatro

HIJO: Sentir te siento siempre, sobre todo cuando no estás.
PAPÁ: Ya. Pero hice mucho ruido al entrar.
HIJO: Pensé que había sido uno de nuestros gatos.
PAPÁ: ¿Tenemos gatos ahora?
HIJO: Es que ha pasado ya mucho tiempo papá.
PAPÁ: ¿Cuánto?
HIJO: No sé contar números, pero sí que hay una epidemia de soledad.
PAPÁ: Con razón, al venir, vi que ya no quedaba ni una iguana en los parques.
HIJO: Todas se han tenido que marchar, expulsadas por la cantidad de gente que, en lugar de hijos o hijas, gatos se ha puesto a procrear.
PAPÁ: ¿Y cómo está tu mamá?
HIJO: ¿Mi mamá? Como siempre. (*Pausa.*) ¿Me podrías enseñar a afeitar?
PAPÁ: Claro.
HIJO: Ya pues, empieza.
PAPÁ: Déjame recordar.
Pausa.

HIJO: Mira papá, es muy fácil: te paras frente al espejo. Te miras durante un momento. Inclinas tu cabeza así, a un lado, y luego así, al otro, cada vez levantando un poco más una ceja, como si fueras un extraño que simpatiza de inmediato con tu divina presencia, como si fueras el pueblo viendo comprar pancakes al Che Guevara, así todo muy natural y al mismo tiempo medio pomposo y estirado, y entonces empiezas un discurso que sueñas pronunciar ante una multitud racional y enloquecida, y entonces…

PAPÁ: ¡¿Qué tiene que ver todo eso con afeitarse?!

HIJO: No lo sé, pero es lo que recuerdo que tú hacías frente al espejo cada mañana antes de hacer cualquier cosa.

PAPÁ: No, no, creo que me confundes con otro.

HIJO: Aunque se diga lo contrario, lamentablemente padre hay uno sólo.

PAPÁ: Noto en tus palabras cierto tono de reclamo.

HIJO: Siempre fuiste un cráneo privilegiado.

PAPÁ: Ahora noto cierto timbre de irrespeto.

HIJO: Te lo digo, eras un genio.

PAPÁ: Entonces no te afeito.

HIJO: No papá, no te enojes, no me hagas eso.

PAPÁ: Es para que aprendas.

HIJO: ¿Para que aprenda qué?

PAPÁ: No lo sé. Ahora mismo mi memoria inmediata se pierde de inmediato. Lo cual es terrible, porque me acuerdo de todo lo que nos hicieron, de todo lo que lloramos, de todos a los que abandonamos, y sin embargo no sé ahora qué estoy haciendo aquí. Y tampoco tengo muy claro si tú eres mi hijo, el señor del tv cable o una actriz haciendo el papel de un niño. Qué triste es todo esto.

HIJO: Aféitame papá, toma tu cuchilla y pónmela aquí, no te veas al espejo si no quieres, no importa que las cosas no sean como antes, hagamos que las cosas sean como ahora.

PAPÁ *cantando mientras lo afeita:*
"Un niño vivía cantando
Marchando en su propio terreno
Rodeado de cruz y de espanto
Dormía en burbuja amarilla"
Ya me tengo que regresar.

HIJO: No papá, por favor, quédate un rato más.

PAPÁ: Está bien. *(Pausa.)* Bueno, ya está... Por cierto, ¿cómo está tu mamá?

HIJO: ¿Mi mamá...? Como siempre.

PAPÁ: ¿Todavía? No sabes cuánto lo siento.

HIJO: Ten cuidado con el escalón, no te vayas a tropezar.

Pese al desacuerdo con cierta retórica cristiana en Grotowski, la metáfora final de su texto sobre Artaud, *No era totalmente él*, me asombra por su precisión: la del actor y la actriz que, desde la hoguera de la consecuencia de sus actos, sigue emitiendo señales.

Por supuesto, todo lo anterior está dicho en mis términos. Seguramente mis compañeras, desde la más experta y directora del grupo, hasta la más joven, también formada en nuestros laboratorios, lo verán de otra manera.

La política del arte como despertar de la memoria (o de cómo repensar aquello del espectador activo)

Pamela Brownell
Universidad de Buenos Aires

En el marco de una reflexión sobre el arte y la política que pone en el centro la pregunta por las alteraciones en el acto del espectador teatral en la contemporaneidad, el investigador brasileño Flávio Desgranges revisita la obra de Walter Benjamin en su trabajo *"Vislumbres Benjaminianos: posibles relaciones entre teatro y política en la contemporaneidad"*, haciendo una lectura transversal y atenta de diversos textos en los que encuentra *rastros* para pensar los cambios recientes de la teatralidad y la recepción artística. El autor retoma principalmente el pensamiento de Benjamin respecto de los cambios en los modos de percepción del individuo moderno y proyecta las *reverberaciones* de sus ideas sobre la posibilidad de generar una nueva concepción de la política del arte para una nueva experiencia del mundo.

Ante la realidad de un individuo conminado a vivir en la exaltación de un presente absoluto, alejado de los tiempos más dilatados de la imaginación y la narración, surge la necesidad de refuncionalizar los procesos artísticos, buscando nuevos modos narrativos que puedan alcanzarlo en su percepción actual y abrirle nuevas posibilidades de experiencia. Consecuentemente, también será necesario modificar los abordajes teóricos de esos procesos artísticos, atendiendo a los nuevos modos de vinculación entre obra y espectador. En este sentido, una de las nociones benjaminianas que Desgranges subraya es la de *recepción táctil*, la cual resulta inversa a la recepción contemplativa: ya no se trata de que el espectador se sumerja en la obra, sino de que la obra avance sobre el espectador activando en él su propio pensamiento y sus asociaciones, recuerdos, emociones, los contenidos ocultos o inadvertidos de su psiquis.

A lo largo del ensayo, Desgranges articula distintos enfoques filosóficos, estéticos y psicoanalíticos para pensar la relación entre tiempo y experiencia y, sobre todo, entre memoria y experiencia. Así, los planteos de Benjamin son puestos a dialogar principalmente con las concepciones desarrolladas por Marcel Proust en *En busca del tiempo perdido* (considerando también lecturas que autores célebres como Samuel Beckett o Gilles Deleuze han hecho de ese trabajo) y con la teoría de Sigmund Freud. Los conceptos de *memoria involuntaria* y *memoria no intencional*, elaboradas respectivamente por estos autores, enriquecen la indagación sobre la recepción táctil y su vínculo con el retorno de lo olvidado —el despertar de los restos de la historia personal y la historia colectiva dormidos en la mente de los sujetos— como un factor fundamental para la elaboración de la experiencia. Pensando específicamente esta problemática en el contexto de las artes escénicas contemporáneas, Desgranges cruza estos enfoques, a su vez, con algunas de las caracterizaciones hechas por Hans-Thies Lehmann respecto del *teatro posdramático*.

En el artículo subyace otra perspectiva muy interesante ligada sin dudas a la especialización de Desgranges no sólo en teatro sino también en educación, que es la de pensar el acto espectatorial a la luz de la idea de aprendizaje, en tanto invención de un proceso de producción de sentidos, el cual es puesto en acto a partir del estímulo (la invasión) que un signo provocador genera en el sujeto.

Finalmente, resulta enriquecedor pensar el texto en conexión con la investigación de la actividad del espectador que Desgranges viene realizando junto al grupo iNERTE (Instável Núcleo de Estudos de Recepção Teatral)[54]. En particular, con la experiencia de los debates performativos[55]: una actividad de discusión creativa posterior a una función teatral que busca multiplicar el efecto activador de la experiencia del teatro y que, como el artículo, pone en foco la politicidad de un arte (y una investigación teatral) que se renueva en busca de procedimientos que puedan provocar el potencial imaginativo, el pensamiento y la memoria de nuestros contemporáneos.

---

[54] iNERTE - Instável Núcleo de Estudos de Recepção Teatral: www.eca.usp.br/inerte

[55] Recomendamos especialmente ver el video disponible en el siguiente enlace, en el que puede apreciarse no sólo la modalidad de la actividad sino algunos de los conceptos básicos que guían el trabajo, formulados en una clave estimulante y poética, en línea con el tono de la propuesta desarrollada:
http://www2.eca.usp.br/inerte/video/89/Debate%20Performativo%20%22Folias%20Galileu%22

Vislumbres Benjaminianos: posibles relaciones entre teatro y política en la contemporaneidad[56]

Flávio Desgranges[57]
Universidade do Estado de Santa Catarina

> Al interior de los grandes períodos históricos, la forma de percepción de las colectividades humanas se transforma al mismo tiempo que su modo de existencia.
> *Walter Benjamin*

Al pensar la modernización de los procesos artísticos, en sus escritos sobre la caída de la obra de arte aurática, Benjamin nos ofrece valiosos rastros para el análisis de las alteraciones recientes en la teatralidad. Los escritos del filósofo alemán, que ya en la primera mitad del siglo XX reflexionaba sobre la crisis del arte e indicaba rumbos imprevistos, más allá de las vanguardias estéticas del período, estructuran pistas importantes para pensar la reconfiguración del arte y posibilitan investigar aspectos constituyentes de los procedimientos teatrales contemporáneos, los cuales presentan notables modificaciones a partir de las últimas décadas del siglo pasado. Los vislumbres benjaminianos, que reorganizan la comprensión de las proposiciones artísticas, estimulados por el amplio campo de posibilidades traídas en ese período por las invenciones surrealistas y por la creación del cine mudo, nos invitan a reflexionar sobre la práctica teatral actual, tomada aquí especialmente bajo el ámbito de la recepción y del efecto estético.

---

[56] Traducción de Gina Monge.
[57] Profesor del Departamento de Artes Cênicas de la Universidade do Estado de Santa Catarina (UDESC) y del Programa de Pós-Graduação em Artes Cênicas de la Universidade de São Paulo (USP). Ha publicado, entre otros, el libro "A Inversão da Olhadela: alterações no ato do espectador contemporâneo".

Perspectivas políticas de la escena latinoamericana

Frente a una pintura de Cézanne, en un relato de visita a una exposición de arte realizada en 1926, Benjamin, en su *Diario de Moscú*, describe la forma diferente cómo se relaciona con la obra de este artista francés. Lo que se constituye en un rastro importante para que pensemos los cambios en la recepción artística desde los inicios de la modernidad y aproximarnos a sus reverberaciones en la contemporaneidad.

> Para volver, me quedé en la parada del autobús. Ahí vi la inscripción "Museo" en una puerta abierta y luego me di cuenta de que estaba frente a la "Segunda Muestra del Nuevo Arte Occidental". Este museo no estaba en mi plan de visitas. Pero, ya que estaba enfrente, entré. Mirando un cuadro extraordinariamente bello de Cézanne, se me ocurrió como es errado, inclusive lingüísticamente, hablar de "empatía". Me pareció que comprender un cuadro – hasta donde eso se da – no se trata, de ninguna forma, de penetrar en su espacio, sino, mucho más, del avance de este espacio – o de puntos bien determinados y diferenciados de él – sobre nosotros. Él se nos abre en sus orillas y ángulos en los que creemos localizar experiencias cruciales del pasado; hay algo inexplicablemente familiar en esos puntos (Benjamin, 1989: 53).

La recepción de la pintura de Cézanne, descrita por Benjamin, no se vincula, como podría esperarse, a una actitud contemplativa propia de la relación del espectador con el arte tradicional. La recepción contemplativa lleva al espectador a entrar en el interior del universo ficcional y sentir el placer interno de la existencia de la obra, la experiencia relatada por el filósofo alemán y demuestra que la relación establecida con esa obra de arte sucedió a partir de otro modo perceptivo.

La descripción de la experiencia frente al cuadro de Cézanne y la forma particular en la que Benjamin se relacionó con la pintura, pueden comprenderse mejor si recurrimos a su definición de recepción táctil, establecida posteriormente. En el ensayo *La obra de arte en la era de su reproductividad técnica* (Benjamin, 1993), escrito en 1936, diez años después de la experiencia del museo de Moscú, el filósofo establece que ese modo de recepción se hace efectivo de forma inversa al de la recepción contemplativa, pues, en vez de invitar al espectador a entrar en la estructura interna de la obra, hace emerger el objeto artístico en el espectador, alcanzándolo orgánicamente, lo que sustenta la noción de *táctil* de ese modo receptivo. El objeto de alguna forma avanza sobre el individuo, lo toca en su intimidad y de forma inesperada, hace surgir contenidos olvidados, relacionados con la memoria involuntaria (en los términos de Proust), o con la memoria no intencional (en los términos de Freud). El retorno de lo olvidado, o de lo recalcado—en una acepción psicoanalítica que marca también los estudios de Benjamin—posibilita que restos de la historia personal, asociados a la historia colectiva, salgan a la luz listos para ser elaborados por el espectador.

La experiencia *táctil* realizada frente a la obra de Cézanne, permite ampliar la comprensión de las tesis formuladas por Benjamin acerca de las alteraciones significativas en la percepción del individuo moderno; estas alteraciones evidencian el carácter histórico de la recepción estética, que se modifica en función del contexto social de una época y que, por una parte, hace que el espectador pase a relacionarse de manera diversa con la obra de arte y, por otra, solicitan propuestas artísticas aptas para el diálogo efectivo con esa percepción transformada. O sea, el arte necesita, para no perder la productividad y el vigor revolucionario, constituir soluciones apropiadas a los retos renovados establecidos por la vida social. En el caso del arte teatral, como indica Lehmann en el análisis de las manifestaciones escénicas recientes, "es innegable el retraimiento de la representación dramática en la consciencia de la sociedad y de los artistas y demuestra que con ese modelo ya no se alcanza la experiencia" (Lehmann, 2007: 421).

La crisis del aura es comprendida a partir de la modificación en la misma estructura de la experiencia humana. Las alteraciones históricas transforman a tal punto la percepción del individuo, que éste ya no puede alcanzar el arte tradicional de forma productiva. La obra, hasta entonces envuelta por un aura de misterio de lo culto en el arte antiguo y medieval, o de un embelesamiento producido por la bella apariencia en el arte burgués, que proponía al espectador una actitud contemplativa, se ve superada por la propia necesidad de re-funcionalización de los procesos artísticos, los cuales necesitan colocarse en consonancia con los desafíos de su tiempo.

El declinar del aura en la obra de arte está relacionado a las profundas transformaciones históricas, causadas especialmente por los cambios en los modos de producción económica, tomados, desde mediados del siglo XIX, como base de la organización social, que provocan modificaciones en el modo perceptivo del hombre moderno. Esto puede ser observado especialmente en el propio ámbito de la organización social del trabajo marcada por la crítica al embotamiento del potencial imaginativo, pues el individuo, en la lógica capitalista de producción, pasa prioritariamente a operar física y mentalmente con respuestas rápidas y no reflexionadas, lo que transforma la jornada en una vivencia empobrecida y fragmentada en la que cada acto no establece ninguna relación con el acto precedente, más allá de una relación meramente técnica.

Además, la urbanización desordenada vuelve poco interesante el desplazamiento y la convivencia en el interior de las grandes metrópolis; expuesto a peligros multiformes, el ser humano hace valer una actitud atenta y defensiva, colocando la psique en estado de alerta permanente, lista para reaccionar frente a cualquier amenaza. La razón instrumental, que prevé los riesgos, calcula las posibilidades y cataloga los hechos, está siempre lista para la defensa frente a cualquier situación física o emocional inesperada. Ese modo operativo de la psique, que funciona en un patrón superficial de consciencia, lista para absorber los choques de la vida diaria, inviabiliza la realización de experiencias sensibles e indica el empobrecimiento del lenguaje.

El tiempo que marca nuestras acciones cotidianas, así como el modo de tratamiento conferido al tiempo en la estructura dramática, se presenta como tiempo del presente absoluto, que demanda total atención a sus dictámenes y desestimula que nos entreguemos a fantasías, reminiscencias espontáneas o asociaciones discontinuas, pues "esas formas 'dilatadas' de la actividad psíquica distraen a los sujetos de las exigencias impuestas por el presente absoluto" (Kehl, 2009: 160). Esto indica una autonomía necesaria en la relación con el tiempo, que imprime un ritmo propio a los acontecimientos frenando, cada vez, el flujo descontrolado de la temporalidad vacía, actuando en contra-tiempos (o instaurando tiempos del contra), de forma que se impida que el tiempo fuera de control e improductivo establezca su modo operativo y un espacio-tiempo apropiado para la producción subjetiva.

> La supuesta falta de tiempo para el devaneo y otras actividades psíquicas "improductivas" excluye exactamen-te aquellas que le proveen un sentido (imaginario) a la vida, así como las actividades de la imaginación, hijas del ocio y del abandono. Por la misma razón también se desvaloriza,

por ser "inútil" o "contraproducente", la experiencia del inconsciente (Kehl, 2009: 161).

O, dicho en las palabras de Henri Bergson en sus estudios sobre las relaciones entre percepción y memoria, "nuestro pasado permanece para nosotros casi totalmente oculto, porque es inhibido por las necesidades de la acción presente" (2006: 180). Si las continuas demandas del abrumado presente inhibieran el acceso del psiquismo al pasado, este puede "recuperar la fuerza de transponer el umbral de la consciencia siempre que nos coloquemos, de alguna forma, en la vida del sueño" (2006: 180).

Si en la vivencia contemporánea, la apropiación del tiempo enfrenta presiones sociales, pues va en contra necesariamente del modo establecido de gestionar lo cotidiano, en el arte, la revisión del tiempo vacío, sucede también en oposición con los patrones estéticos vigentes. De ahí viene la estrecha relación que se puede establecer entre propuesta estética y vida social, fundando una forma distinta de relacionar arte y política. Los *choques* provocados por el tenso cotidiano de la vida moderna, tal como los *traumas* para Freud, acarrean una fractura en la experiencia y en el lenguaje, ya que invitan a una función psíquica meramente funcional. La amplia capacidad de recordar y de contar, de atribuirle sentido a los hechos del cotidiano, remite, como apunta Benjamin en el ensayo *El Narrador* (1993), a una sociedad diferente de la capitalista, calcada en otro patrón de relaciones humanas y en otros ritmos de trabajo y de descanso. Las alteraciones en la vida social interfieren en la percepción perceptividad y solicitan mutaciones en la esfera del arte. Pues, "transformaciones sociales muchas veces imperceptibles acarrean cambios en la estructura de la recepción, que serán más tarde utilizados por las nuevas formas de arte" (Benjamin, 1993: 185).

El cambio en la percepción inhibe la producción de memoria (trazos mnemónicos inconscientes), dificultando el acceso a los contenidos olvidados, fundamentales para la elaboración de la experiencia. La memoria, para Benjamin, se constituye justamente por los hechos significativos que no fueron filtrados por el consciente y son lanzados a las profundidades de la psique. Esos contenidos, al salir a la luz, traen imágenes del pasado, provocan al individuo a volcarse sobre las situaciones vividas y a "empollar los huevos de la experiencia", consiguiendo que nazca de ellos el pensamiento crítico.

> Benjamin cree en una oposición entre la memoria y la consciencia, que es similar a la distinción entre memoria voluntaria y memoria involuntaria, en la obra *En busca del tiempo perdido*, de Marcel Proust. Para ambos, la experiencia ocurre cuando trazos mnemónicos inconscientes en la memoria son despertados, casualmente o no, por algún acontecimientos u objeto exterior, realizando en un instante, una feliz conjunción de significados capaz de modificar el rumbo de una vida, de una historia (Palhares, 2008: 78).

Las alteraciones en la percepción, solicitan procedimientos artísticos modificados para provocar la irrupción de la memoria involun-taria. Solamente una percepción distraída, en la que el consciente sea sorprendido, agarrado desatento, podría dejarse alcanzar por el instante significativo en el que, en la relación con el objeto artístico, la mirada nos es retribuida, nos toca lo más íntimo y hace surgir lo inadvertido, trayendo a la luz experiencias cruciales del pasado. El encuentro con el arte puede ser comprendido entonces, como fundamentalmente vinculado a la producción de experiencias.

La psique lanza para el olvido lo que no consigue abarcar totalmente y que está marcado por fuertes impresiones. "El mecanismo general de defensa no anula las fuertes impresiones; solamente las coloca de lado" (Reik en Benjamin, 2006: 447). La memoria, cuya función es proteger esas impresiones, trae a la luz los contenidos del pasado para que sean elaborados a la luz del presente. "El canon de la memoria involuntaria es una especie de desorden productivo" (Benjamin, 2006: 246). Para Proust, el acceso a esas formaciones inauditas, lanzadas a las profundidades de la psique como elementos de la memoria, puede acontecer repentinamente, son sacadas del "sueño, muy vivo y creador del inconsciente" cuando "manos dormidas se apoderan de la llave correcta, inútilmente buscada hasta entonces" (Proust en Benjamin 2006: 447).

Sin embargo, para Proust sería inútil intentar evocar ese pasado por medio del recuerdo, pues aquello que nos es ofrecido por la memoria voluntaria, la memoria de la inteligencia, no conserva nada de él. "Es trabajo perdido buscar evocarlo; todos los esfuerzos de la inteligencia son inútiles. Él está escondido fuera de su dominio y de su alcance" (Proust en Benjamin 2006: 447).

Samuel Beckett, en sus estudios sobre la obra de Proust, investigación teórica realizada por el autor irlandés antes de su afirmación como escritor y dramaturgo, resalta que solamente con la ruptura del hábito perceptivo se puede engendrar un modo diferente de comprensión de la vida social. "Porque la devoción perniciosa al hábito, paraliza nuestra atención, anestesia todas las siervas de la percepción cuya cooperación no le sea absolutamente esencial" (Beckett, 2003: 19). La repetición de la manera usual de relacionarse con los objetos y situaciones cotidianas, mantiene patrones confortables de percepción, restaurando cada vez, a la fuerza, los mismos prejuicios intelectuales organizados "por el hábito según principios de economía de energía" (Beckett, 2003: 23). La reorganización del hábito es descrita por Proust como "más larga y más difícil que revirar un párpado al revés", tarea que "consiste en la imposición de nuestra alma familiar sobre el alma aterradora de nuestro ambiente" (Proust en Beckett, 2003: 40).

El Hábito, unas veces denominado por Beckett como el Dios del Embotamiento, otras veces comparado a un dramaturgo aburrido, no consigue acceso al último calabozo de nosotros mismos, en el que está almacenado aquello que escapó a nuestra atención de costumbre. Un abismo en el que se encuentra la esencia, "la perla que puede desmentir nuestro carapacho de cola y de cal" (Proust en Beckett, 2003: 31) y que nos está prohibido. Solamente un buzo eficaz puede alcanzar esta fuente profunda:

> Pero no hay por qué esconder el nombre del buzo, Proust lo llama "memoria involuntaria". La memoria que no es memoria, sino una simple consulta al índice remisivo del Viejo Testamento del individuo, él la llama "memoria voluntaria". Esta es la memoria uniforme de la inteligencia: es de confianza para la reproducción, frente a nuestra inspección satisfecha, de aquellas impresiones del pasado formadas por la acción consciente de la inteligencia. (...) La memoria voluntaria insiste en la más necesaria, saludable y monótona forma de plagio - el plagio de sí mismo. Demócrata incondicional, no hace ninguna distinción entre los *Pensamientos* de Pascal y una propaganda de saponáceo (Proust en Beckett, 2003: 31-32).

Perspectivas políticas de la escena latinoamericana

De acuerdo con Deleuze, el eje central de los libros de Proust no está en mostrar el funcionamiento de la memoria involuntaria, sino en pensar el modo de producción de conocimientos. La memoria involuntaria se presenta como el descubrimiento de un procedimiento relevante, tal vez necesario, pero lo que está en cuestión, de hecho, es el proceso de aprendizaje: "No se trata de una exposición de la memoria involuntaria, sino del relato de un aprendizaje" (Deleuze, 2006: 3).

La necesidad del acto de pensamiento sucede cuando el signo invade al sujeto, desafiándolo a buscar posibles sentidos. O sea, lo que produce la necesidad de un acto de pensamiento es el encuentro contingente con aquello que lo fuerza a pensar. El descubrimiento no sucede por buena voluntad o por un amor natural por la verdad, sucede a la fuerza, a partir de la "violencia de un signo que nos roba la paz" (Deleuze, 2006: 4).

El signo fortuito es inevitable, surgido en la casualidad del encuentro, garantiza la necesidad de aquello que es pensado y desafía al entendimiento, pues huye de la explicación convencional, imposibilita el recorrido usual de comprensión de las cosas, volviendo obligatorio el acto de pensar. De forma que, en vez de la facilidad del reconocimiento cognitivo —comprendido aquí como el simple acceso a la memoria para que reconozcamos lo ya conocido— optemos por la profundización de los encuentros.

En *En busca del tiempo perdido* de Proust, se comprende cómo recuperar lo que nos pasó desapercibido, haciendo valer la potencia poética presente en cada parte de la vida; permitirse "perder tiempo" con los pasajes de la vida mundana y comprobar en cada momento del cotidiano el vigor sorprendente y placentero de un instante de aprendizaje. Así, "el tiempo redescubierto es, primero que nada, un tiempo que redescubrimos en el seno del tiempo perdido y que nos revela la imagen de la eternidad" (Deleuze, 2006: 16).

El aprendizaje surge de la potencia de un signo, de un objeto o situación que se interpone al flujo perceptivo usual, promoviendo un encuentro tan imprevisto como inevitable, que solicita la producción del pensamiento, forzando la realización de algo inédito. El aprendizaje se aleja, pues, del mero reconocimiento o de la comprensión objetiva de algo que nos fue transmitido y se acerca a la invención de un proceso de producción de sentidos. Proceso que no es solo individual, ya que se produce siempre de forma personal e intransferible, sino que propone la individuación, el estímulo a la invención de una forma singular de establecer sentidos a partir de la relación con los acontecimientos de la vida y del arte.

En la obra de arte, los signos de la vida son retomados y tienen su comprensión ampliada y esclarecida. En ese sentido, el arte nos acerca a la esencia y nos devuelve a la vida, promoviendo otra forma de percibir los signos del cotidiano. Al revelarnos que "todo existe en esas zonas oscuras en las que penetramos como criptas, para ahí descifrar jeroglíficos y lenguajes secretos" (Deleuze, 2006: 86), el arte fomenta nuestro entendimiento de que no hay hecho: solo hay signos; no hay verdad: solo hay interpretaciones. Lo esencial está en esas zonas oscuras en las que son elaboradas las fuerzas que nos obligan a pensar; lo esencial, pues, no está en el pensamiento, sino en aquello que nos obliga a pensar. El pensamiento no se engendra por buena voluntad o por un método que enseñe a pensar, sino que se hace por la marca de la necesidad. El pensamiento no se comunica, se produce como interpretación de algo; pensar no es algo voluntario, sino involuntario, que se presenta como traición, como contrariedad, como algo que nos compele por su inevitable urgencia. No se enseña a pensar, pero el pensar puede ser provocado[58].

Otro modo narrativo

Para Benjamin, el estímulo a una actuación hiperbólica de la consciencia deja la psique poco disponible para la percepción sensible, de forma que pueda traspasar el mecanismo meramente instrumental. Así opera el individuo desde el advenimiento de la modernidad, tanto en su relación con los acontecimientos cotidianos, como con las variadas producciones artísticas y culturales. Lo que indica la necesidad de que se haga efectivo otro modo narrativo, otro abordaje de los hechos y ficciones que, especialmente, establezca contacto con los contenidos inauditos que se presentan involuntariamente.

> Esas mutaciones culturales e históricas son lentas y no siguen mecanismos deterministas, pero ellas no pueden

---

[58] Ver: http://www2.eca.usp.br/inerte/video/89/Debate%20Performativo%20%22Folias%20Galileu%22

ser eliminadas por buena voluntad o decisión personal. Así, aunque se lamente la desaparición de las formas tradicionales de contar, la desaparición de los recuerdos compartidos y de una memoria colectiva [...], la desaparición de la escucha paciente y respetuosa de los ancianos, el desarrollo capitalista y técnico contemporáneo vuelve ilusorio cualquier regreso a esas formas comunitarias de vida, de recuerdo y de narración (formas que son idealizadas con facilidad retrospectivamente). Se trata mucho más de inventar otras formas de memoria y de narración (Gagnebin, 2008: 61).

Benjamin no clama por una vuelta nostálgica al pasado y saluda otro modo narrativo, tomado como una trama de espacio y tiempo que se abre como un precipicio, invitando al espectador a sumergirse en sí mismo, produciendo una experiencia aurática a partir de un arte no-aurático. Si la experiencia aurática del arte tradicional estaba lograda en el sumergirse en el interior de la obra, la experiencia en el arte no-aurático implica al espectador en el acto artístico, de forma que la lectura solo puede hacerse efectiva en la propia producción del participante, empujándolo a una actuación efectiva, ya que pasa necesariamente por sus entrañas.

El vislumbre de este otro modo narrativo acontece a partir de las ruinas y pedazos de la narrativa tradicional, que proponga una nueva aproximación a la dinámica de recordar y de olvidar y coloque en tensión lo que se muestra frente a lo que no está dicho. Una forma de narración, análoga a la del inconsciente, en un estado de espíritu no dirigido por el intelecto, sin ningún sentido previamente establecido, sin ninguna coherencia y ninguna finalidad definida *a priori*. Y que posibilite la salida de una vivencia ensimismada, repetitiva, *siempre-igual*, que interrumpa el círculo vicioso de una historia que no hace otra cosa que repetir el pasado, pues se ausentó del presente y abdicó del futuro. Un modo narrativo que no remonta a la comunidad de oyentes pre-capitalista, pero que, de otra forma, tira al individuo de la clausura.

Si, como indica Freud, "en la vida mental, lo que es inconsciente es también lo que es infantil" (Freud en Martens, 2006: 63), en la perspectiva histórica aquí apuntada, el acceso al inconsciente estético puede posibilitar el acceso a la memoria en su fase infantil. En la que el acontecimiento artístico hace surgir situaciones inauditas, cargadas de deseo, y el ámbito individual toca los sueños colectivos; de forma que "la oscuridad del instante vivido, no es nada más que aquello que se establecerá aquí en el plano de la historia, y colectivamente. Existe un saber todavía-no-consciente de lo ocurrido, cuya promoción tiene la estructura del despertar" (Benjamin, 2006: 434). La infancia de un tiempo está hecha de aquello que la mueve hacia el futuro, dotada del mismo espíritu infantil del ser humano que cree en sus sueños y que pierde el impulso de realizarlos en la fase adulta, sometido a una adaptación pasiva a la realidad. La infancia de un tiempo puede ser relacionada a la infancia de los tiempos. Acceder al sueño de un tiempo se vuelve vital para hacerlo despertar.

La imagen que surge de lo recóndito de la psique se presenta como alegoría, como enigma a ser escrutado y analizado en su potencial de sentidos. El enigma, así, es un fragmento que asociado a otro fragmento se abre como sentidos en potencial. La imagen enigmática, elaborada poéticamente por la psique, en sus partes más profundas y húmedas, problematiza la vida y toca el centro de la elaboración de deseos.

Benjamin elabora una forma propia de comprender la relación intrínseca entre los deseos individuales y los sueños colectivos, que sucede como confrontación entre el " inconsciente visceral" y el "inconsciente del olvido" (Benjamin, 2006: 441), siendo el primero predominantemente individual y el segundo predominantemente colectivo. La formación colectiva del inconsciente carga hechos calcados del pasado histórico, actos y voluntades revolucionarias soñadas y no realizadas plenamente; sueños que demandan la mirada del presente, y que solicitan una acción del presente para que salgan a la luz y que--tomando el tiempo como un *"continuum"* en el que el ayer, el hoy y el mañana se vuelven indistintos—puedan invadir y transformar el "ahora" (Benjamin, 1993: 230), rompiendo con el mismo ciclo repetitivo del consciente ensimismado.

> La otra parte del inconsciente [la parte colectiva] está hecha de la masa de cosas aprendidas a lo largo de los años o a lo largo de la vida, que fueron conscientes y que por difusión entraron en el olvido...Vasto fondo submarino donde todas las culturas, todos los estudios, todas las diligencias de los espíritus y de las voluntades, todas las revueltas sociales, todas las luchas emprendidas se encuentran reunidas en un recipiente sin forma... Los elementos pa-

sionales de la vida de los individuos se retiraron, se extinguieron. Subsisten solamente los datos provenientes del mundo exterior, más o menos transformados y digeridos. Es del mundo externo que está hecho ese inconsciente. Nacido de la vida social, ese humus pertenece a las sociedades (Mabille en Benjamin, 2006: 441).

Tener acceso al sueño de un tiempo, para Benjamin, es también tener acceso al sueño profundo en el que se sumerge la consciencia colectiva de ese tiempo. Los contenidos olvidados se vuelven fundamentales para la revisión del consciente, haciéndolo despertar del viejo y mismo sueño civilizatorio, pues "la reforma de la consciencia consiste solamente en despertar al mundo...del sueño de sí mismo" (Marx en Benjamin, 2006: 499).

Si el "inconsciente del olvido" se relaciona con los contenidos históricos de la colectividad, el "inconsciente visceral" se aproxima a las formaciones referentes al pasado individual, elementos que salen a la luz por la *tactibilidad*, cada vez que el individuo es alcanzado en las vísceras; como hacen las *madeleines* en Proust, o los puntos, esquinas y ángulos del cuadro de Cézanne en Benjamin. Sin embargo, las formaciones inconscientes individuales y colectivas no están disociadas y sí asociadas. En los pasajes de Baudelaire (Benjamin, 1994) por las calles de París, se puede notar esa relación entre el individuo y el colectivo; en los objetos fortuitos que repentinamente llaman la atención del poeta, suscitando rememoraciones cargadas de deseos personales y asociaciones que se abren hacia el carácter público de los acontecimientos.

Baudelaire se deja invadir por el objeto fortuito del cotidiano de la ciudad; cada vez que se ve mirado por un objeto, que parece que lo llama y el poeta retorna la mirada, se deja alcanzar. El objeto imprevisto gana en ese momento marcas de significantes, se abre en un potencial de posibles sentidos a ser concebidos por el actuante. Una mirada cruzada con alguien, un olor característico, el movimiento con prisa de los carruajes, puede traer a la luz elementos recónditos de la memoria, que se constituyen en breves y placenteros enigmas a ser elaborados; la percepción desencanta al objeto (o se deja desencantar por él) y le confiere valor estético.

Cambios en el modo de actuación del espectador

La percepción de Baudelaire, en su relación con los objetos del cotidiano, puede ser asociada a la recepción propuesta al espectador participante de la escena teatral contemporánea. El elemento de escena—palabra, gesto, artefacto—no se presenta necesariamente como signo, como algo cargado de significados previos atribuidos por el autor. Le corresponde al espectador establecer formas de relación estética con el elemento de escena, constituyendo posibles sentidos a partir de su experiencia, dejándose atravesar por el objeto, retribuyéndole la mirada.

> El aparato sensorial humano difícilmente soporta la falta de referencia. Privado de sus nexos, busca referencias propias, se vuelve "activo", fantasea "descontroladamente", y lo que se le ocurre entonces son semejanzas, conexiones, correspondencias, inclusive las más remotas. El *rastreo* de las conexiones camina junto a la desamparada concentración de la percepción de las cosas que se ofrecen (tal vez ellas todavía susurren su secreto). [...] el espectador del nuevo teatro procura, arrebatado, aburrido o desesperado, las correspondencias baudelerianas en el "templo" del teatro (Lehmann, 2007: 141).

El enigma formado por las posibles relaciones a ser elaboradas entre el objeto y los contenidos olvidados traídos a la luz, resáltese que no tiene nada de misterio, como concibe el arte de la tradición; nada que se refiera a lo religioso—como el teatro griego o el medieval—o a lo bello—como el teatro burgués, en su inspirada reproducción de la vida—pues se trata de algo que se opera a partir de una percepción sensible alterada por las condiciones modernas, que propone una configuración renovada para el arte. Así, no es lo religioso, ni lo bello lo que está puesto en juego, sino aspectos de la vida en el ámbito personal y social. Aquello que llama al espectador se relaciona a algo que de alguna forma tiene que ver con él, o de alguna forma se asocia a elementos *olvidados* o *esenciales* que buscan diálogo con el ahora del tiempo. La formación de un enigma, en ese sentido, está cargada de deseos individuales y necesidades colectivas lanzadas al olvido.

Perspectivas políticas de la escena latinoamericana

Tanto el pasado individual, como el pasado colectivo, en franca asociación, son formados por los *detritos de la historia*, por aquello que pasó desapercibido, que fue recalcado, que no se vio, no se leyó, que tal vez ni haya sido escrito; o sea, articular el lenguaje en el presente solicita palpar lo intangible, observar lo invisible, o "leer lo que nunca fue escrito" (Hofmannsthal en Benjamin, 2006: 461), idea que, se constituye en pertinente analogía con el acto propuesto al espectador / participante de la escena teatral contemporánea. Los restos y detritos vivenciales lanzados al olvido, son justamente los elementos no percibidos por el consciente operacional, las escenas a las "que no les dimos atención en aquel momento, cuando atravesamos pensando en otra cosa" (Chesterton en Benjamin, 2006: 482); ese material rechazado en la vivencia diaria, que se constituye como elemento vital para la producción de experiencias, puede ser accedido por la percepción táctil, volviéndolo visible.

La imagen mnémica se constituye de recuerdos que surgen espontáneamente, sin la voluntad y el control del sujeto. Se trata, por lo tanto, de imágenes que el individuo no escoge, que no se relacionan con la memoria voluntaria, lo contrario de un proceso consciente de rememoración. Esto configura otra noción de memoria y de sujeto, pues "este no es más definido antes que nada por su actividad consciente, voluntaria, sino también por un tipo de actividad pasiva, receptiva", y esta receptividad es "interpretada ahora no en términos de inercia, sino en términos positivos de disponibilidad atenta" (Gagnebin, 2008: 65). Una comprensión opuesta a la concepción clásica de un sujeto racional, consciente, soberano, que se vale de la memoria de forma voluntaria, obediente, lista para cumplir la única función de registrar, clasificar e inventariar el pasado.

Si el acceso a los contenidos inauditos se ve dificultado frente a las transformaciones sociales, los procedimientos artísticos se ven también alterados para hacer frente a los nuevos retos. La acepción política de esa arte reconfigurada se relaciona, en ese sentido, con el carácter histórico que marca la recepción de los espectadores, en el que el acceso al inconsciente estético pone en debate cuestiones de interés público. Sueños y deseos recalcados que encuentran salida y alcanzan la superficie a partir de procedimientos artísticos no-auráticos, alcanzando las *vísceras* y creando condiciones para la producción de experiencias efectivas. De forma que el gesto estético, proponiendo la revisión de situaciones reprimidas en el pasado, en tensión con lo repetitivo e inmutable de lo que está establecido en el presente, trayéndolos a la luz para realizarlos, se constituye en gesto social y establece otra configuración para el arte. "Toda la función social del arte se transforma" y la propuesta artística "pasa a fundarse en otra praxis: la política" (Benjamin, 1993: 171).

La reconfiguración del arte se muestra fuertemente influenciada por la voluntad de democratización de los procesos sociales, de forma que el carácter político de esa arte con nuevas funciones, puede ser también comprendido por la ampliación de la participación de los espectadores en los eventos artísticos a partir de otra forma de experiencia estética. Imbricada por el deseo de la consciencia y por la consciencia del deseo, la nueva función social del arte está sustentada en que se hagan efectivos procedimientos que, tanto estimulen al individuo a volverse consciente de los procesos artísticos y del contexto político-social en curso, como a apropiarse de sus sueños, deseos, necesidades, voluntades. Esta apropiación se lleva a cabo en el acceso a los contenidos mnemómicos y se opera en los terrenos del lenguaje. La memoria hace recrudecer el deseo y provoca la consciencia de este.

Bibliografía

Beckett, Samuel. *Proust*. São Paulo: Cosac Naify, 2003.
Benjamin, Walter. *Diário de Moscou*. São Paulo: Companhia das Letras, 1989
---. *Obras Escolhidas I: magia e técnica, arte e política*. São Paulo: Brasiliense, 1993.
---. *Obras Escolhidas III. Charles Baudelaire: um lírico no auge do capitalismo*. São Paulo: Brasileinse, 1994.
---. *Passagens*. Belo Horizonte: Editora UFMG - São Paulo: Imprensa Oficial do Estado de São Paulo, 2006.
Bergson, Henri. *Matéria e Memória: ensaio sobre a relação do corpo com o espírito*. São Paulo: MartinsFontes, 2006
Deleuze, Gilles. *Proust e os Signos*. Rio de Janeiro: Forense Universitária, 2006.
Gagnebin, Jeanne Marie. "Walter Benjamin: memória, história e narrativa". En: *Mente, Cérebro e Filosofia*. São Paulo, Duetto, nº 7, 2008. 59-67
Kehl, Maria Rita. *O Tempo e o Cão: a atualidade das depressões*. São Paulo: Boitempo, 2009.
Lehmann, Hans-Thies. *O Teatro Pós-Dramático*. São Paulo: Cosac Naify, 2007.
Mertens, Wolfgang. "Além do Édipo". *Viver. Mente e Cérebro*. São Paulo, Duetto, nº 159, 2006.
Palhares, Taisa. "Benjamin: experiência e vivência". *Mente, Cérebro e Filosofia*. São Paulo, Duetto, nº 7, 2008: 76-81.

**IV-Teatralidades de la violencia:
ciudad, género y memoria.
Desmontajes**

Intentos múltiples para la imposible recuperación de la memoria. *Campo de Mayo. Una conferencia performática* de Félix Bruzonne

Lola Proaño Gómez
Ramiro Manduca

El día miércoles 6 de de julio de 2016 se realizó una función de *Campo de Mayo. Una conferencia performática* de Félix Bruzzone en el Centro Cultural de la Memoria Haroldo Conti, en el marco del "1er Simposio sobre Teatro, Política y Sociedad en América Latina"[59]. La entrevista que aquí se publica da cuenta de la charla posterior a la presentación, como parte del Simposio en colaboración[60] con el "Ciclo Desmontajes", organizado por AINCRIT (Asociación Argentina de Investigación y Crítica Teatral).

Campo de Mayo, conferencia performática de Félix Bruzzone, fue parte del Ciclo Mis Documentos de Lola Arias (2013). Campo de Mayo es una localidad de la Provincia de Buenos Aires, que fue uno de los más importantes centros de detención clandestina durante la dictadura militar (1976-1983). Hoy allí se encuentra una de las más grandes guarniciones militares del país ubicada en el medio de una enorme extensión de campo, rodeada de una cantidad de barrios, en uno de los cuales vive —casualmente— Félix y su familia. Su madre, desaparecida, estuvo detenida en este centro de detención durante la dictadura. La conferencia, basada en una descripción de una compañera de celda de la madre de Félix, una foto desteñida por el sol y los esfuerzos de Bruzzone por la imposible tarea de reconstruir la memoria de los últimos días de su madre, se metaforiza en la forma de un corredor que incansablemente da vueltas alrededor de Campo de Mayo. Con esta imagen se cierra la conferencia performática y transmite desde la escena una búsqueda interminable.

---

[59] Ficha técnica de ***Campo de Mayo:*** Autor: Félix Bruzzone; Performers: Félix Bruzzone, Lucas Balducci. Dramaturgia y dirección: Lola Arias, Félix Bruzzone.

[60] Por tratarse de una actividad en colaboración la entrevista se publicó también en el medio digital de AINCRIT, MATEO.

Lola Proaño Gómez: Esta propuesta nos da muchísimo para pensar y decir. Félix, estuve leyendo tus entrevistas, y cosas que has dicho con anterioridad. Primero, comentarles a los que no saben que Félix es novelista y escribe prosa. ¿Es la primera vez que haces esto que es una cuestión más performática? Por otra parte, en tus entrevistas previas escuché que decías que se entiende la identidad como la conciencia de estar viviendo, y que ese vivir viene en una línea recta que junta el pasado con el presente y que se forma no sólo con palabras y relatos, sino además con las memorias visuales de los espacios en las que esas palabras y esos relatos surgieron. A partir de esto me surge la pregunta: ¿tú crees que *Campo de Mayo* y la posibilidad de tratar de entender ese espacio podría llenar un vacío visual sensible, en esa línea de tiempo que constituye la identidad, en este caso, tu identidad? Porque evidentemente la memoria de tu madre es parte de tu memoria, y de tu identidad.

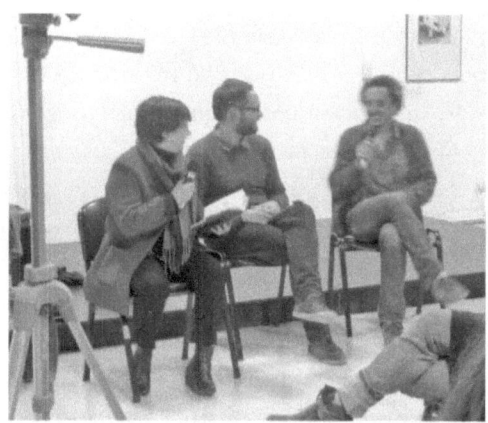

Imagen 1. *Campo de mayo.* Foto: Grupo de Estudios sobre Teatro contemporáneo, política y sociedad (IIGG-UBA)

Félix Bruzzone: Sí. La respuesta es sí (*risas*). Vos me preguntas por la imagen, siendo que yo trabajo más con palabras

Lola Proaño Gómez: Bueno, las palabras también son imágenes. Pero la imagen en esta manera es distinta.

Perspectivas políticas de la escena latinoamericana

Félix Bruzzone: Sí, de hecho cuando cuento el comienzo de mi relación con *Campo de Mayo*, lo primero que hay son imágenes. Porque también es una época sin lenguaje. Yo lo remarco, tenía tres años. Más allá de que es un pequeño chiste: "Mis primeras investigaciones comenzaron en 1979, cuando yo tenía tres años...", como si un investigador podría comenzar su trabajo a los tres años, evidentemente los recuerdos me llevan a esa zona donde uno todavía no adquirió el lenguaje, o está en una fase muy prematura de él. La imagen se impregna, evidentemente uno luego comienza a responderse ¿por qué esas imágenes de *Campo de Mayo* sí y otras, de otros caminos, no tanto? También es cierto que *Campo de Mayo*, independientemente de la historia que uno tenga con ese lugar, de por sí es un imán para uno, es un lugar muy singular. No sólo por lo que pasó, sino sólo por verlo. Uno está acostumbrado a ir por la llanura, por el campo, ver vacas, ver postes de alambrados, un pequeño monte a lo lejos... pero acá, además de eso, ves tanques. Un camino relativamente estrecho, no muy cuidado, con algunos pozos, como si fuera una zona de guerra. Una suerte de extracto, un lugar incrustado de otra parte, ahí. Además las imágenes, siguen siendo siempre, al menos para nuestra cultura que es tan visual, lo primero que asalta a la emoción. Ver algo que te sorprende, te desajusta. De alguna forma no saber qué hacer con *Campo de Mayo*, el hecho de no encontrar una forma lingüística para eso, hace que aparezcan estas imágenes.

Ramiro Manduca: Retomando algunas cuestiones que nos acabas de decir, me interesaba preguntarte ¿qué productividad estética encontraste en *Campo de Mayo* distinta a la de la literatura? Y al mismo tiempo ¿cómo te encontraste vos a partir de eso?

Félix Bruzzone: Es más un descubrimiento que otra cosa. Entiendo que debe haber una productividad en eso, de hecho mi respuesta intentaba dar cuenta de por qué empiezo a usar imágenes. Pero creo que es más un descubrimiento a partir de que un día vino Lola Arias, que es la directora, y me propuso hacer algo en escena con este material que ella sabía que existía. Yo tenía algunos textos, partes de una novela sobre *Campo de Mayo* que nunca terminé y también algunas cosas escritas sobre ese corredor. Aparte tenía mis entrevistas, los audios, fotos, un montón de cosas de *Campo de Mayo* e hicimos la prueba. En la medida en que se puede seguir pensando, me parece productivo el simple hecho de estar haciéndolo. De hecho, como casi nunca lo hacemos en el mismo lugar, siempre tenemos que estar ajustando cosas. Y eso, más allá de cuestiones específicas del espacio, nos hace pensar que estamos diciendo, de que estamos hablando. Más allá de que el texto o las acciones sean prácticamente las mismas, es como si cada vez que lo ponemos en escena estamos pensando cosas claves otra vez. Quizás en la escena esto no aparece, pero las estamos pensando todo el tiempo. Eso no sé si pasa en todas las obras de teatro, quizás ocurre y lo que estoy diciendo no tiene ningún sentido (*risas*), pero pienso que en esta obra se da de una manera particular.

Ramiro Manduca: Hasta acá nuestras preguntas. Ahora invitamos al público a seguir con el intercambio.

Bettina Girotti: Recién se hablaba de la incorporación de las imágenes a la literatura, pero en la obra también se incorporan los sonidos. El audio con el vecino que te cuenta su historia, en este caso despertó muchas risas. Es otro registro, otra voz que se incorpora. Uno cuando escribe delega esto en los personajes y acá lo que aparece es otra voz representada. Me parece súper interesante entonces, cómo aparece el testimonio de otros en la obra. No es estrictamente una pregunta, pero sí un disparador para continuar con el intercambio.

Félix Bruzzone: A mí esa zona de los audios me parece que es importante. Ahora hay textos. Y si bien hay una cuestión técnica debido a que los audios son muy malos y en ocasiones no se entienden, la forma en que transcribimos esos testimonios no está normalizada, están ajustados a la oralidad. Eso nos parecía muy divertido. Además uno siempre como escritor está trabajando con lo que escucha en la calle, con lo cotidiano, entonces no me parece algo diferente en cuanto al material con el que trabajo. Sí en *cómo* lo muestro.

Santiago Roldós: ¿Qué tan deliberado o qué tan consciente fue antes, durante y ahora mismo, de tu parte o de la directora, el carácter anti dramático o desdramatizado de tu actuación o performance? Me pareció muy interesante que desde ese lugar, tu actuación generó mucha risa sin quizás ni siquiera proponérselo.

Perspectivas políticas de la escena latinoamericana

Félix Bruzzone: (*Risas*) Me causa gracia porque vos fuiste de los que más se reía. En realidad todo es un experimento. Acá todos se reían, pero yo hice esto en Colonia (Alemania) y no se reía nadie, la gente se paraba y se iba (*risas*). Está bien, es otro contexto pero incluso en "La Carpintería" tampoco hay muchas risas. No fui nunca consciente de eso. Si hay una consciencia sobre la no solemnidad, es decir, que sea serio pero no solemne y el resto dejarlo librado al azar. Porque de hecho, como no es algo que esté concluido, lo único que hay concluido es lo que vieron acá hoy que de hecho es algo bastante desmadrado. No es algo que hemos pensado con sus curvas dramáticas, de hecho hay gente que me dice que le gustaría ver un final más conclusivo. Y la respuesta a eso es que la verdad que por ahora no, quizás más adelante sí. Tendrían que pasar otras cosas para eso. Tiene una linealidad bastante marcada, comienza a los tres años y seguimos para adelante.

Maximiliano de la Puente: Quería seguir un poco con lo que decía Bettina [Girotti] a partir de recuperar las entrevistas y pensar un poco el lugar que ocupan los vecinos en tu trabajo. El rol que ocupa el vecino en relación a *Campo de Mayo* ahora y el que ocupaba durante la dictadura, incluso en otros centros clandestinos de detención con enclaves más urbanos. La cuestión, que se empezó a investigar, del rol del vecino durante la dictadura, el saber y no saber. Cuánto sabe y no del lugar donde vive, de la historicidad de ese espacio que está íntimamente vinculado con la identidad. Pero también que sabe del presente. Y me parece que tu trabajo pone de relieve el rol de la gente común en relación a la historicidad, del pasado y también del presente ¿Es importante para vos esto?

Félix Bruzzone: Sí, seguro. Yo siempre trabajo con lo más cercano, y en este caso lo más cercano a *Campo de Mayo* son los vecinos. La relación que tienen es muy dispar. En general es más bien ni darse por enterados. Tampoco me parece que se puede ser vecino de *Campo de Mayo*, es un lugar demasiado grande. Hay zonas que sí están muy cerca de la población civil, pero hay otras que no, que son bastante oscuras como el lugar donde estaban los centros clandestinos. Por eso es muy fácil negarlo, más allá de que sea omnipresente, el hecho de que sea un campo lo convierte en algo fácil de negar.

Público: Yo la vi en "La Carpintería", también, y las dos veces me llamó mucho la atención esto que vos decís: "algo sospechaba". Es decir, vos sospechabas que tu mamá había estado en *Campo de Mayo* cuando te mudas ahí. Lo que te quería preguntar es cómo pensabas vos esta suerte de distracción—por el CEAMSE o por los rugbiers—que aparece en la obra. Por qué cuando volvés al corredor, vuelve a parecer la relación propia con *Campo de Mayo*, vos y tu madre.

Félix Bruzzone: Lo que pasa es que lo que siempre está por debajo es lo otro: MAMÁ. Son distracciones, si se quiere, porque no apuntan directo, pero siempre está apuntando al menos medio de costadito .El hecho de querer saber cómo son esas "cosas locas" como los entrenamientos de Rugby o cuestiones por el estilo, forman parte de lo mismo. Tienen un matiz mucho más superficial, más actual, pero son pequeños desvíos que terminan volviendo, aún en forma de ficción. Lo del corredor es una ficción de ese núcleo más duro, de ese lugar que está ahí haciendo mucho, mucho ruido.

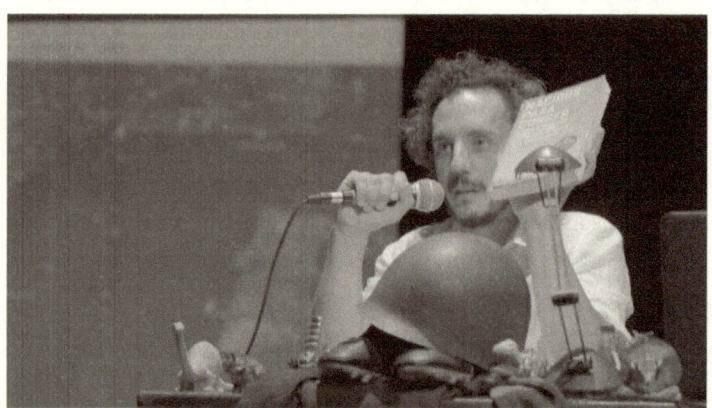

Imagen 2. *Campo de mayo*. Foto: Jony Perel

Pamela Brownell: Yo quería preguntar sobre algunas elecciones de la puesta en escena. Esta pregunta es tanto para vos [Félix Bruzzone], como para vos [Lucas Balducci]. En qué medida Lucas tuvo la participación que tiene, y si la aparición del cuerpo que va de menos a más fue siempre igual o fue cambiando con el proceso. Y por otro lado, si Lola Arias, que fue la curadora del ciclo que te convocó, tuvo que ver en el formato que elegiste.

Perspectivas políticas de la escena latinoamericana

Félix Bruzzone: Sí, Lola decidió prácticamente todo. Nosotros le llevamos el material y algunas ideas, como la idea del corredor. Las cuestiones de puesta fueron decisiones de ella. Nos fuimos poniendo de acuerdo. Fue todo bastante rápido, tuvimos que tomar decisiones con bastante rapidez. Y la participación de Lucas fue cambiando ¿No?

Lucas Balducci (*performer*)**:** Fue variando, sobre todo porque el hecho de ir saltando de un lugar a otro para hacerlo repercute en la puesta y en cómo llevamos a escena las cosas. No en todos los lugares se puede hacer lo mismo. Ahora que lo estamos haciendo de manera fija en "La Carpintería" hay cosas que se repiten tal cual pero, por ejemplo para traerla acá o cuando la llevamos al "Centro Cultural Kirchner", tuvimos que modificar cosas. Mi participación fue variando en ese sentido, hay algo que nos gusta respecto a cierta precariedad a la hora de la puesta. Es algo que en un principio fue por cuestiones de tiempo ya que estábamos muy justos con la fecha, entonces se llegó a una conclusión, a una puesta, a un trabajo. Pero luego eso fue tomado. De alguna manera a nosotros nos gusta usar objetos que sintetizan un significado y al mismo tiempo son precarios. En eso hay algo atractivo. Del mismo modo los audios, que son algo sucios. Todo está un poco empantanado. La puesta se fue armando un poco sobre la marcha, pero el resultado de hoy está más cerrado. Hay una estética que está armada ahora. Si bien no es un trabajo cerrado, si el día de mañana se agrega algo, creo que iría por el mismo lado. Obviamente que hay posibilidad de recapitular, pero a nosotros nos gusta la estética que fuimos logrando tanto por la búsqueda como por lo que se ve.

Lorena Verzero: Tenía tres cosas que me daban vuelta. La primera era sobre la dirección de Lola Arias, pero ya hablaron sobre eso. De pasar a escribir literatura a tener un lector que no está ¿qué te pasa con la devolución del público ante la precariedad buscada? Y por otro lado, ¿cómo leés esta obra en relación con tu novela *Los Topos*, que trata sobre esta época y otras obras de teatro que tematizan al respecto?

Félix Bruzzone: La primera es sobre el público y las devoluciones. Como no vengo de este mundo (del teatro) me cuesta un poco equilibrar. Ahora nos está ayudando Mariana Mazover, dándonos línea de varias cuestiones y apagando todas las inseguridades que surgen ante ciertos comentarios del público. Como uno siempre apunta a más, a pesar de las imposibilidades que también uno conoce, es necesario buscar equilibrar lo que uno tiene, lo que funciona y los déficits. De hecho mi figura entrevistando gente nunca fue de investigador, sino de ir a hablar con los vecinos: ahí ya hay un déficit de entrada. Del mismo modo mi lugar en el universo "derecho humanístico" para llamarlo de alguna forma, es como extraño, porque tampoco participé demasiado, sólo tuve acercamientos tangenciales. Con relación a eso, en este momento preciso hay que agradecerle a Mariana que viene y nos tranquiliza al respecto.

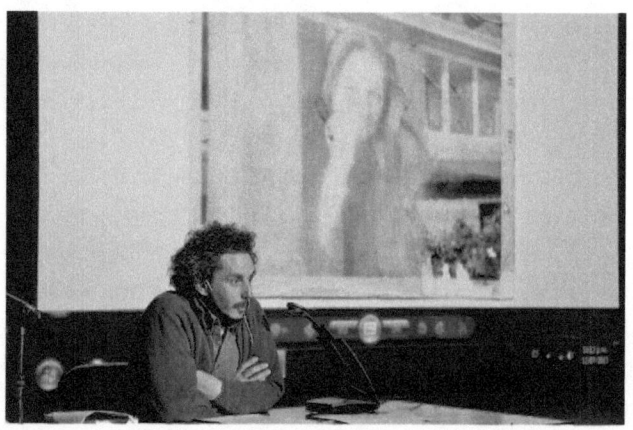

Imagen 3. *Campo de mayo*. Ciclo *Mis documentos*.
Foto: gentileza del autor.

En cuanto a *Los Topos* yo lo pensaba como una experiencia algo más individual, más íntima, por el tipo de aventura que narra la novela que es muy singular. Había sido un trabajo muy solo, de escritor. De hecho, la escritura de esa novela fue cuando mis dos hijos eran muy chiquitos, no había tiempo. Entonces me levantaba a las cinco o seis de la mañana, escribía unas horas y me iba a trabajar. Esa novela la escribí así en un estado solitario, de vigilia como de inconsciencia. Con *Campo de Mayo* fue casi lo opuesto. Fue volver sobre el tema de la pérdida por violencia política pero acudiendo a la gente que me rodeaba, en este caso vecinos, y construir un relato más colectivo. Pero bueno, termina con un corredor, un personaje algo extraño y nuevamente solitario. De todas formas sigue en proceso el trabajo.

Violencia de género y trata a través del teatro, cómic y policial negro. *Mujer hermosa se ve por allá...* de Diego Brienza

Bettina Girotti
Ezequiel Lozano

El día 8 de Julio de 2016 por la noche se realizó una función de *Mujer Hermosa se ve por allá...*, en el marco del "1er Simposio sobre Teatro, Política y Sociedad en América Latina".

Se transcribe, a continuación, la charla que se realizó pocos minutos después de finalizada la función mencionada, como parte del Simposio en colaboración[61] con el "Ciclo Desmontajes", organizado por AINCRIT (Asociación Argentina de Investigación y Crítica Teatral).

Ezequiel Lozano: Si bien nos interesaría arrancar conociendo cómo se gestó el proyecto, antes quisiéramos que se presenten (*Se presentan en el orden que están ubicados frente al público, Analía Sánchez, Celia Iribarne, Daniel Aizicovich, Diego Brienza, Enrique Dumont, Marcelino Bonilla, Claudia Mac Auliffe, Malala González y Guillermo Pier*). Diego es el director, quiero aclarar.

Malala González: ¡Y autor!

Guillermo Pier: ¡Y actor! (*risas*)

Diego Brienza: Quiero aclarar que, más allá del gran ego que tengo, mi lugar actual en la actuación es porque realicé un reemplazo que iba a ser muy breve y que, finalmente, quedó fijo.

Ezequiel Lozano: ¿Cómo arrancó todo el proceso creativo?

Malala González: Nosotros hace muchos años que estamos en el proyecto porque tuvo una génesis bastante particular; fueron apareciendo los rostros de los personajes cuando leímos el texto, pero no estaba todo el

---

[61] Por tratarse de una actividad en colaboración, la entrevista se publicó también en el medio digital de AINCRIT, MATEO.

elenco compuesto de entrada. Fue un trabajo de ir encontrando los tiempos, ir encontrando qué de todo este texto también iba a quedar finalmente. Diego [Brienza] piensa mucho en teatro, es muy *puestista* y entonces todo lo que decía en el texto también había que ver cómo se llevaba adelante y un montón de imágenes y de cosas que las iba a resolver usando el espacio, usando la iluminación, los actores. Entonces fue un proceso ir encontrando lo que se contaba pero también cómo contarlo; encontrar el tiempo de cada escena y lo que se estaba manifestando ahí. Y eso fue todo un momento, encontrar las primeras escenas y muchas intertextualidades, no sólo con los temas que se tocan en la obra sino también con los intertextos de otros géneros, el cinematográfico, el policial, el cómic, un montón de cosas que aparecían y que fueron tomando forma con los ensayos, después cuando apareció la sala, ya estábamos todos, con el elenco constituido y en el mismo espacio cómo fue adquiriendo esa forma que en un principio no sabíamos cómo iba a ser y estuvo buenísimo.

Ezequiel Lozano: ¿En qué fecha estrenaron y cuánto tiempo ensayaron?

Marcelino Bonilla: Estrenamos el año pasado a fines de julio. Tiempo completo de ensayo ¿que habrán sido…? ¿Dos años? ¿Un poco más?

Malala González: Dos años hasta que fue apareciendo, desde el primer ensayo.

Marcelino Bonilla: Dos años desde la primer reunión cuando éramos tres o cuatro, quizás, y nos juntamos a leer hasta el estreno

Ezequiel Lozano: Era con un texto previo…

Marcelino Bonilla: Sí, con un texto un poco extenso *(risas)*.

Diego Brienza: Era un montón, me hago cargo, era un montón.

Marcelino Bonilla: Como decía Malala, algo interesante del trabajo, que me parece destacable, es que gran parte del trabajo también fue dedicarnos a lo que Diego había escrito para ver qué de eso que estaba escrito era pertinente y qué no, qué quedaba o qué estaba de más, digo, le dedicamos bastante tiempo a eso. El primer texto tenía sesenta páginas y terminó quedando en veintipico, hablando numéricamente para reducir. Me parece que gran parte del proceso del primer año, y quizás un poco más, fue eso: tenemos todo esto, veamos de todo esto qué puntualizamos.

Bettina Girotti: Hay varios temas de fondo por los cuales la obra va saltando. Se trata de cuestiones muy fuertes. Hay escenas que tienen un alto impacto al mirarlas. Sin embargo la obra *sugiere* antes que *muestra* esos tópicos duros. ¿Por qué esa elección de mostrar sin ser *obvios*?

Diego Brienza: A mí siempre lo puramente teatral me atrae y es sobre lo cual trabajo todo el tiempo porque creo que toda manifestación artística, obligatoriamente, debe ser simbólica. Siempre ¿no? En este caso, yo intento que sea eso un poco para responder por qué ciertos lugares de la puesta, del decir y no decir... Creo que el lugar por lo menos que a mí más me interesa es ese lugar más simbólico, más representativo de posibilidad de distancia que da el teatro para contar algo y que eso, a su vez, aleje lo más que se pueda, pero que acerque al mismo tiempo lo más posible. Es un poco contradictorio lo que digo, pero la idea no es que solamente sea mirado desde un lugar frío sino que esa frialdad también pueda conllevar una emoción, la reflexión, pero que te pase algo por dentro es siempre mi intención. Yo pienso mucho en el público, no tengo la capacidad que otros poseen y pueden decir "no me importa lo que le pase al público". A mí sí me importa lo que le pase al público porque es el que paga la entrada, es el que deja de hacer un montón de cosas para venir al teatro: lluvia, frío, lo que sea, lo trae la mujer, lo trae el amigo, vamos a hacer esto, vení conmigo, qué vamos a ver... Entonces mi idea siempre es el pensamiento con el público.

Yo creo que este mundo no está bueno para los chicos, no está bueno el mundo que les estamos dejando, yo me hago súper cargo de ese lugar también porque soy parte de ese mundo, es un mundo muy hostil y los chicos son carne de cañón para una cantidad de cosas, muchas más de las que estamos viendo hoy acá o las que podemos ver en esta pequeña síntesis de una hora diez de un tema de trata, pero sí hay mucha hostilidad con chicos que son —quizás lo sabemos todos— utilizados como moneda de cambio para trabajos infantiles, para abrirlos al medio y vender los órganos al chico alemán que puede pagarlos para ser trasplantado, chicos que sus mismos padres los dan como moneda de cambio en países como Sri Lanka u otros países de África y el mundo cuando vienen los turistas sexuales europeos y les dan una cantidad de plata con lo que poder vivir y los mismos padres les dan los pibes para que utilicen y abusen de esos chicos y estos turistas tienen doce o trece pibes en su casa, de los 6 hasta los 15 años y esto es moneda corriente. Entonces desde mi lugar yo creo que tengo una deuda con eso, todo el tiempo.

Lo que sí también sé es que para lo que yo me formé fue para el teatro. No estoy diciendo que el teatro deba servir exclusivamente para esto, puede ser de entretenimiento, puede ser una cantidad de cosas… y está perfecto que así lo sea. Lo que a mí me interesa es que sea una búsqueda personal estética y artística y poder exorcizarme de aquellos fantasmas que todo el tiempo me están acosando y que necesito decir y necesito hablar. Y que eso no sea un panfleto es lo que más me interesa porque, si no me paro en la vereda del bien, "somos todos buenos". Ya sabemos que no hay que abusar de chicos. La idea es poner en cuestión todo: los organismos, las instituciones, las connivencias de los poderes, el consumo, porque el tipo que va a consumir también es un ser humano, que podemos despreciar obviamente, pero también lo es y tiene su vida e intento no ponerme en la vereda del bien frente a las cosas, porque no lo estoy, yo en un lugar también soy cómplice por aquellas cosas que dejo de hacer.

Ezequiel Lozano: Lo interesante es escucharnos entre todos, así que invitamos a comentar o preguntar.

Cristian Aravena: ¿Desde dónde trabajan o desde dónde abordan esta cercanía que, por lo menos yo, veo como un lenguaje muy referencial que viene del cine, o de cierto tipo de cine, al teatro? Antes alguien mencionaba esta necesidad de ir buscando los recovecos. Me gustaría que nos contaran cómo es esa similitud o distancia o coqueteo que tienen con los géneros cinematográficos súper marcados que veo en la obra.

Marcelino Bonilla: Diego siempre tuvo claro que tuviese elementos de policial negro, que tuviese varias cosas. Por lo menos mi sensación, desde lo que yo he hablado. Estuvo siempre muy presente desde el primer día, desde la primera reunión. Y si bien él tenía muy claro esto y muchas veces hablamos de John Connolly, de muchas películas y de mucho texto, nunca abordamos esos otros textos o esas otras películas como "base de" la obra.

La idea de él era un policial negro y, en función de eso, nos fuimos acomodando. Me parece que es una pasión por ese género, que él conoce mucho. Siempre estuvo muy claro que tenía que ser un policial negro, que tenía que tener cosas de ese registro.

Diego Brienza: También hay que elaborar una diferencia desde la puesta y desde lo que es la actuación. Una diferencia de lo que es para el actor interpretar esos momentos. Malala tiene que estar en cámara lenta pintándose los labios; para el actor tiene una cierta complejidad que para el director por ahí no. Vos querés ver una imagen, yo quiero que se vea eso porque tenía en la cabeza esa idea de visitar ciertos lugares, casi comunes. Hay muchísimas películas que arrancan o en el medio están mostrando la chica en cámara lenta. Pero creo que para el actor es más complejo de poder interpretar eso, porque ella tiene que estar mirando hacia adelante pintándose en cámara lenta con una luz y una música, me parece que son lugares diferentes [el del actor y el director].

En estos casos yo trato de ir a lo técnico. Decirle "bueno mirá, más lento, más lento, más allá, más acá". No trato de involucrarme nunca en "bueno vos acá sentís esto" porque yo no sé qué es lo que siente el actor en ese momento. Voy más a lo técnico porque desde la puesta yo necesito ver algo similar. Y siempre la imaginación es más generosa que la praxis. Vos decís "lo quiero ver así" y después te das cuenta que estás en una sala con tres tachos y entonces te decís: bueno, vamos a ver qué hacemos con esto, cómo resolvemos acá. Y el actor ahí se va adaptando. Yo puedo responder desde este lugar, por ahí desde el actor es más hinchabolas. Lo puede decir Malala en ese caso.

Malala González: No hinchabolas... Sí hay algo de lo cinematográfico como procedimiento que está bueno pensar cuando hay un primer plano, cuando hay algo que se detiene en un plano detalle o hay algo que está pasando. Yo pienso que gracias a la sala que tenemos hay una *profundidad de campo*, es como que en otro espacio no se hubiera dado. Me parece que cuando llegamos acá y él dijo "bueno, a ver cómo adaptamos lo que yo tengo en mente a este espacio con estas condiciones" y que la sala proponga tantos metros para atrás y siga, siga y siga, eso te lo da el espacio y fue aprovechar, hacer uso. También la iluminación me parece que en eso colabora en recortar ciertas cosas, y por momentos recorta, por momentos no recorta, entonces es más amplio el espacio vacío. Pero me parece que coincido, las imágenes que tenía eso fue como llevándose a cabo, pensando un poco qué es lo que se ve. No sé, yo nunca me vi, por ejemplo. Siempre pienso que lo estoy haciendo muy rápido y trato de hacerlo más lento, y digo "¿qué se verá?" Tan milimétrico y uno lo apura. Ir al detalle y cómo lograr ese detalle, es una sensación distinta porque uno no sabe lo que está haciendo. O sea, sabe lo que está haciendo pero no sabe cómo se ve. Me parece que está a partir de los géneros, como dice Marcelino, como filtrado, con el espacio y la iluminación. Pero creo que también es parte de la propuesta de él, no fue casual o azaroso. Lo azaroso fue el espacio, ver cómo era, y en función de eso actuar.

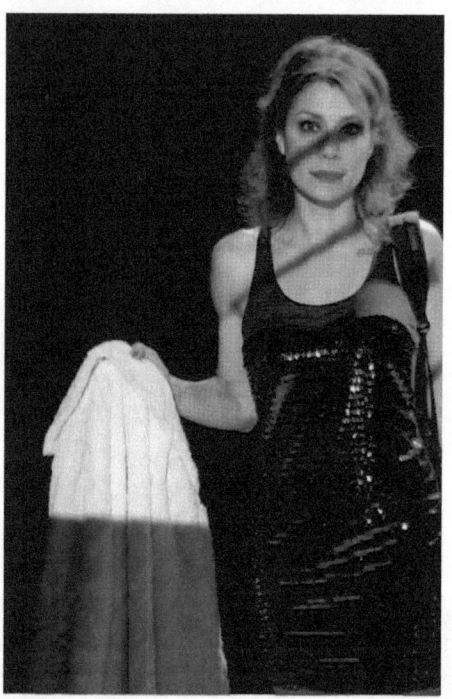

Imagen 1. *Mujer hermosa se ve por allá....*
Foto: María Horton

Cristian Aravena: Y también de ustedes, en el sentido de actuarlo, de darle acento. El teatro no puede hacer *close up*, pero había una calidad…

Perspectivas políticas de la escena latinoamericana

Malala González: Una calidad de movimiento, exactamente. Uno es consciente que no se ve otra cosa más que eso, pero si te movés un poquitito más, se va a ver igual. Pero tampoco uno lo ve, entonces hay algo de eso que es raro.

Diego Brienza: Yo me moría porque al final salten las balas de las armas en cámara lenta. Hasta pensé en una de las chicas tirando las balas hacia arriba pero no daba.

Gustavo Remedi: Yo quería ahondar un poquito en esta elección de los géneros, a través de los cuales se aproximan y trabajan el tema, y si hay una reflexión acerca de la filosofía que aporta el género en sí. ¿Cuál es la filosofía de ese género policial negro? ¿Qué filosofía hay detrás? ¿Qué visión de mundo hay detrás? Lo mismo con la elección por la historieta. ¿Qué es lo que ese segundo plano, lo que la forma ya trae consigo? ¿Una capa de significado diferente? Lo digo pensando en películas emblemáticas como *Ciudad desnuda*, donde hay una filosofía de mundo, o la frase de Humphrey Bogart en *Key West*.

Diego Brienza: El teatro es considerado como un género menor dentro de las artes y de la literatura. La novela negra o el policial negro también es considerado como género menor: los dos son menores. Ya está, ¡me encantaron!....tiene que ser por mi altura. Una cosa es el policial y otra cosa es la novela negra, donde claramente hay una denuncia social. La novela negra obligatoriamente tiene la denuncia social y hay un género que a mí me gusta mucho que es el *hardboiled*, que es donde se avanza un poco más y—una novela emblemática es *Cosecha Roja* de Dashiell Hammett—que aborda esto: un tipo, en pos de investigar un crimen, comente más crímenes que aquel que estaba investigando. Entonces empieza a embarrarse el mismo tipo que investiga, deja de ser ese Sherlock Holmes capo total que se sentaba en la mesa y hacia "a+b+c", la lógica deductiva, analizaba y encontraba al culpable desde el sillón de su casa. La novela negra me daba esa posibilidad del barro, de la mugre, de la suciedad y de poder mostrar también que, más allá de que el tipo pueda ser un héroe, o no, termina matando a otro. ¿Por qué lo matás? Decidís matar a un tipo que abusó de un pibe, pero ¿por qué lo matás? Cómo entrar en esas cuestiones me lo daba la novela negra. Yo no sé por dónde pasa la justicia, porque el concepto de justicia es una entelequia, yo no sé lo que es justo para la mamá de un pibe abusado. La novela negra me daba la sordidez, me daba la suciedad, la posibilidad de implementar un género que también nació desde la revista, del *pulp*. El género negro norteamericano me daba la posibilidad de la historieta, del papel y quería meterlo todo de esa forma porque me parece que era lo más corrido que podía mostrar de esta sociedad tratando de hacer algo que no sea una bajada de línea de "esto está bien". Todos son enjuiciables, todos son culpables y responsables de algo. A mí, me interesa ese lugar de pensamiento.

Público: A mí, me gustaría preguntarles por la recepción, porque llevan ya casi un año. ¿Cómo les fue con la recepción? ¿Se les acercó alguien como más activista del tema de la trata?

Guillermo Pier: Casualmente, la semana pasada, llegó alguien de una asociación por los derechos del niño. Para nosotros fue fuerte porque al salir de la sala nos dieron un volante. Por lo general somos los actores los que estamos entregando volantes y salir y recibirlo.... Habían venido a vernos y estaban muy emocionados, muy contentos. A mí, en lo particular, me resonó bastante. Entonces, respondiéndote, sí, se nos han ido acercando. Esto fue como lo más concreto, quizás por la acción esta de salir "muchas gracias, felicitaciones", un papel que cuando uno mira: es fuerte. Te está devolviendo algo que quizás esta obra decidió contar, eligió decir mediante un camino que no es la "bajada de línea". Creo que uno como espectador va cargando información y de repente dice "¡ah! ¡Acá está el tema!", porque el espectador lo tiene que recibir. Nosotros no salimos a decir "vamos a hacer una obra que habla de esto", contamos. Por eso está muy bueno cuando hablamos de novela negra, todo esto que se va desgranando.

Diego Brienza: El que se acercó fue Sebastian Cuattromo, que es un caso muy conocido en la Argentina de un chico que fue abusado por curas pederastas cuando era chiquito, y otros casos más en Vicente López. Fue muy mediatizado hace un tiempo atrás y armó una ONG y vino acá. Finalmente su abusador está preso, afortunadamente. Y que él lo recibiera tan bien y nos agradeciera, para nosotros fue muy movilizante. Porque no era la chica que estudia o el chico que estudia a los chicos abusados, le había pasado a él. Cobró sentido todo el laburo y todo el esfuerzo.

Perspectivas políticas de la escena latinoamericana

María Fukelman: Me llamó la atención el personaje de los hermanitos ¿Cómo surgieron estos personajes y cómo los fueron trabajando? Y también en relación a lo que antes explicaste de por qué utilizaste la novela negra, ¿por qué utilizaste el cómic?

Analía Sánchez: Empiezo hablando yo porque Celia es mi nueva hermana Fulci, Celia se incorporó cuando ya estaba la obra en camino, digamos. Yo ya había trabajado en otra obra de Diego, el espectáculo anterior que él había hecho. Si mal no recuerdo la dupla de los Fulci estaba pensada para actores varones ¿verdad? Y, bueno, se ve que esa oportunidad que yo tuve de trabajar en la obra anterior con él, le disparó a él algo que lo hizo que "los Fulci" fueran "las Fulci". Y los Fulci fuimos uno de los últimos personajes en incorporarnos a los ensayos, por la corta participación que tenemos y por un sentido común por parte del director de no hacernos venir a los Fulci a todos los ensayos y comernos todos los ensayos de Malala, Marcelino o con el Félix anterior, me parece que es un gran director Diego Brienza. (*Risas*) Y, entonces, para mí particularmente, todo lo de lo cinematográfico que están hablando yo lo viví muy contundentemente porque yo no sabía de qué se trataba la obra. Yo venía a hacer los Fulci (*risas*). "Bueno van los Fulci. Bueno vamos al momento de las manos". Y con el otro Fulci decíamos, "bueno, no nos toca". Era como muy raro porque no sabíamos de qué se trataba la obra. Obviamente la habíamos leído, no es que yo le dije a Diego "sí, sí. Hago los Fulci" y me aprendí mi texto, pero creo que fue como muy revelador y develador para los Fulci cuando ya se acercaban los últimos ensayos y ya se empezaban a hacer las pasadas completas, que nosotros tuvimos la suerte de—que eso es una gran ventaja también—haber estado mucho tiempo en el espacio. Generalmente, dentro del teatro independiente de Buenos Aires, ensayás en una sala y después de repente vas al espacio. O al revés, ensayás en un espacio y después vas a la sala. Nosotros tuvimos la oportunidad de ensayar mucho acá. Entonces, por la disposición de la sala, con mi Fulci anterior mirábamos el ensayo y, cuando nos tocaba a nosotras, salíamos corriendo y entrábamos a hacer la escena. Entonces ahí como que empezamos a entender un poco más de qué iba. Se ríen, porque se ríen todo el tiempo de los Fulci, yo quiero decirlo (*risas*). Lo que nosotras hacemos es todo de Fulci, lo quiero dejar en claro (*risas*).

María Fukelman: A mí me llamaba un poco la atención esta cosa como de niño sufrido devenido en vengador.

Analía Sánchez: Una cosa que agrego a esto que dijiste es que el gran desafío para mí como actriz, yo soy muy expresiva desde las manos y desde el rostro, y que te digan que tenés que hacer de una chica pero que fue criada como varón y que le encantan los explosivos y le encanta matar... vas a hacer un monstruo. Y, lo que más trabajó Diego fue cómo despojarla de todo eso, no caer en la caricaturización. Y hoy en día sigue siendo un desafío salir y no hacer "de estúpido", porque no son estúpidos, no son retardados. Entonces es un gran desafío salir y revivir ese Fulci que tiene sensibilidad, que le pasaron cosas, que es mujer pero es varón y también fue súper divertido para mí que viniera Celia. Después de haber estado un año ensayando con otra actriz—unos cinco meses haciendo funciones—que, de repente, por un tema de reemplazo, se incorpore ella, fue muy interesante encontrar otra nueva Fulci dentro de la que ya había, somos una haciendo dos.

Diego Brienza: Dos cosas. La primera es el origen de la novela negra, del pulp, del hardboiled, de la cosa más corrida, es en aquellas historias de Jim Thompson muy viejas, muy vetustas, que venían en esas revistas amarillentas y que también es el origen de la historieta. También el detective habla de la historieta en su momento y creí que la posibilidad de la historieta me daba para desarticular cierta solemnidad que podía tener el tema y el tratamiento. Por eso los Fulci, en realidad, la decisión de cambiarle el sexo fue por algo que se diluye mucho en la obra, en lo que yo quería hacer mucho hincapié, que tiene que ver con nuestro lugar como padres con nuestros hijos, las cosas que les imponemos todo el tiempo a ellos. Esto que dice "los padres creían que los hombres eran mejores que las mujeres, bueno los trataron como varones". Las imposiciones que como padres les ponemos todo el tiempo a los chicos. A mí me interesa mucho ese mambo. Me daba la posibilidad, plásticamente, por decirlo de una forma, de descomprimir y de poder decir de otro modo algo que si no se hubiera transformado en solemne y tratar de hacerlos a ellos como personajes medio de una historieta. Ahora se confunden con los *minions* (*risas*). Y, aparte, porque a mí me gustan mucho las historietas y ahí es una cuestión totalmente arbitraria. Me movilizan mucho, me parece una muy buena forma de narrar. Yo creo que nadie narró mejor el holocausto que *Maus*, de Art Spiegelman. Ahí hay algo que distancia, arma y te permite cierto lugar que decís "descanso acá". Se lee más fácil la historieta. Esa síntesis intenté lograr ahí.

Pamela Brownell: Me intrigó, porque hicieron bastante hincapié, en el tema de lo largo que era el texto y quería hacerles una preguntita cortita ¿con qué criterio cortaron? Sé que es una pregunta medio viciada, medio rara, pero que va pegada con otra pregunta: si hubo una investigación documental o algo así en relación a la temática, tal vez cortaron cosas que sonaban muy informativas. Lo remarcaron tanto que me quedó picando eso.

Diego Brienza: Es medio arbitrario. La obra que hicimos anteriormente también hablaba del abuso de un pibe, un chiquito internado. Y sí, siempre me documento un montón. Acá es como tallar el elefante: sacar todo lo que sobra del cubo de piedra y que salga el elefante. Lo que me sonaba que sobraba… o cuando me aburría decía "no, saquemos". Porque era un montón, yo había escrito un montón y era un embole. Uno a veces es mejor sacando que poniendo. Ellos me odiaban y tienen razón porque lo estudiaban. Me querían matar, cortar en pedacitos. La paciencia, sobre todo, de Marcelino, Malala y Mauro, que fueron los tres primeros compañeros que estuvieron trabajando, es infinita, como la de las chicas que después lo contarán, que la tienen que bancar a Maia con la coreografía, es infinita. Lo que me sonaba que sobraba, que era muy informativo o que duplicaba la información, lo sacábamos. No es que dije "acá voy a sacar porque Michel Foucault dijo…".

Malala González: Pero está bueno aclarar eso, no fue que se sacaron cosas por el tipo de crudeza, sino que era por lo informativo en algunos casos o porque se repetía algo que ya se daba a entender. El género permitía eso de que cierta información que no se filtraba en algún momento se empezara a filtrar, había unas pistas dando vueltas. Al leer esas sesenta páginas, al principio era buenísimo porque era muy literaria. Mucha información que estaba buenísima, pero que después… pasaba eso, como que estaba "muy dicho"… Quitar, para que no sea tan obvio todo.

Diego Brienza: Y había cosas que eran muy cursis. Porque uno escribe y se hace el poeta y después lo escuchás y es una berretada.

Público: No es una pregunta sino una apreciación general, está ligado a lo que acabás de decir y me parece que fueron buenos para la obra todos esos cortes que hicieron porque me parece que es súper completa, tocan un montón de temas. Está el tema de la historieta, el género del policial negro, está lo de los hermanos, está el tema de la chica que desaparece, está el tema de querer superar a los padres. Todos los temas quedan claros, son muchos y me parece que puestos en la medida justa para que el resultado final se entienda. Están haciendo una obra que está buena para ver, los recursos cinematográficos que ponen. Me parece una puesta muy interesante. Porque a veces cuando uno escribe cree que al espectador o al que va a leer la obra le tiene que dar toda la información, pero también está bueno dejar que uno llene esos espacios que quedan con su propia imaginación. Eso también lo hace entretenido, que el espectador se cope. Si vos le das todo servido por ahí para el espectador es "sí, sí. Ya lo sé, está todo ahí". Entonces si uno deja que el espectador libere su imaginación y llene esos espacios, está buenísimo.

Diego Brienza: Por eso para mí el tester del aburrimiento es muy importante. Hay tipos que te dicen "bueno, que se la banque. Que se aburra el espectador". Yo no puedo, no tengo esa capacidad. El tipo fue, pagó la entrada, está lloviendo, hace frío, lo llevó la mujer, no quiere ir al teatro, odia el teatro, va porque le gusta la mina, porque le gusta el chabón, ¿encima aburrirlos? No, yo no puedo. Eso no quiere decir que intento darle la cosa digerida al espectador o que el teatro en el que creo sea sólo un espacio para pasar el rato y divertirse, no, para nada. Todo lo contrario.

Ezequiel Lozano: *(a las actrices y a los actores)* Estaría bueno si los que no hablaron quieren agregar algo...

Enrique Dumont: Yo me incorporé al elenco hace unos meses, yo no participé de la experiencia 2015, yo soy un "Feliz Félix" 2016. Fue relativamente sencillo, hubo mucho trabajo, ensayé basicamente con Diego en el living de su casa. Me costó. Paralelamente yo estaba haciendo un Shakespeare en otro lugar y eran dos estilos de actuación muy diferentes, eso fue lo que más me costó. Estaba con el histrionismo para afuera, haciendo *Sueño de una noche de verano* y venía a ensayar con Diego y era todo "no, no, no aguantátelo. Bajá, bajá, bajá" hasta que el rol terminaba siendo mucho más comprimidito que es lo que se ve acá. Y yo a veces me voy un poquitito, porque no ve ahora porque está actuando. (*Risas*) Esa es mi experiencia, por eso no puedo contestar cosas de la génesis de la obra, porque me acabo de incorporar, bueno, ya no tanto. Es un placer recibir lo que recibimos, las devoluciones que tenemos de la gente, del público que viene a vernos, es muy reconfortante. Si bien el tema es un tema difícil y por momentos te pega un puñetazo—sin entrar en golpes bajos pero te da un poquitito—es muy reconfortante y muy gratificante el placer con el que público se va. Te ves modificado invariablemente, no salís igual a como entraste a ver esta obra. Y lo que yo siempre digo y es algo que tenemos que mover—estamos en eso—es mostrársela a los jóvenes, a los adolescentes. Vino mi hija, vinieron compañeros de mi hija más grande, tienen 16-17 años, y son los que van a poder modificar con más tiempo toda esta basura que está pasando, con respecto a todos estos temas que mencionó Diego al principio, no solamente sobre trata, sino también sobre prostitución, trabajo infantil, robo de órganos, un montón de cosas.

Daniel Aizicovich: Yo me incorporé a este elenco cuando ya los ensayos estaban bastante avanzados. Es mentira que me incorporé para ver bailar a las bailarinas, no es cierto. (*Risas*) Cuando Diego me pasó el texto y me marcó la escena, tuve sensaciones muy extrañas y recordaba a un viejo maestro de teatro que me hablaba de amar al personaje que uno va a encarar así sea lo más absurdo, podrido o sucio que fuera, además de que en mi opinión la escena está maravillosamente escrita, me daba la oportunidad de encontrar a alguien que puede ser aborrecido bajo todo punto de vista, pero que en última instancia se lo presenta sobre el escenario en carne viva, diciendo "esto es lo que me pasa y no puedo lidiar con ello". Y ahí en ese punto había logrado como actor un encuentro y eso es lo que me servía para hacer como actor esa escena. Y coincido con Quique que la devolución es realmente maravillosa y se siente mucho placer al encarar un texto que dice y muestra cosas que uno no ve.

Maia Menajovsky: Somos bailarinas que hablan. Nosotras también nos incorporamos un poco más tarde, yo creo que un poquito antes que ellas. Y también era la idea de bailar en ese espacio, estuvo muy buena la profundidad que daba esa puerta que se abría y que quizás se imaginaba otro espacio más allá, sin que resulte una coreografía ni un baile obsceno o demasiado exagerado. Me parece que eso está logrado.

Sofía Ciravegna: Tratamos de buscar la sutileza en este rol: somos prostitutas y es un trabajo espantoso si lo pensás.

Maia Menajovsky: Y también desde el vestuario y de los movimientos que no parezca demasiado obsceno. En ese sentido me parece que eso está bueno y que lleva a que nosotras estemos sirviendo en la escena y ayudando y apareciendo en otros momentos que es totalmente otra cosa y por eso el vestuario es otra cosa y los movimientos son otros y esa diferencia que para nosotras era totalmente otra cosa, cuando empezamos a bailar y ese espacio y la luz y todo a cuando entramos y ponemos o sacamos sillas.

Sofía Ciravegna: Nosotras dos participábamos de la obra anterior de Diego, también bailábamos, también era un momento de descanso para el público. Porque yo creo que el momento musical y de baile es un momento que bajás un poco la presión de la historia que es muy densa y está bueno transitar eso en un momento de la obra. Y cuando me convocó de nuevo fue "¡sí, dale!". No sabía ni lo que era, no sabía lo que iba a hacer. Y al principio no entendía cuál era mi rol, que cara tenía que poner. ¿Qué estoy haciendo? Estoy levantando una silla, pero a la vez no es sólo eso. Sos parte de un todo, es chiquito el papel pero es tan importante como Malala o Marcelino, porque hace que sea un todo. Estoy feliz de ser parte mínimamente de todo esto.

Claudia Mac Auliffe: Cuando hablamos con Diego, me muestra la obra, a mí me pareció tremenda porque tengo dos nenas y enseguida lo llevé para ese lado y es una situación que yo prefiero negarla en la realidad y acá es como que me puso algo de estas cosas pasan y mi personaje es una detective que si bien le afecta, está acostumbrada a tratar con estas cosas. Y para mí estuvo bueno eso, porque al principio realmente me afectaba. Y después cuando Malala hace la manito, para mí fue re fuerte en su momento.

Bettina Girotti: ¡Muchas gracias!

Perspectivas políticas de la escena latinoamericana

Ficha técnica
Autor: Diego Brienza
Actúan: Daniel Aizicovich, Marcelino Bonilla, Diego Brienza, Sofía Ciravegna, Enrique Dumont, Malala González, Celia Iribarne, Claudia Mac Auliffe, Lucila Madeo, Maia Menajovsky, Guillermo Pier, Analia Sánchez
Vestuario: Cecilia Zuvialde
Escenografía: Cecilia Zuvialde
Iluminación: Braian Brown
Diseño de luces: Braian Brown
Operación de luces: Francisco Varela
Fotografía: Sofía Catellano, Maria Horton
Diseño gráfico: Claudia Soto
Coreografía: Maia Menajovsky
Dirección: Diego Brienza

Memoria y territorio: una indagación desde la performance. *Relato Situado. Una topografía de la memoria* de la Compañía de Funciones Patrióticas

Lorena Verzero
Maximiliano de la Puente

El día 8 de Julio de 2016, en un horario matutino excepcional, por tratarse de un día feriado, se realizó una función de "Relato Situado. Una topografía de la memoria", en el marco del "1er Simposio sobre Teatro, Política y Sociedad en América Latina". La propuesta plantea un recorrido por el barrio de Almagro de la Ciudad Autónoma de Buenos Aires; la llevan adelante el "Proyecto Manifestar Historia", que integran Virginia Corda y María Paula Doberti, en conjunto con la "Compañía de Funciones Patrióticas" integrada por Julieta Gibelli, Laura Lina, María Fernández Lorea, Felipe Rubio, Martín Seijo y Martín Urruty. Más información sobre el proyecto puede leerse en

http://funcionespatrioticas.blogspot.com.ar/search/label/Relato%20Situado%20UTM

A continuación compartimos la desgrabación de la charla que se realizó pocos minutos después de finalizada la función mencionada, como parte del Simposio en colaboración[62] con el "Ciclo Desmontajes", organizado por AINCRIT (Asociación Argentina de Investigación y Crítica Teatral)

Lorena Verzero: Para dar inicio a esta charla, pensamos tres cuestiones a modo de disparadores
(a Martín Seijo y María Paula Doberti) Una cosa que me interesaba era saber cómo pensaban ustedes esta producción en particular respecto de las obras sobre memoria, como la piensan en relación a esa genealogía, por llamarla de alguna manera. Yo después puedo compartir las lecturas que estoy haciendo, pero me interesaba saber cómo lo ven ustedes, con qué está dialogando la propuesta, con qué no, etc.

---

[62] Por tratarse de una actividad en colaboración, la entrevista se publicó también en el medio digital de AINCRIT, MATEO.

Y, por otro lado, cómo la piensan en el nuevo contexto político. *(Al público)* Para quienes no saben esta obra se estrenó en el marco de las conmemoraciones por los 40 años del golpe del '76. ¿Cómo la piensan en este contexto de signo político nuevo?

¿Qué pasaba con lo íntimo y lo colectivo, antes (hace un año, dos o tres) y qué pasa ahora? Es una obra que leo como una experiencia, y esa experiencia tiene mucho de colectivo, en un momento en el que parecería ser que se vuelve a oficializar una política de lo individual. Me parece interesante pensar un poco por ese lado cuestiones en relación a lo político y lo privado.

Maximiliano de la Puente: Bueno yo pensaba más bien en apuntar a preguntarles por un lado ¿cómo se origina el proyecto?, ¿por qué la necesidad de hacer esta obra?, ¿qué etapas fueron cumpliendo? Entiendo que la compañía está trabajando en la calle y tienen otros proyectos en esta dirección, ¿no? En ese sentido, ¿cómo funciona la obra en particular, dentro de las producciones de la Compañía de Funciones Patrióticas? ¿Tiene alguna diferencia con las demás? Ya que, además de trabajar en el espacio urbano, en la calle, también lo hacen en lugares más bien cerrados. A su vez, en relación a la memoria—porque ustedes están trabajando con la memoria fuertemente—en otras obras, ustedes trabajan desde memorias privadas o singulares o más bien dejadas, más bien tangenciales con respecto a la gran historia o a la macro historia.

Martín Seijo: Primero, algo que nos olvidamos de decir al inicio, la obra es un trabajo en colaboración: por un lado está la Compañía de Funciones Patrióticas, grupo que integro que existe desde el 2008. Y, por otro lado, las artistas visuales Virginia Corda y María Paula Doberti. En sociedad hicimos, el año pasado, una primera experiencia de Relato Situado. Ahora la continuamos con este trabajo que hicimos acá en el barrio de Almagro y estamos ya trabajando en una tercera experiencia en el Centro Cultural Recoleta, con la memoria de ese espacio, a partir de una convocatoria que abrió el Centro. Lo que nosotros siempre decimos, la tercera pata o el tercer participante de la experiencia es el público. Consideramos que es una experiencia participativa que se retroalimenta de los registros, de los comentarios, de las opiniones, de las cosas que se van evidenciando a lo largo del trayecto.

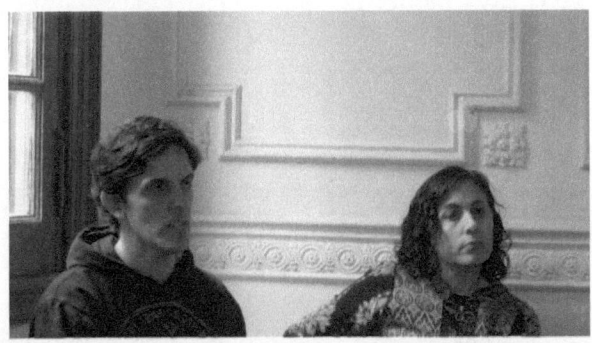

Imagen 1. *Relato situado*. Foto: **Grupo de Estudios sobre Teatro contemporáneo, política y sociedad (IIGG-UBA)**

Lorena Verzero: Tal vez nos querés contar cómo fue la primera experiencia de Relato Situado.

Martín Seijo: La primera tuvo como epicentro el edificio donde hoy funcionan los Ministerios de Desarrollo Social y de Salud que tiene los relieves con la cara de Evita: uno mirando al norte y el otro al sur. Hicimos un recorrido por ahí, por la 9 de julio, el año pasado. Lo llamamos "acción de memoria urbana". La particularidad o la diferencia con esta experiencia es que en la anterior nosotros dos oficiábamos de alguna manera como guías del grupo y después cuando empezamos a pensar esta nueva experiencia, nos parecía que el rol de guía condicionaba. No es que limitara la participación, pero ya la acotaba a ciertas cosas que hacía que nosotros ejerciéramos un control frente a lo que estaba pasando o lo que queríamos que pasara y entonces decidimos eliminarlo. También hay un tema con el temor de trabajar en la calle, y saber si el grupo se puede organizar, gente que no se conoce se organiza y se pone de acuerdo para caminar hacia un mismo lado todos juntos. Pero bueno, nos animamos, dijimos, vamos a tratar de hacerlo. Ahí en la 9 de Julio yo no sé si me animaría a decirles "vayan", porque aquello es otro contexto, otro entorno. Pero acá daba para eso y me parece también que lo que atraviesa esta experiencia, que era el tema del recorrido a partir de las baldosas, necesita de un clima o de un silencio especial. No digo algo solemne, pero sí algo que permitiera hacer el recorrido sin una persona que esté permanentemente informando. Era algo que necesitaba de este silencio. Entonces, decidimos hacer ese cambio y probarlo, ver qué pasaba.

María Paula Doberti: Una cosa que quería comentar con respecto al tema del contexto político. Nosotros el año pasado lo hicimos hacia el fin de año digamos, nos agarró el *ballotage* y demás. Y el discurso del pronunciamiento de Evita en ese contexto, su escucha, fue cambiando semana a semana. Y, además, en la 9 de julio pasaron diferentes situaciones. Convivíamos con una experiencia, como vos decías, mucho más colectiva, mucho más amplia de lo que nos estaba pasando a nosotros, el pequeño grupo, pero que veía involucrado en unas situaciones sociales mucho más masivas. Eso también condicionaba la manera de escuchar y de involucrarse en la obra, porque el involucramiento veo que era más político y colectivo. Y en este también hay un involucramiento político y colectivo, pero, a su vez, más en el orden de lo íntimo. Entonces la situación de lo barrial como que se mete por otro lado, por eso todos hablamos de las baldosas, pero también del barrio. Y es el barrio que tiene más baldosas, por otro lado.

Maximiliano de la Puente: Me parece importante en relación a lo que decís, marcar la coyuntura que se vivió el año pasado. Para quien no estuvo acá fue muy particular, la primera vuelta y la segunda vuelta de elecciones presidenciales, se vivía como un cambio abrupto permanentemente. Había un humor social muy particular.

Martín Seijo: Las funciones del año pasado arrancaron poco antes de la primera vuelta electoral, cuando se suponía que no iba a haber cambio de signo político en el gobierno, que no se iba a dar el "cambio" (*risas*) y la energía de la gente que venía a la función por lo general era de otro tipo. Se encontraba con un discurso de Eva Perón, con un fragmento de una obra de Copi y era como algo más festivo por momentos, aunque hacía mucho frío, me acuerdo. Era una cuestión más de transitar la experiencia y de ver la calle desde otro lado, los señalamientos que hacíamos con los *performers*, toda esa experiencia que se iba registrando. Nosotros le dábamos al público anotadores, cámara de fotos, *tablets*, cámara de video, creo que también para grabar audio y el registro que hacían los participantes era ese, con esos elementos y después se compartía lo que cada uno había podido capturar. Y lo que nos dimos cuenta es que de los soportes que utilizábamos, el más interesante, el que nos generaba una producción más singular, era el que se hacía en los anotadores, los dibujos, la escritura, no tanto las fotos, aunque a veces justo teníamos en el público a un fotógrafo que podía darle una mirada estética al encuadre, etcétera. Pero, por lo general, se hacían las fotos sobre la persona que estaba hablando, sobre cosas que nosotros ya teníamos registradas de antemano. Eso también nos generó un debate interno, respecto a qué es lo que le pedimos al público que registre: ¿lo mismo que ya sabemos que está, que ya tenemos?, ¿o buscamos otro tipo de registro? También fue una dificultad para nosotros empezar a armar un discurso, que todavía creo que no es claro, sobre qué esperamos de los registros. Pero bueno estaba ese clima inicial. A medida que fue avanzando, luego de la primera vuelta, y ya percibiendo que el resultado de las elecciones claramente iba a ser otro, el contexto de la obra se modificó. Y por ejemplo, había gente que anunciaba o pensaba que con el cambio de gobierno las caras de Evita las iban a sacar del edificio, había toda una cuestión ya más de miedo, de temor a lo que se venía. Y los discursos que se leían o las escenas que se generaban, ya resonaban de otra manera. Por ejemplo, la canción que Felipe Rubio interpretaba como artista callejero en la calle, que tiene que ver con la época de Salvador Allende (es una canción de militancia, y no resonaba mucho acá, pero era lindo escucharla), de repente pegaba justo con esa situación. Y eso es lo que nos pasa con la experiencia, me parece que es un proceso que uno puede prever o puede diagramar o pensar ciertas cuestiones, pero que a su vez, todo el tiempo—lo han visto hoy— posee una porosidad muy amplia. En el proyecto se empiezan a mezclar un montón de cosas. Hoy con la presencia de los baldoseros, cambia totalmente todo; la presencia de un camión acá, escombros sobre una baldosa, una nueva baldosa en el trayecto. Y allá, en la 9 de Julio, también, la gente que estaba en situación de calle. Nosotros nos preguntamos: ¿cómo nos manejamos en la calle en relación a este trabajo?, ¿seguimos para delante?, ¿no escuchamos nada?, ¿tratamos de cumplir con lo que queremos? De alguna manera estamos invadiendo ese espacio. No somos dueños de ese espacio, estamos invadiendo lugares que son públicos, pero que al mismo tiempo tienen mucho de privado, gente que vive en esos lugares, con los vecinos del barrio también nos pasa, la persona que quiere sacar su auto, la persona que quiere pasar, el encargado de un edificio. Y con todo eso uno tiene que negociar, llegar a un acuerdo que se va haciendo sobre la marcha. Eso genera también que el trabajo entre permanentemente en crisis o en revisión con las cosas que van pasando. Quería marcar eso. En la anterior experiencia, por ejemplo, llegamos un día y había una movilización, a la otra semana la colectividad boliviana estaba haciendo un mega desfile. Y nosotros en el medio, tratando de continuar. Suspendimos varias funciones por lluvia, eso también es un trastorno para la experiencia.

María Paula Doberti: Una vez llovió la mitad de la función; fue complejo, sin embargo, como el público permaneció, se continuó el recorrido.

Martín Seijo: Después, para recuperar las funciones que habíamos suspendido, hicimos una un sábado a la noche… bueno, la calle del sábado a la noche es otra cosa, otra situación y, sobre eso teníamos que operar de alguna forma. Nunca desde el lado de invadir o de decir yo quiero hacer esto, no me importa nada. Sino que la cosa se inserte y se nutra también de todo lo que va pasando.

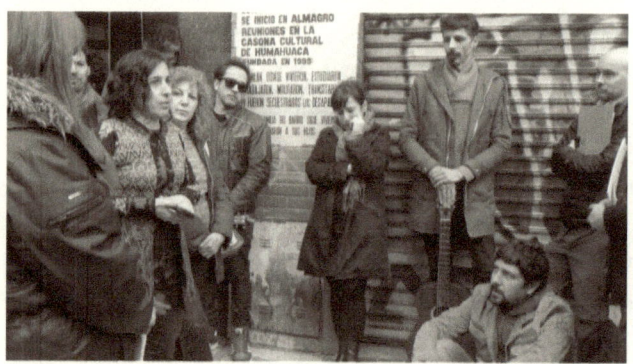

Imagen 2. *Relato situado.* Foto: Grupo de Estudios sobre Teatro contemporáneo, política y sociedad (IIGG-UBA)

María Paula Doberti: Otra cosa particular… el afiche que tenemos acá al lado, el de los baldoseros, no lo sacaron nunca, es un afiche que nosotros pusimos con cinta, todas las funciones, porque en realidad ese es un negocio, es un taller mecánico. Y como son vecinos, la idea no era ponerles el cartel con engrudo, entonces dijimos, lo ponemos con cinta, de última que lo saquen y lo vamos renovando cada semana. Pero nunca lo sacaron. Nos parece muy conmovedor de parte de ellos, porque de verdad es un espacio muy chiquito que tienen de pared.

Martín Seijo: En cambio en otra esquina, en Don Bosco y Maza, nosotros poníamos el afiche en una esquina donde funciona una empresa; a las pocas semanas la esquina apareció enrejada.

María Paula Doberti: Era el afiche que habla sobre el barrio de Almagro.

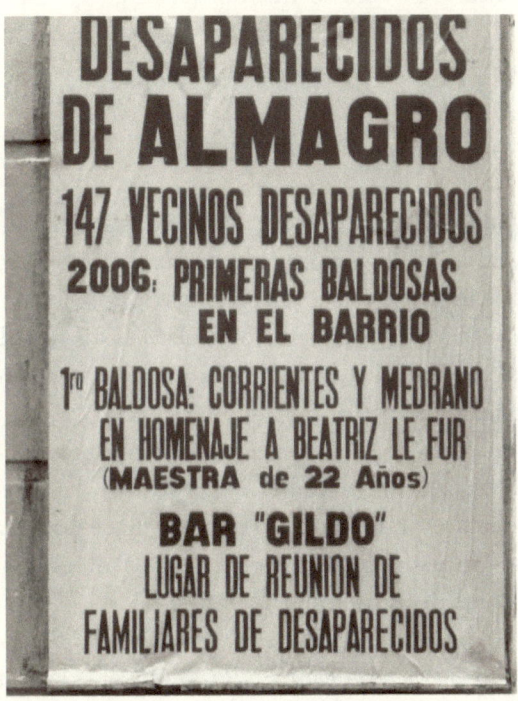

Imagen 3. *Relato situado.* Foto: Grupo de Estudios sobre Teatro contemporáneo, política y sociedad (IIGG-UBA)

Martín Seijo: La reja no estaba cuando empezamos las funciones, a la cuarta, quinta función ya pusieron los pilares para instalar la reja y comprendimos que no teníamos que poner ahí más afiches. Lo pusimos en la vereda de enfrente, donde tampoco duraba ni un segundo. Yo vivo por el barrio y Paula está siempre trabajando acá, entonces pasábamos para ver qué quedó después de cada función. Y esa esquina era vaciada enseguida, a pesar de que es un afiche que habla del barrio.

María Paula Doberti: El otro afiche, el de la calle Castro Barros, sobre los desaparecidos de Almagro, inclusive lo renovamos hoy, porque el anterior estaba un poco arruinado por la lluvia y demás, pero todavía estaba. Es un afiche que permaneció. Lo renovamos, simplemente, para que se lea mejor. Porque nadie lo había sacado tampoco.

Cristian Aravena: Yo sobre lo mismo quería preguntar cómo funciona al revés. Hoy día fue muy particular y muy bonito, cuando una compañera, (*a una persona del público*) ¿cómo es tu nombre?

Alicia (*baldosera, espectadora de esa función*): Alicia

Cristian Aravena: …Alicia, nos empieza a contar otra cara de la historia que estaba narrando el performer [Martín Urruty]. Porque, claro, ustedes hablan de lo que irrumpe de la obra en el barrio. ¿Qué pasa cuando el barrio o los protagonistas irrumpen en la propuesta? Que hoy día pasó en particular y fue muy sensible la mezcla, la mixtura de contar una historia, desde lo que propone la compañía, pero también quien va puede aportar, porque la obra invita a eso, uno se siente todo el tiempo invitado. Cuando el compa chileno [se refiere al performer Felipe Rubio] hablaba, sentía el impulso de contarle una experiencia que se generó hace poco en Chile de memoria popular, de barrios populares. Entonces ¿Cómo funciona este aspecto en la obra?, o ¿qué decisión toman ustedes?

Martín Seijo: En la edición del año pasado estaba esa posibilidad. La idea era abrir el juego para que los participantes cuenten sus anécdotas sobre el lugar.

Lorena Verzero: ¿Te puedo interrumpir para contar algo? Para los que no son de acá. Ellos nos llevaban por el medio de la 9 de julio, como un boulevard, por el lugar del medio. Es un lugar por el que no se transita habitualmente. A nadie se le ocurriría ir por ahí porque ahí no vive gente en el medio, es como muy apretado. Es un lugar restringido para nosotros.

Martín Seijo: Lo que se hace en la 9 de julio es cortarla. Uno va así… pero nunca va en paralelo… En todo caso vas por las laterales, pero no por el medio. Casi siempre uno cruza esos boulevares.

Perspectivas políticas de la escena latinoamericana

Lorena Verzero: Eso de la 9 de julio es otra obra del mismo proyecto.

María Paula Doberti: En esa experiencia no trabajábamos con las baldosas.

Martín Seijo: En esa edición, la del año pasado, pasábamos por lugares donde había personas en situación de calle. En una de las funciones, alguien que estaba borracho se acercó y empezó a hablarnos. Y bueno, ahí tenemos que acordar que la situación no se vuelva violenta. De parte nuestra es simplemente dejar que eso forme parte de la experiencia. Lo que pasó en ese caso particular fue bastante fuerte. Los participantes lo abrazaron, lo contuvieron, él se largo a llorar. Y empezó a hablar de lo que se estaba hablando, de Eva Perón. Nos dio su opinión. Pero a las dos cuadras volvió y ahí el público empezó a sentirse un poco incómodo. Entonces ahí lo que decidimos sobre la marcha, es que yo me quedara con él y que el grupo continuara el camino. Me quedé hablando un rato, hasta que finalmente él se fue y yo volví con el grupo. Son maneras que encontramos de solucionarlo, pero la idea es no esquivarle a eso. Y en este Relato también está la posibilidad de que la gente participe o empiece a hablar. Entre los que se conocen empiezan a hablarse. Como no hay un guía, tampoco hay alguien que organice eso. Se dieron grandes debates en el trayecto. Y al mismo tiempo los vecinos también se suman. Me acuerdo que en una función alguien empezó a preguntar cosas, si estábamos haciendo una película. Todo el tiempo está abierta esa posibilidad, a eso nosotros le damos la bienvenida.

María Fernández Lorea (*actriz*): En relación a lo que pasa en la calle. Hay gente que hace como si nada o gente que está hablando muy fuerte, o el perro, o gente que se molesta, como en la baldosa de al lado cuando un hombre estaba entrando el auto y nos puteó. Está bueno que uno irrumpa en la calle. Y pasan cosas y hay que estar dispuesto de alguna manera porque es parte de la propuesta del trabajo.

Público: Yo querría saber, en relación a lo que le preguntó Cristian al actor, qué te pasa a ti como actor cuando de pronto llega ella que puede ser que incluso tenga más información, que la tuya como actor. ¿Qué sentiste tú en ese momento?

Martín Urruty (*actor*): Estaba buenísimo lo que ella contaba. Lo que hice, en el fondo, fue escuchar. Estaba bueno lo que estaba contando y tenía que ver con el tema. Y me dije, cuando deje un silencio cuento yo y, si no puedo contarlo yo, lo contará ella. Si veo que se hace muy largo y que este momento hay que cerrarlo, diré "vamos" y no digo mi texto. Uno empieza a pensar una cosa: que sea lo mejor para el trabajo en general. Yo sabía que en cierto momento necesitaba un silencio y, como estábamos al lado, le apoyé una mano en el hombro. No sé si se vio tanto o no; es muy pequeño, pero en estas experiencias de conexión colectiva, cuando uno está haciendo algo, con una mano en el hombro o esas cosas pequeñas a veces ya alcanza. La verdad es que me gustaba porque muchas de las cosas que ella decía yo no las sabía, como quién había atentado contra esa baldosa. Muchas veces en los recorridos se habló de esa baldosa rota. En otra función hubo una persona, por ejemplo, que tomó un marcador y empezó a completar las letras que faltaban en la baldosa.

Público: Mi pregunta iba más a pensar que a veces la historia puede ser más cercana al espectador que al mismo que lo está actuando.

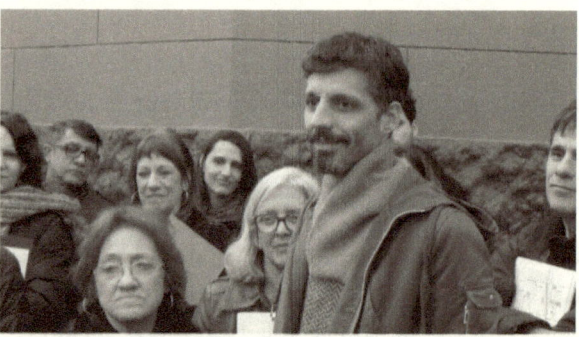

Imagen 4. *Relato situado.* Foto: Grupo de Estudios sobre Teatro contemporáneo, política y sociedad (IIGG-UBA)

Martín Urruty (*actor*): A la vez yo pensaba, en el texto, lo que digo habla de eso: era un aporte perfecto. Soy un actor que hace el texto de otro y que tiene que reconstruir algo de lo poco que sabe de la historia de alguien y que se pregunta para qué actúa. Justo se dio la casualidad que de quien se habla en ese texto era alguien que actuaba, que le gustaba actuar y se escapó la primera vez actuando a ese personaje. Y me parecía que el hecho de que ella tuviera más información que yo completaba aún más lo que tenía para decir.

Santiago Roldós: lo que para mí fue un momento mágico, más mágico, tal vez junto con el de la baldosa del final del recorrido… quiero decir que fue el momento más mágico, por la confusión. O sea yo me dije, ¿esto está concertado, no está concertado, siempre es así? ¿Qué es esto? Porque el texto y la actuación tuya salieron de ella, salió de ahí, realmente. Y ella le responde.

Público: Sí, yo tardé en darme cuenta.

Santiago Roldós: Yo empecé a sacar cuentas y pensaba "no puede ser", "es demasiado joven para poder…". En relación a lo que hemos estado trabajando en el simposio con respecto a la memoria presente. O sea ahí se formó un vínculo, hoy, ni siquiera entre ellos, sino que nosotros presenciamos y nos vinculamos con ellos, al mismo tiempo. Pero *a posteriori* pienso que lo que es interesante es que eso es una manifestación del teatro, o sea no es algo ajeno al teatro, vos ahí estás actuando ¿tres? problemas distintos. Es algo que los actores hacemos, nos entrenamos de manera mecánica por así decirlo. Y acá era literalmente vivo, hablando con historia, y hablando con la realidad y hablando hasta el final cuando el texto lo interpela. Es un texto que está pensado, aparentemente para quedar abierto y ella lo cierra y responde de una manera urgente y "tú eres actor". Es un texto que a mí me golpea profundamente porque vemos hegemónicamente se dedica a los actores… cuando tú haces la pregunta… él actuaba para vivir, para no morir, para existir… ¿Yo para qué actúo? Y no me respondo.

Martín Seijo: Para contestar un poco las preguntas… una de las cuestiones que nos plantearon para hablar fue cómo fue el proceso de trabajo. Que Martín [Urruty] pueda, a partir de la participación concreta de alguien (que tenía mucha información, además), manejar esa situación y entablar un diálogo (y que se genere un hecho escénico ahí, sostenido y sin competencia de "voces"), tiene que ver con el enfoque que tuvimos. Primero, la idea nunca fue contar la vida de cada uno de los homenajeados, ni realizar un homenaje como el que se hace habitualmente porque lo hacen muy bien ellos [por los baldoseros presentes], lo hacen muy bien familiares, madres, abuelas, hijos, nosotros no íbamos a aportar nada desde ese lado.

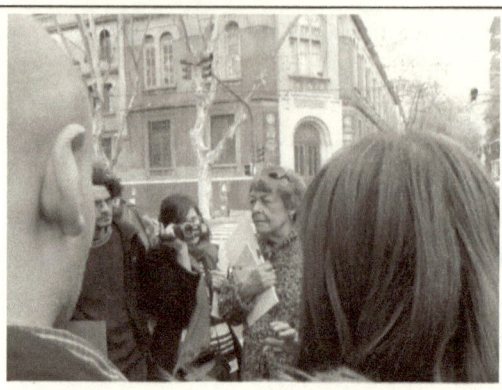

Imagen 5. *Relato situado.* **Foto: Grupo de Estudios sobre Teatro contemporáneo, política y sociedad (IIGG-UBA)**

Entonces la consigna con la cual se trabajó fue que cada uno de los performers tomara contacto con información, que buscamos sobre cada una de las baldosas y de las personas que estaban involucradas en esas baldosas, pero para después tratar de construir un texto o una acción (a veces es una acción, a veces un texto a decir) desde ellos mismos, es decir, qué me pasó a mí con esto. No tanto algo ajeno que hay que contar. En el caso de Martín, él interpretó en una película, *Crónica de la fuga*, a un personaje que estuvo detenido y luego desaparecido. Con lo cual, si alguno vio la película y lo reconoce también genera un shock eso. Él tiene esa experiencia actoral, que fue muy difícil, muy compleja. Y al mismo tiempo, se encuentra con esta historia de una persona que actuó para salvar su vida, pero que la segunda vez no lo logró. Bueno, desde ahí construye su relato. Y así con cada una de las "paradas". A algunos les disparó reflexiones, preguntas; a otros una acción más performática, no tanto por ahí teatral, pero el foco fue ese, que cada performer (por eso digo performer y no tanto actores) se sienta presente ahí, conmovido por ese material y a partir de eso produzca algo, y después dejar que eso friccione y entre en contacto con todo lo demás, con el contexto, con el público participante, etcétera.

Lorena Verzero: Cada parada fue producto de quien está ahí. Es una propuesta del performer.

Perspectivas políticas de la escena latinoamericana

María Paula Doberti: Martín [Seijo] hizo como un recorrido previo de las baldosas. Porque vieron que recorrer todas las baldosas era inabarcable; se hizo un recorte previo. Lo que hicimos fue salir, todos juntos, un par de veces, a hacer el recorrido completo y a detenernos en cada baldosa; leíamos la historia de cada persona y nos fuimos dividiendo quien iba a hacer cada baldosa. Entonces, en algunos casos, sí era la baldosa que le interpelaba a uno en particular, como a Martín. La baldosa de Laura a ella le interesó, se conmovió mucho de entrada cuando la vio, porque ese matrimonio había tenido un hijo, o tuvieron, no sabemos, que tenía o hubiese tenido la misma edad que ella, entonces, se sintió como que también había algo ahí entre ella y ese hijo que no sabemos si nació o no y dónde está. Entonces, por ejemplo, ella eligió esa baldosa en particular.

Martín Seijo: De mi parte y de Paula la idea fue formar una coordinación general para ver que las acciones mantengan cierta diversidad, que no sucediera lo mismo en todas. Por eso fue un trabajo individual de cada performer, con comunicación permanente a nivel grupal para establecer ese recorrido. Y, después, también están estas cuestiones que pasan como lo que ocurrió hoy: aparece este camión, claramente es una coincidencia. Igualmente nosotros trabajamos durante dos semanas en el horario que íbamos a realizar la función, para establecer o marcar rutinas de la calle. Saber que a tal hora (los domingos a las ocho de la noche)... Bueno, los domingos a las ocho hicimos los ensayos previos y el ensayo general. Entonces fuimos específicamente en ese horario para ver con qué nos íbamos a encontrar, pero no para controlarlo, sino para ver qué puede servir de todo eso que va a pasar, que por lo general, vuelve a pasar domingo tras domingo, por lo menos en este caso, no tanto en la 9 de julio. Pero acá uno puede suponer que un domingo a las ocho o nueve de la noche va a pasar más o menos lo mismo en toda esta zona. A ver con qué de todo eso tengo que estar alerta o lo puedo incorporar. Nosotros hicimos ese trabajo. O por ejemplo la iluminación de las calles, hay sectores que tenían una iluminación especial... cuando uno pasa por Bartolomé Mitre hay un sector (de día no se ve, no se puede apreciar), pero hay una compañía de seguros que tiene todas las luces de azul... era necesario pasar por ahí. O los puentes: qué hay en cada puente, qué pintadas. Todo eso lo fuimos registrando para decidir si era más interesante pasar por allá o pasar por acá. Y a su vez la cuestión de los tiempos. Cuánto puede durar esto, cuántas baldosas uno puede conectar. Una de las baldosas se nos había pasado. Estaba dentro del recorrido y nunca la habíamos visto. Y de repente una semana antes nos encontramos que estaba ahí, no la habíamos visto y no la teníamos incorporada. Entonces lo hicimos. Y ahora hay una nueva que colocaron enfrente de la que habla Martín Urruty, ahí en la esquina del Pío IX. Todo eso va sumando capas y elementos para que el trabajo se vuelva más complejo, más interesante y desafiante para nosotros. Si hay algún arreglo en la vereda, por acá no vamos a poder pasar, hay que desviar un poquito. Son todas cuestiones que tenemos que ir viendo y aún así uno no lo puede controlar porque puede pasar cualquier otra cosa. Hoy, por ejemplo, a mí me daba miedo el tema de que eran muchos y algunos bajaban del cordón, y la calle Colombres suele ser una calle donde pasan colectivos y autos bastante rápido.

María Paula Doberti: Les quería contar un poquito de nuestro trabajo con Virginia Corda. Venimos trabajando con el tema de los afiches y hacemos un trabajo, hace años, de memoria urbana, tenemos un recorrido previo al compartido con la *Compañía*. Hemos relevado varios espacios emblemáticos de la ciudad como por ejemplo el Albergue Warnes, la cárcel de Caseros, el puente Pueyrredón, el Teatro San Martín, o sea, varios lugares… Y lo que nosotros hacemos es ese relevamiento un poco estadístico, como se ve sobretodo en los afiches del barrio de Almagro. Lo constatamos en general con los vecinos o con los comerciantes y demás. Luego llevamos los afiches a este lugar y lo que hacemos es un trabajo con los vecinos de memoria urbana cambiando un afiche por un recuerdo. Entonces filmamos a los vecinos que nos cuentan un recuerdo. Les decimos (un poco como a ustedes) que elijan qué pedazo de la historia se quieren llevar. Pueden elegir un solo afiche. En esa elección hay algo. Entonces está en proceso ese trabajo, es un proceso de cartografía de la memoria urbana de la Ciudad de Buenos Aires, es súper ambicioso. Empezamos de a poquito y con esos relatos orales del vecino, de espacios como el albergue Warnes, que no está más, pero que estuvo, o la cárcel de Caseros que está vacía. Desde ahí, de lo personal viene este trabajo de memoria urbana, de lo genealógico para mí. Y en este caso en particular me parecía interesante este corrimiento a las baldosas que tiene otra particularidad.

Cristián Aravena: Quería simplemente hacer un comentario acerca de lo que me pasó con este Relato Situado. Veníamos conversando con la compañera mexicana—yo soy chileno pero estoy viviendo en México—y también lo comentaba Santiago, acerca de este "pasado pasando". El hecho de ir marcando los espacios cotidianos que uno habita nos lleva a muchas cosas. En el primer pasaje, en la primera parada, sentí la angustia de atravesar ese lugar tan chiquito. A mí me llevó a tres lugares en todo el recorrido. Para hacer una investigación así en México, por ejemplo, en una manzana se estaría parando cada día porque no es común un ejercicio cotidiano de la memoria y menos aún una política de Estado. Cuando comenzaron a buscar los cuerpos de los normalistas, a desenterrarse las fosas (comenzaron a aparecer otras fosas del '60, del '50, del '70 y la respuesta fue taparlas). Por otro lado, escucho al compañero chileno hablando de esto y por un momento comparto su visión y por otro no. Por eso quería comentarlo. Por ejemplo, hace poco se realizó una bicicleteada popular de la memoria, es una estrategia ¿no?, que hace que esto ocurra ahora. Con mantones pintados, se organizan ciertas agrupaciones y van a intervenir lugares. Va la familia y cuenta la historia de la última vez que lo vieron en el lugar. Es un "pasado pasando", pero que me lleva a pensar otros lugares. Me lleva a querer ir más, a generar, a preguntar y provocar en esa obra un momento en el ahora.

Lorena Verzero: ¿Hay algún relato de ficción?

Martín Seijo: No, todo lo trabajamos a partir de las fuentes que encontramos. Está trabajado, ficcionalizado, pero no hay una obra de ficción en este caso. En la anterior sí, por ejemplo, había fragmentos de una obra de Copi. Aunque también dejaría de ser ficción ¿no? Es un discurso más.

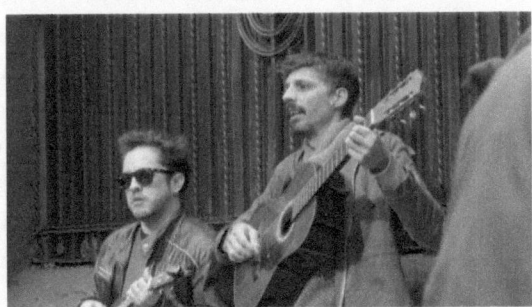

Imagen 6. *Relato situado.* Foto: Grupo de Estudios sobre Teatro contemporáneo, política y sociedad (IIGG-UBA)

Mauricio Barría Jara: Trabajar sobre una acción de memoria ya es algo muy interesante. Esto hace que no se borre sino que se potencien mutuamente. Pienso que todo es Historia, es texto sobre textos, es una alegoría sobre los textos que cohabitan. De alguna manera, el punto es donde quiero hacer la edición. Y todo va a ser Historia. Eso es lo que ocurre cuando uno va a reconstruir la historia de los barrios. Por ejemplo, como turista, (soy de Chile) me preguntaba cómo era esto en 1888. ¿Qué era? La historia es infinita y hay que seguir construyéndola. El gesto de recordar es un algo a rescatar. Sobre todo en momentos donde todo se desecha tan rápido, recordar parece ser que es urgente. Ponerse a caminar y recordar... eso me pareció muy interesante de la obra.

María Paula Doberti: Un poco eso le decía a los baldoseros. Que era importante que vinieran porque nuestro trabajo se basaba sobre lo que habían hecho ellos. Era importante la lectura de ellos sobre nuestro trabajo que hace una lectura sobre el suyo, sobre las baldosas vistas desde otro lugar.

Martín Seijo: Respecto al trabajo de la Compañía, la particularidad del grupo es que desde 2008 veníamos montando espectáculos, que pueden basarse en textos teatrales o no, y los estrenábamos en una fecha patria del calendario oficial o en una fecha que quisiéramos rescatar. Siempre volcado hacia la comedia o la parodia y discutiendo con las versiones oficiales de la historia. Desde el comienzo tuvo algo performático porque era una o dos funciones y había un programa de mano para coleccionar, más algunos elementos propios de la performance. Pero de 2013 en adelante se terminó de volcar para ese lado. Del mismo modo pasamos de trabajar con la Historia a trabajar con la Memoria. Para este proyecto en particular nos interesó un texto de Pierre Nora en el que diferencia la Historia de la Memoria, él habla de una complementariedad entre ellas, y que al mismo tiempo son dos cosas diferentes, que están en diferente registro. Un poco aparece esto en el stencil con el que se cruzaron en la calle, dentro de *Relato Situado*, donde está la pregunta sobre si la memoria divide. En realidad Nora lo afirma, pero a partir de las discusiones que tuvimos preferimos poner esa frase entre signos de preguntas.

Entonces venimos trabajando en el sentido de rastrear estas genealogías de la memoria. Profundizamos el abordaje desde la performance, indagando en lo que tiene que ver con la participación del público, una participación más activa. Antes estaba más presente "la cuarta pared" y ahora estamos interactuando más. La idea es que los trabajos habiliten ese intercambio.

A mí me parece difícil definirme dentro de las "genealogías de las memorias", no me siento capacitado para decir adscribo acá o no. Sí puedo mencionar los materiales con los que trabajamos. Está la entrevista que le hicieron a Nora en el diario *La Nación*, donde diferencia Historia y Memoria, con esa entrevista trabajamos mucho[63]. También tuvimos muy en cuenta (nosotros nos conocimos en la Maestría de Teatro y Performance en la UNA), ahí tuvimos contacto con materiales diversos, que para mí en particular fueron de iniciación, no así para Paula. Conocí la obra de Alberto Grecco, de Edgardo Antonio Vigo, los señalamientos, el tema de cómo trabajar en la calle, o cosas que uno ya conocía como El Siluetazo, La Organización Negra, etcétera, pero sumándole otro abordaje. A mí en particular nunca me interesó trabajar solamente dentro de una sala. Hace tiempo que quería salir a la calle.

María Paula Doberti: Como yo vengo de las Artes Visuales conozco más de performance. Junto con otros artistas, que venimos de la debacle del 2002, hace tiempo que venimos trabajando en la calle. Hay muchos artistas visuales que entramos y salimos de las galerías pero trabajamos principalmente en la calle. Lo último, respecto a lo que decía Martín, otra de las cosas que veníamos trabajando en conjunto es que con el grupo Periferia, del que formé parte, también trabajamos con las fechas patrias así que ése fue un punto de encuentro con la Compañía.

Bettina Girotti: Retomando el tema de pensar la Historia y la Memoria como cuestiones separadas y en relación a lo "plástico" de la obra, me hacía ruido no poder señalar con distintos colores en el mapa la diferencia entre la Historia del barrio y la Memoria del barrio.

María Paula Doberti: En relación con esto, es interesante ver cómo se interviene el plano. Inclusive podés ver algunos de los que pusimos ahí como por ejemplo el de Ana Longoni que lo que hizo fue frotar sobre las

---

[63] http://www.lanacion.com.ar/788817-no-hay-que-confundir-memoria-con-historia-dijo-pierre-nora

Baldosas. La idea es que cada uno se apropie del plano y haga lo que crea necesario para volcar su memoria ahí.

Lorena Verzero: Bueno, se nos acaba el tiempo. Les agradecemos muchísimo la función, el tiempo y este momento para compartir la charla.
(Aplausos)

<u>Ficha técnica</u>
Performers: Virginia Corda, María Paula Doberti, María Fernández Lorea, Julieta Gibelli, Laura Lina, Felipe Rubio, Martín Seijo, Martín Urruty
Compañía: Compañía de Funciones Patrióticas

Apéndices

APENDICE 1: Programa del *I Simposio sobre Teatro contemporáneo, política y sociedad en América Latina*

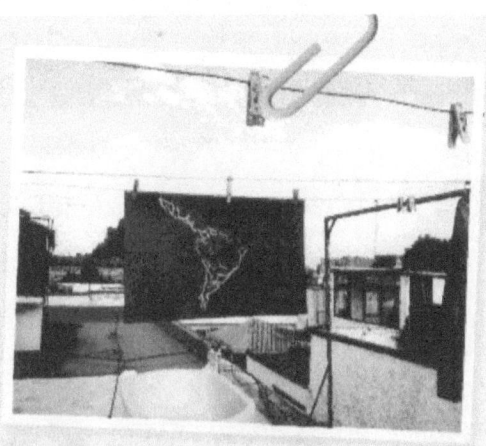

1er Simposio sobre
Teatro Contemporáneo,
Política y Sociedad
en América Latina

Buenos Aires
6, 7 y 8 de Julio de 2016

Sedes
Centro Cultural de la Memoria Haroldo Conti
(Av. del Libertador 8151 - Ex Esma)

Umbral Espacio de Arte
(Av. Díaz Vélez 3980)

Teatro Anfitrión
(Venezuela 3340)

Organiza
Grupo de Estudios sobre Teatro Contemporáneo,
Política y Sociedad en América Latina
Instituto de Investigaciones Gino Germani - Facultad de Cs Sociales UBA

El Grupo de estudios sobre **"Teatro contemporáneo, política y sociedad en América Latina"**, radicado en el Instituto de Investigaciones Gino Germani, de la Facultad de Ciencias Sociales de la Universidad de Buenos Aires, se ha propuesto gestar este **espacio de encuentro** con el fin de generar nuevos conocimientos en torno al teatro contemporáneo, a sus vínculos con lo político en distintos países de América Latina y a resituar y repensar el teatro porteño en un plano continental, convocando a investigadores y representantes del **quehacer teatral en Latinoamérica**.

Creemos firmemente en la necesidad de provocar un intercambio comparativo sobre el estado de las producciones teatrales en Latinoamérica que renueve y enriquezca los estudios teatrales porteños y les preste una nueva mirada hacia los **fenómenos teatrales y performativos**, poniendo el énfasis en la relación de dichos productos con la(s) **Historia(s)** y la(s) **Memoria(s)**.

Miércoles 6

C. C. de la Memoria Haroldo Conti - Sala Casullo

10:00-11:00hs.
Palabras de bienvenida y presentación a cargo del Grupo de Estudios sobre Teatro Contemporáneo, Política y Sociedad en América Latina (IIGG-FSOC, UBA)

11:00-12:00hs.
Expone: **Mauricio Barría** (Universidad de Chile)
"Recuerdos en tránsito app. La recuperación política de la experiencia"
Comenta: Karina Wainschenker

12:00-13:00hs.
Exponen: **Fátima Costa de Lima y Stephan Baumgärtel** (Universidade do Estado de Santa Catarina, Brasil)
"El flashmob y el "rolezinho" en la construcción estética de un cuerpo político colectivo en el espacio urbano"
Comenta: Lola Proaño-Gómez

13:00-14:00hs. Receso

14:00-15:00hs.
Expone: **Cristián Opazo** (Pontificia Universidad Católica de Chile)
"Agorafobia crítica: universidad (notas para otra historia del teatro chileno)"
Comenta: Lorena Verzero

15:00-16:00hs.
Expone: **Gustavo Remedi** (Universidad de la República, Uruguay)
"Estudios del teatro uruguayo contemporáneo: Agendas de fuga (¿para regresar a la fuente?)"
Comenta: Ramiro Manduca

16:00hs.
Función *Campo de Mayo. Una conferencia performática de Félix Bruzzone*
Entrada libre sujeta a disponibilidad de la sala.

17:00-18:00hs.
Desmontaje de *Campo de Mayo. Una conferencia performática de Félix Bruzzone*
Actividad realizada en el marco del **Proyecto Desmontajes** de AINCRIT
Coordinan: Ramiro Manduca y Lola Proaño-Gómez

Jueves 7

C. C. de la Memoria Haroldo Conti - Sala Casullo

10:00-11:00hs.
Expone: **Alicia del Campo** (California State University, Long Beach, Estados Unidos)
"Antropología simbólica, derechos humanos y estudios teatrales: hacia una hermenéutica cultural de las teatralidades sociales."
Comenta: Romina Sánchez

11:00-12:00hs.
Expone: **Milena Grass** (Pontificia Universidad Católica de Chile)
"El teatro político de Guillermo Calderón: espacio público y nostalgia"
Comenta: María Luisa Diz

12:00-13:00hs.
Expone: **Eberto García Abreu** (Instituto Nacional de las Artes, Cuba)
"Cuba: ¿escenarios en cambio?"
Comenta: Maximiliano de la Puente

13:00-14:00hs. Receso

14:00.15:00hs.
Expone: **Analola Santana** (Dartmouth College, Estados Unidos)
"Los circuitos de la invisibilidad: Performance, violencia y sexualidad"
Comenta: Ezequiel Lozano

15:00-16:00hs.
Expone **Flavio Desgranges** (Universidade do Estado de Santa Catarina, Brasil)
"A Inversão da Olhadela: alterações no ato do espectador contemporâneo"
(La inversión de la mirada: los cambios en el acto del espectador contemporáneo)
Comenta: Pamela Brownell

16:00-17:00hs.
Expone: **Santiago Roldós** (Muégano Teatro / Universidad de las Artes, Ecuador)
"El caso Muégano Teatro: el teatro como disidencia y la representación como performance"
Comenta: Bettina Girotti

Viernes 8

Umbral Espacio de Arte

9:30-11:30hs.
Mesa de trabajo
"Perspectivas en red: teatro, política y sociedad en América Latina hoy"

11:30hs.
Función *Relato Situado. Una topografía de la memoria*
Recorrido participativo por el barrio de Almagro, en conmemoración del 40º aniversario del último golpe cívico-militar. Corda-Doberti + Compañía de Funciones Patrióticas.
Entradas $100 (Reservas: funciones.patrioticas2010@gmail.com)

13:00-14:00hs.
Desmontaje de *Relato Situado. Una topografía de la memoria*
Actividad realizada en el marco del **Proyecto Desmontajes** de AINCRIT
Coordinan: Maximiliano de la Puente y Lorena Verzero

Teatro Anfitrión

21:00hs.
Función *Mujer hermosa se ve por allá*
Escrita y dirigida por Diego Brienza
Entradas $180 (Reservas: 4931-2124 o Alternativa Teatral
http://www.alternativateatral.com/entradas36970-mujer-hermosa-se-ve-por-alla?o=15)

22:00-23:00hs.
Desmontaje de *Mujer hermosa se ve por allá*
Actividad realizada en el marco del **Proyecto Desmontajes** de AINCRIT
Coordinan: Bettina Girotti y Ezequiel Lozano

23:00hs.
Brindis de despedida y palabras de cierre

Actividad Especial

Proyección del documental *La muerte de Jaime Roldós* (2013) de Manolo Sarmiento y Lisandra Rivera. Organizado por **Casa Sofía** (Casa de Cultura y Política)

Jueves 7, 20.30hs. Casa Sofía (Fitz Roy 1327)

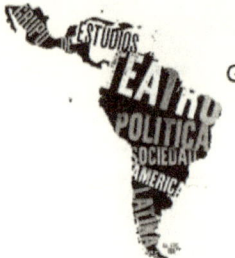

Grupo de Estudios sobre
Teatro Contemporáneo,
Política y Sociedad
en América Latina

Comité organizador:

Cristian Aravena (UNAM)
Pamela Brownell (CONICET - UBA)
Maximiliano de la Puente (FSOC - UBA / UNM)
María Luisa Diz (UBA / CIS - CONICET / IDES)
Bettina Girotti (IAE - UBA)
Ezequiel Lozano (CONICET - UBA)
Ramiro Manduca (UBA)
Lola Proaño-Gómez (PCC - IIGG)
Romina Sánchez (CONICET - UNCUYO)
Lorena Verzero (CONICET - UBA)
Karina Wainschenker (UBA)

Coordinación general: Lola Proaño-Gómez y Lorena Verzero
Producción: Bettina Girotti
Diseño: Cristian Aravena y Bettina Girotti

teatroypolitica@gmail.com
facebook.com/teatroypolitica

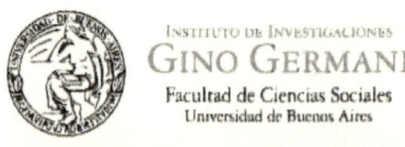
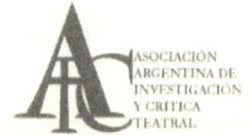
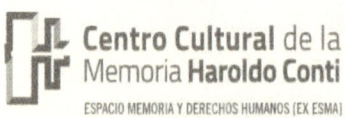
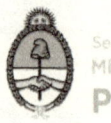
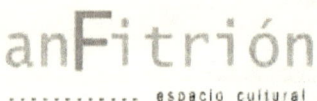
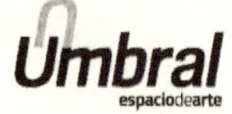

APENDICE 2: "Donde el teatro regional dialoga"[64]

1 JUL, 2016

Por Lucía Cholakian Herrera

Entre el 6 y el 8 de julio se realizará en Buenos Aires el "Simposio de Teatro Contemporáneo, Política y Sociedad en América Latina", organizado por el Grupo de Estudios homónimo. El encuentro tendrá como objetivo reunir a investigadores y representantes del quehacer teatral regional en un debate alrededor de dos ejes: historia(s) y memoria(s). Estos dos temas puestos en vínculo con las producciones performáticas y teatrales contemporáneas, permiten acceder a un panorama general de la actualidad escénica latinoamericana, en la cual las disputas por el significado y la producción de sentido se vuelven esenciales para comprender el contexto político y cultural.

El Grupo de Estudios, coordinado por Lorena Verzero, propone un debate fundamental para los tiempos que corren en América Latina, en los cuales el teatro político debe repensarse ante el giro político y social hacia la derecha.

Participarán del evento representantes de Chile. Brasil. Uruguay, Cuba, Ecuador y Argentina; y se realizará en tres espacios: el Centro Cultural de la Memoria "Haroldo Conti", Umbral Espacio de Arte y el Teatro Anfitrión.

NodalCultura conversó con Lola Proaño Gómez y Lorena Verzero, miembros del Grupo de estudios que organiza el simposio.

¿Cómo surgió la idea de realizar un encuentro de esta índole y cuales son los objetivos principales del simposio?

---

[64] Publicado en http://www.nodalcultural.am/2016/07/15157/

Fue fruto del entusiasmo que nos produjo ser reconocidos como grupo de investigación dentro del Instituto de Investigaciones Gino Germani, de la Universidad de Buenos Aires. Nos interesa generar un espacio de diálogo y de discusión sobre las cuestiones que atañen específicamente a las teatralidades en la región, pero con esto no nos estamos refiriendo simplemente el teatro, sino que nos proponemos pensar sobre nuestras sociedades y nuestras políticas en relación con el quehacer cultural. Discutir sobre los vasos comunicantes, los límites y las fricciones entre lo teatral y lo político. Pensar nuestras sociedades en las complejas coyunturas que estamos atravesando. Para ello, hemos invitado a colegas de Brasil, Cuba, Ecuador, Chile y Uruguay, quienes expondrán parte del trabajo que están realizando actualmente, como punto de partida para los debates en torno a cuestiones nodales.

Hay que señalar que los investigadores o teatristas latinoamericanos que nos visitan aceptaron con mucho entusiasmo participar. Vienen diez investigadores, lo que creemos va a producir una dinámica muy innovadora en el diálogo sobre nuestro teatro.

El simposio está organizado por el "Grupo de Estudios sobre Teatro contemporáneo, política y sociedad en América Latina" del Instituto de Investigaciones Gino Germani. ¿Cuál la importancia de la investigación en el teatro puesto en relación con la historia y la memoria hoy, en América Latina?

El propósito de la formación de este equipo de trabajo ha sido crear un espacio de intercambio sobre problemáticas específicas de las investigaciones que toman experiencias ligadas a las artes escénicas o a las teatralidades sociales como objetos de estudio. Si bien el análisis de las artes escénicas tiene origen en disciplinas provenientes del estructuralismo, como la Semiótica Teatral, el postestructuralismo y, más adelante los estudios sobre performance, cada vez más son objeto de la Sociología, la Comunicación, la Historia Cultural y demás áreas de las Ciencias Sociales. A esto se suma la necesidad de historizar y teorizar sobre las teatralidades sociales. La interdisciplinariedad es entonces, constitutiva de nuestro quehacer, pero es innegable la especificidad de las problemáticas que constituyen al objeto en el marco de las prácticas no sólo culturales sino, y muy especialmente, estéticas. En este contexto, se inscriben una cantidad de investigadores provenientes de distintas disciplinas. Se ha convocado entonces, a especialistas y estudiantes formados en distintas áreas de las Ciencias Sociales, como Sociología, Ciencias de la Comunicación, Ciencia Política, Historia, Historia del Arte o Letras, que tienen por objeto de estudio las artes escénicas y/o las teatralidades sociales en la América Latina contemporánea.

El cruce entre investigaciones en Ciencias Sociales y en Teoría o Historia del Arte constituye un área de vacancia en nuestras universidades e institutos de investigación, por lo que hemos decidido crear este espacio.

El grupo nuclea, entonces, investigadores de campos diversos y tiene como marco básico constitutivo la premisa de que las prácticas escénicas y las teatralidades sociales están atravesadas por discursos plurales y se hallan vinculadas con la serie política. En el espacio de diálogo que creamos los distintos aportes colaboran tanto en la profundización de los debates sobre las relaciones entre artes escénicas, política y sociedad, como en la generación de nuevas contribuciones en torno a ciertas problemáticas nodales para el campo teatral porteño, en dialogo con las contribuciones que se dan simultáneamente en los diversos países latinoamericanos. Partimos, para ello, de la hipótesis de que, en la historia reciente, las tensiones "agonísticas"— no necesariamente en forma de antagonismos o dualidades opuestas—que se dan dentro del campo teatral, y entre éste y el campo político, son las que generan los cambios; en esto seguimos a la propuesta de Chantal Mouffe.

Desde la pregunta por la construcción de identidades sociales en las distintas coyunturas históricas que abordamos y poniendo el foco en las relaciones entre arte y política, se busca estudiar las prácticas teatrales y políticas en la historia reciente a través de cuatro ejes: género y sexualidades, estéticas, memoria y políticas.

Muchas de las herramientas de teatro político latinoamericanas surgieron durante la época de las dictaduras en América Latina. Posteriormente y con el advenimiento de la democracia y, luego de los gobiernos progresistas del siglo XXI, estos métodos se reinventaron.

Teniendo en cuenta la avanzada de las derechas en la región, ¿cómo cambia el panorama del quehacer teatral?

Respecto de lo que estamos viviendo en este momento, creemos que en el teatro de Buenos Aires no hay ninguna distancia todavía entre los acontecimientos politico-sociales de los nuevos gobiernos de derecha y las producciones teatrales, por ello es difícil establecer hipótesis o evaluaciones que consideramos serían prematuras. Sin embargo, estamos atentos a ello porque hipotetizamos que la escena va a modificarse como consecuencia del cambio radical en el panorama político.

El circuito teatral porteño es uno de los más grandes y dinámicos del mundo. ¿Cómo se relaciona con la herencia cultural y artística de otros puntos de América Latina, en un contexto en el que el mundo del espectáculo reproduce los modelos de producción europeos y estadounidenses?

El teatro porteño reciente ha tenido mucho más contacto con Europa primero y con los Estados Unidos después. El contacto con los otros países latinoamericanos ha sido muy escaso. Sólo en época muy reciente se empiezan a hacer esfuerzos por tender puentes que establezcan el diálogo entre nosotros y creo que esto también tiene que ver con la política de colaboración económico-política entre los países latinoamericanos. Una de las instituciones teatrales que más han acercado Buenos Aires a las corrientes, productos y teatristas de otros países latinoamericanos ha sido tradicionalmente el CELCIT (Centro Latinoamericano de Creación e Investigación Teatral). Últimamente se han hecho algunos esfuerzos en ese sentido desde el Instituto Nacional de Teatro. También en las últimas décadas se han creado maestrías y doctorados de teatro latinoamericano, por ejemplo, en la UBA o en la UNA. A todo este movimiento de acercamiento entre latinoamericanos que se ha dado en el último tiempo respecto de la economía y la política, es que pretendemos contribuir.

Este escaso contacto sumado a la variedad de rasgos culturales que caracterizan a nuestros países, produce teatralidades muy variadas de las que esperamos enriquecernos con este intercambio. Una de las finalidades del

Perspectivas políticas de la escena latinoamericana

Simposio es justamente establecer el inicio de este diálogo que tenemos la esperanza de que continúe en el futuro.

APENDICE 3: Participantes

Cristian A. Aravena (Universidad de Chile, Universidad Nacional Autónoma de México, CONACYT)

Doctorando en Historia del Arte, Magister en Estudios Latinoamericanos (Facultd de Filosofía y Letras-UNAM, México) y Licenciado en Artes con Mención en Actuación Teatral (Facultad de Artes U. de Chile). Es miembro del Seminario Permanente de Estudios de la Escena y el Performance, SPEEP, UNAM. Ha trabajado en las compañías: Teatrobotado, Teatro Constituyente, Colectivo Teatral Atrapalabra, en la Compañía Teatro Público (todas en Chile) y con el Colectivo Alebrije (México). Es profesor e investigador en diversas instituciones de Chile, Argentina y México. Integrante del Grupo de Estudios sobre Teatro contemporáneo, política y sociedad en América Latina (IIGG, FSOC-UBA).

Mauricio Barría Jara (Universidad de Chile)

Dramaturgo y Licenciado en Filosofía (Pontificia Universidad Católica de Chile) y Doctor en Filosofía con mención Estética y Teoría del Arte de la (Universidad de Chile). Lideró el proyecto de rescate patrimonial "Biblioteca Sonora de la Dramaturgia Chilena", el cual busca recuperar relatos dramáticos escritos en Chile entre 1875 y 1920. Investigador en el área de Performance, dramaturgia contemporánea y teatro chileno. Fue director de CENTIDO (Centro Teatral de Investigación y Documentación de la facultad de Artes) y actualmente es subdirector del Departamento de Teatro de la Universidad de Chile y coordinador de Creación de esta unidad académica. Ha publicado *Intermitencias. Ensayos sobre performance, teatro y visualidad.*

Stephan Baumgärtel (Universidade do Estado de Santa Catarina)

Magister en Literatura inglesa (Universität München) y Doctor en Literaturas de lengua inglesa (Universidade Federal de Santa Catarina). Su tesis de doctorado fue distinguida con el premio CAPES edición 2005/2006. Profesor del Centro de Artes (CEART) de la Universidade do Estado de Santa Catarina en las áreas de Historia del teatro, Estética teatral y Dramaturgia. Creador y coordinador del proyecto "Encontro com Dramaturgo" de la UDESC que regularmente invita dramaturgos brasileros a dar conferencias y dictar seminarios. Junto a Fátima Costa de Lima coordina el grupo de investigación "Poética Políticas do Teatro Contemporâneo – Imagens

Políticas". Investiga principalmente los modos de participación en el teatro contemporáneo como los modos no-miméticos de poner en escena textos teatrales no dramáticos.

Pamela Brownell (Universidad de Buenos Aires)

Licenciada en Artes (UBA) y en Periodismo (UNLZ). Es doctoranda de la Facultad de Filosofía y Letras de la Universidad de Buenos Aires (área Historia y Teoría de las Artes). Su investigación doctoral se titula Lo real como utopía en el teatro argentino contemporáneo. Prácticas biográficas y documentales en el trabajo de dirección, curaduría y supervisión artística de Vivi Tellas (2002-2012)" y para desarrollarla recibió una beca del CONICET. Es docente e investigadora del Departamento de Artes (FFyL-UBA) en el marco de la cátedra Análisis y Crítica del Hecho Teatral; coordinadora académica del Observatorio de Políticas Culturales del Centro Cultural de la Cooperación e integra la Secretaría de Estudios e Investigaciones de la misma institución.Integra el proyecto UBACyT "Del drama al posdrama: teoría y crítica del discurso teatral contemporáneo" (FFyL-UBA). Integrante del Grupo de Estudios sobre Teatro contemporáneo, política y sociedad en América Latina (IIGG, FSOC-UBA).

Fatima Costa de Lima (Universidade do Estado de Santa Catarina)

Profesora e investigadora del Departamento de Artes Cênicas y del Programa de posgrado en Teatro del Centro de Artes (CEART) de la Universidade do Estado de Santa Catarina (UDESC), Brasil. Investiga el espacio, la imagen y la alegoría en las artes escénicas, el teatro político y la teoría crítica. Fundadora y coordinadora del Colectivo Imagem Políticas, participa de los Grupos de Investigación CNPq: Poéticas Políticas do Teatro Contemporâneo, Poéticas Cênicas y Núcleo de Estudos Benjaminianos. Actriz, escenógrafa y carnavalesca.

Maximiliano De La Puente (Universidad Nacional de Moreno, Universidad Nacional de las Artes, Universidad de Buenos Aires, CIS-CONICET-IDES)

Doctor en Ciencias Sociales, Magíster de la Universidad de Buenos Aires en Comunicación y Cultura y Licenciado en Ciencias de la Comunicación (Facultad de Ciencias Sociales-UBA).Docente en la Universidad Nacional de Moreno, en la Universidad Nacional de las Artes, en la Facultad de Ciencias Sociales de la Universidad de Buenos Aires y en el Instituto Superior de Tiempo Libre y Recreación. Es también director teatral, performer, dramaturgo y realizador audiovisual. Sus obras, recopiladas en los libros *Caen pájaros literalmente del cielo* (2010, Editorial Tierra del Sur), *Silencio todo el tiempo* (2011, Editorial Tierra del Sur), *Migraciones* (2014, Editorial Pánico el Pánico) y *Lo que nos explota en las manos* (2016, Eudeba) han obtenido distintos premios nacionales e internacionales. Forma parte del Colectivo Dominio Público. Integrante del Grupo de Estudios sobre Teatro contemporáneo, política y sociedad en América Latina (IIGG, FSOC-UBA).

Alicia del Campo (California State University, Long Beach - Estados Unidos)

Alicia del Campo, PhD. es Profesora titular (Full Professor) del Departamento de Romance, German and Russian Languages and Literatures en California State University, Long Beach. Antropóloga (U de Chile) y Doctora en Literatura (University of California, Irvine). Es co-directora del Programa de Estudios Latinoamericanos en CSULB. Es autora del libro *Teatralidades de la Memoria: Rituales de Reconciliación en el Chile de la transición* (Santiago/Minneapolis, Mosquito 2004). En 2009 co-editó junto a Arturo Arias *Memory and Popular Culture* un volumen especial de *Latin American Perspectives* (Riverside: 2009); co-editó el volumen *The Other 9/11: Chile, 1973— Memory, Resistance, and Democratization* (2016) con Michael Lazzara, Heidi Tinsman y Angela Vergara para *Radical History Review*. Actualmente trabaja en un proyecto en torno a las Teatralidades del Movimiento estudiantil del 2011 en Santiago, Chile. En 2008 fundó *Teatro al Sur*, colectivo teatral dedicado al teatro en español en el sur de California.

Flávio Desgranges (Universidade do Estado de Santa Catarina - Brasil)

Editor teatral y dramaturgo. Profesor del Departamento de Artes Escénicas de la Universidad del Estado de Santa Catarina (UDESC) y en el programa de posgrado en la Universidad de Sao Paulo (USP). Autor de los siguientes libros: *A Inversão da Olhadela: alterações no ato do espectador teatral* (Hueitec, 2ª. Ed., 2017); *Teatro e vida pública: o fomento e os coletivos teatrais de São Paulo* (org. Com Maysa Lepique, Hueitec, 2010); *Pedagogia do Teatro:*

provocação e dialogismo (Hueitec, 3ª. Ed. 2011) y *A Pedagogia do Espectador* (Hueitec, 3ª. Ed. 2015).

María Luisa Diz (CIS-CONICET / IDES)

Doctora en Ciencias Sociales y Licenciada en Ciencias de la Comunicación por la UBA. Becaria postdoctoral CONICET (CIS-CONICET / IDES). Su investigación versa sobre "Teatro x la Identidad: Un escenario para las luchas por la configuración de sentidos sobre la apropiación de menores y la restitución de la identidad". Docente de la materia Memoria, Derechos Humanos y Ciudadanía Cultural, carrera de Gestión Cultural, Universidad Nacional de Avellaneda. Es Coordinadora General de *Clep-sidra. Revista Interdisciplinaria de Estudios sobre Memoria*. Participó en eventos científicos y publicó artículos en revistas académicas nacionales e internacionales dedicados a la reflexión en torno a las relaciones entre teatro, memoria, identidad y política. Integrante del Grupo de Estudios sobre Teatro contemporáneo, política y sociedad en América Latina (IIGG, FSOC-UBA).

Eberto García Abreu (Instituto Nacional de las Artes, Cuba)

Licenciado en Teatrología y Dramaturgia por la Facultad de Arte Teatral del Instituto Superior de Arte de La Habana. Es profesor titular de Historia del Teatro Contemporáneo (Seminario de Crítica Teatral y Teoría del Teatro) e Investigador Auxiliar de la Academia de Ciencias y director del Dpto. de Teatrología y Dramaturgia de la Facultad de Artes Escénicas del Instituto Superior de Arte. Se ha desempeñado como jurado de diferentes Festivales y concursos teatrales y como dramaturgista y asesor teatral en varios procesos de creación teatrales y danzarios. Fue Director de Proyectos Artísticos del Consejo Nacional de las Artes Escénicas y del Festival de Teatro de La Habana. Es Presidente de la Asociación Internacional de Críticos Teatrales (AICT) y de la Sección de Crítica e Investigaciones de las Artes Escénicas de la Asociación de Artistas Escénicos de la Unión de Escritores y Artistas de Cuba.

Bettina Girotti (Universidad de Buenos Aires - CONICET)

Perspectivas políticas de la escena latinoamericana

Es Licenciada y Profesora en Artes por la Universidad de Buenos Aires y doctoranda en Historia y Teoría de las Artes (UBA) con beca del Consejo Nacional de Investigaciones Científicas y Técnicas (CONICET). Docente de Semiología en UBA XXI y co-coordinadora del área Teatro para Niños y Teatro de Títeres del Instituto de Artes del Espectáculo (FFyL-UBA). Forma parte del Área de Investigaciones en Ciencias del Arte (AICA) del Centro Cultural de la Cooperación Floreal Gorini. Es jurado de los Premios Teatro del Mundo y del Premio Nacional de Títeres Javier Villafañe. Integra la comisión directiva de la Asociación Argentina de Investigación y Crítica Teatral (AINCRIT). Recientemente ha compilado *Los titiriteros obreros: poesía militante sobre ruedas* (Eudeba, 2016). Integrante del Grupo de Estudios sobre Teatro contemporáneo, política y sociedad en América Latina (IIGG, FSOC-UBA).

Milena Grass (Pontificia Universidad Católica de Chile)
Traductora y analista teatral de la Pontificia Universidad Católica de Chile, Magíster en Estudios Latinoamericanos de la Universidad de Chile y Doctora en Literatura en la Pontificia Universidad Católica de Chile. Ha publicado traducciones de obras dramáticas y libros de teoría del teatro e historia y jurisprudencia chilena. Sus versiones al castellano para el teatro son numerosas y han sido estrenadas por destacados directores nacionales. Como analista teatral, ha participado de diversos proyectos de investigación y creación artística en torno a la relación entre teatro y rito, y teatro, historia y memoria. En el área docente, se ha especializado en metodología de la investigación artística, plasmando esa experiencia en el libro, *La investigación de los procesos teatrales. Manual de uso*. Entre el 2008 y el 2014, se desempeñó como Directora de la Escuela de Teatro UC. Actualmente coordina el proyecto Fondecyt Regular: "Historia y memoria del teatro chileno reciente entre 1983 y 1995: análisis crítico de la construcción de un canon y sus exclusiones".

Ezequiel Lozano (Universidad de Buenos Aires - CONICET)
Obtuvo el título de Doctor en Historia y Teoría de las Artes (UBA). Se desempeña como Investigador Asistente del CONICET y Jefe de Trabajos Prácticos de la materia "Análisis y Crítica del Hecho Teatral" (Artes, FFyL, UBA). En 2015 publicó su libro "Sexualidades disidentes en el teatro. Buenos Aires, años 60". Es integrante del proyecto "Del drama al posdrama: teoría y crítica del discurso teatral contemporáneo", dirigido

por la Dra. Beatriz Trastoy y por el Dr. Fernando Silberstein. Participa, asimismo, del Grupo de estudios sobre Teatro contemporáneo, política y sociedad en América Latina" (IIGG, FSOC-UBA). Es Secretario de *telondefondo. Revista de Teoría y Crítica Teatral*. También es director y actor teatral.

Ramiro Manduca (Universidad de Buenos Aires)

Ramiro Manduca es Profesor de Enseñanza Media y Superior en Historia, graduado de la Facultad de Filosofía y Letras (UBA). Su campo de estudio está vinculado al teatro y la política en la transición de la última dictadura militar a la democracia en Argentina. Ha publicado trabajos en revistas vinculadas a las temáticas tanto nacionales como internacionales. Del mismo modo, ha presentado avances de su investigación en congresos y jornadas diversas. Desde el año 2013 forma parte del Grupo de Estudios sobre Arte, Cultura y Política en la Argentina reciente (Instituto Gino Germanni, Facultad de Ciencias sociales, Universidad de Buenos Aires). Integrante del Grupo de Estudios sobre Teatro contemporáneo, política y sociedad en América Latina (IIGG, FSOC-UBA).

Lola Proaño Gómez (Instituto Gino Germani, Universidad de Buenos Aires)

Lola Proaño Gómez es PhD. en teatro y poesía latinoamericana en la Universidad de California Irvine. Master en filosofía en la Universidad del Estado de California, Los Angeles y Doctora en Filosofía por la Universidad Católica de Quito. Actualmente, es profesora Emérita de Pasadena City College. Ha publicado *Poética, política y Ruptura: Argentina 1966-73* (Atuel, Buenos Aires, 2002); *Poéticas de la globalización en el teatro latinoamericano: 1950-2007* (Gestos, Irvine, 2007); *Estética comunitaria. Miradas desde la filosofía y la política* (Biblos, Buenos Aires, 2013); *Antología de teatro latinoamericano: 1950-2007 (*Instituto Nacional de Teatro Argentina, 2010 -3vs.); *Todo a pulmón. Entrevistas a diez teatristas argentinos.* (co-edición y Prólogo Proaño, Lola & Gustavo Geirola) Argus-a. Buenos Aires-Los An-geles. Actualmente es investigadora invitada del Instituto Gino Germanni, de la Facultad de Ciencias Sociales, Universidad de Buenos Aires. Integrante del Grupo de Estudios sobre Teatro contemporáneo, política y sociedad en América Latina (IIGG, FSOC-UBA).

Perspectivas políticas de la escena latinoamericana

Gustavo Remedi (Universidad de la República - Uruguay)
Doctor en Literatura Hispanoamericana y Estudios Comparados de Sociedades y Discursos (Universidad de Minnesota, Minneapolis). Se desempeñó como Profesor de Literatura y Estudios Hispánicos en Trinity College, Connecticut. Actualmente es Profesor en el Departamento de Teoría y Metodología Literarias del Instituto de Letras (FHCE-Udelar) y de la Maestría en Ciencias Humanas, opción Estudios Latinoamericanos y opción Historia y Teoría del Teatro. Ha publicado *Murgas: El teatro de los tablados. Crítica de la cultura nacional desde las prácticas culturales de las clases populares* (1996), *Escenas de la vida cotidiana 1910-1930. El nacimiento de la sociedad de masas* (2009), con Daniela Bouret; *La dictadura contra las tablas: teatro uruguayo contemporáneo e historia reciente* (2009), con Roger Mirza; *Vista desde el Norte: Sinopsis de los estudios latinoamericanos en EE.UU. hasta la década de 1980* (2011), entre otros.

Santiago Roldós (Muégano Teatro / Universidad de las Artes - Ecuador)
Actor, director y fundador de Muégano Teatro y del Laboratorio de Teatro Independiente del Instituto Tecnológico del Ecuador. Actualmente se desempeña como coordinador y profesor en las Carrera de Teatro del Laboratorio de Teatro Independiente y de Artes Visuales del ITAE. También ha sido profesor del Taller de Actuación Vivencial del INCINE (Instituto de Cine y Actuación) y de Teatro en la U. del Pacífico. Es miembro de la Corporación Cinememoria, organizadora de los EDOC (Encuentros del Otro Cine), uno de los festivales de cine documental más importante de Latinoamérica. Es autor del libro *Contratiempos (Lecturas para zombis suicidas)*.

Analola Santana (Dartmouth College - Estados Unidos)
Analola Santana es profesora de teatro y performance en el departamento de español y portugués de Dartmouth College en Estados Unidos. La profesora Santana se especializa en teatro y performance latinoamericano de los siglos XX y XXI. Aparte de estar interesada en los estudios en torno a la cultura popular y de masas, la relación entre performance y música, estética y los estudios culturales. La mayor parte de su trabajo se enfoca la reapropiación de la cultura de masas por los discursos teatrales de América Latina y las transformaciones de la cultura popular propuestas como métodos de acercamiento y cuestionamiento socio-político frente a los

cambios históricos en América Latina, tema que trabajó en su primer libro *Teatro y cultura de masas: Encuentros y debates* (Escenología 2010). Su próximo libro, *Freak Performances: Dissidence in Latin American Theatre* (University of Michigan Press, 2018) se enfoca en el uso del "freak" como figura política en el performance y el teatro.

Romina Sánchez Salinas (CONICET - IMESC, IDEHESI, FFyL, UNCuyo)

Es Doctoranda en Sociología (IDAES-UNSAM) en el marco de una Beca Doctoral Tipo I (CONICET) con sede en el Instituto Multidisciplinario de Estudios Sociales Contemporáneos (IMESC) de la Facultad de Filosofía y Letras de la UNCuyo, Mendoza. Licenciada en Sociología (UNCuyo) y especialista en Gestión y Política en Comunicación y Cultura (FLACSO Argentina). Dirigió investigaciones sobre público teatral y estudios de gestión cultural pública en el área de Estadísticas del Instituto Nacional del Teatro. Recientemente publicó en co-autoría *El movimiento teatral comunitario argentino* (Ediciones del CCC, 2014). Integró el Grupo de Estudios sobre Teatro contemporáneo, política y sociedad en América Latina (IIGG, FSOC-UBA).

Lorena Verzero (Universidad de Buenos Aires – CONICET)

Es Investigadora Adjunta del CONICET (Consejo Nacional de Investigaciones Científicas y Técnicas, Argentina), con sede en el IIGG (Instituto de Investigaciones Gino Germani, Facultad de Ciencias Sociales, Universidad de Buenos Aires - UBA). Doctora en Historia y Teoría de las Artes, UBA; Magíster en Humanidades, Universidad Carlos III de Madrid; Licenciada y Profesora en Letras, UBA. Es Profesora Titular de la materia Semiología en UBA XXI y Profesora a cargo del Seminario de Elaboración de Tesis de la Maestría en Teatro (Facultad de Arte, Universidad Nacional del Centro de la Provincia de Buenos Aires - UNICEN). Es autora de *Teatro militante: Radicalización artística y política en los años '70* (Biblos, 2013). Participa de proyectos de investigación en la Universidad Nacional de Lanús (UNLa) y en el IDES (Instituto de Desarrollo Económico y Social). Es directora de la revista *Afuera. Estudios de Crítica Cultural* (www.revistaafuera.com). Coordinadora del Grupo de Estudios sobre Teatro contemporáneo, política y sociedad en América Latina (IIGG, FSOC-UBA).

Karina Wainschenker (Universidad de Buenos Aires)

Es Licenciada en Artes Combinadas (FFyL-UBA) y se formó paralelamente haciendo talleres de plástica, actuación, danza, guión, escritura, dramaturgia y dirección teatral. Trabajó en la Vicerrectoría de la Universidad Nacional de Avellaneda, participando allí de diversos proyectos como el de Articulación con Escuelas Medias, el Programa de Educación a Distancia y el Monitoreo del Programa Conectar-Igualdad. Integró grupos de estudio sobre dramaturgia e historización de salas teatrales y presentó sus investigaciones en congresos científicos del área de Ciencias de la Comunicación y las Artes, interesándose mayormente por temas vinculados al teatro, la creatividad, las TICs, la crítica cultural y los medios digitales. Desde 2010 forma parte del Consejo Editor de la revista *Afuera. Estudios de Crítica Cultural* y es actual Editora General de dicha publicación. Se desempeña como docente de Semiología en el CBC (UBA). Integrante del Grupo de Estudios sobre Teatro contemporáneo, política y sociedad en América Latina (IIGG, FSOC-UBA).

Argus-*a*
Artes y Humanidades / Arts & Humanities
Los Ángeles – Buenos Aires
2017

www.ingramcontent.com/pod-product-compliance
Lightning Source LLC
Chambersburg PA
CBHW020629220526
45464CB00001B/77